Heinrich Preschers

Landgräflich hessischer Staats- und Adresskalender

auf das Jahr 1795

Heinrich Preschers

Landgräflich hessischer Staats- und Adresskalender
auf das Jahr 1795

ISBN/EAN: 9783743685550

Hergestellt in Europa, USA, Kanada, Australien, Japan

Cover: Foto ©ninafisch / pixelio.de

Weitere Bücher finden Sie auf **www.hansebooks.com**

Staats-
und
Adreß-Handbuch
für die
Fürstl. Hessen-Darmstädtischen
Lande
auch zum statistischen Gebrauch
eingerichtet.

Darmstadt 1795.

Hochfürstlich
Hessen-Darmstädtischer
Staats-
und
Adreß-Kalender
auf das Jahr 1795.

Im Verlag der Invaliden-Anstalt.

Darmstadt,
gedruckt in der fürstl. Hof- und Kanzleibuchdruckerei,
durch Joh. Jakob Will, d. Z. Faktor.

Die Ordnung in diesem Adreß=Kalender präjudicirt Niemanden in seinem Rang.

Januarius.

Donn.	1	Neu Jahr	
Freytag	2	Abel, Seth	
Samst.	3	Enoch	
Sonnt.	4	Methusalem	
Mondt.	5	Simeon	
Dienst.	6	Ersch. Chr.	
Mittw.	7	Raymund	
Donn.	8	Ehrhard	
Freytag	9	Martialis	
Samst.	10	Paul Einf.	
Sonnt.	11	1 n. Ersch.	
Mondt.	12	Reinhold	
Dienst.	13	Hillarius	
Mittw.	14	Felix	
Donn.	15	Maurus	
Freytag	16	Marcellus	
Samst.	17	Anton	
Sonnt.	18	2 Prisca	
Mondt.	19	Sara	
Dienst.	20	Fab. Seb.	
Mittw.	21	Agnes	
Donn.	22	Vincent	
Freytag	23	Emerentia	
Samst.	24	Timotheus	
Sonnt.	25	3 Pauli Bek.	
Mondt.	26	Policarpus	
Dienst.	27	Joh. Chrys.	
Mittw.	28	Carolus M.	
Donn.	29	Valerius	
Freytag	30	Adelgund	
Samst.	31	Virgilius	

Stand der Sonne und des Mondes.

Den 20ten tritt die Sonne in den Wassermann.

Der Vollmond ist den 5ten Morgens um 10 Uhr.

Das letzte Viertel ist den 13ten Morgens um 6 Uhr.

Der Neumond ist den 21ten Morgens um 1 Uhr mit einer unsichtbaren Sonnenfinsterniß.

Das erste Viertel ist den 27ten Abends um 10 Uhr.

	Halbe Nachtlänge.	
Tag den	Sonnen-Aufgang. St. M.	Tages-Anbruch. St. M.
4	8 0	7 13
11	7 53	7 8
18	7 45	7 2
25	7 35	6 54

	Halbe Tageslänge.	
Tag den	Sonnen-Unterg. St. M.	Tages-Ende. St. M.
4	4 0	4 47
11	4 7	4 52
18	4 15	4 58
25	4 25	5 6

Februarius.

Sonnt.	1	Septuages.	Stand der Sonne und des Mondes.
Mondt.	2	MariäRein.	
Dienst.	3	Blasius	
Mittw.	4	Veronica	Den 18ten tritt die Sonne in die Fische.
Donn.	5	Agatha	
Freytag	6	Dorothea	Der Vollmond ist den 4ten Morgens um 1 Uhr mit einer sichtb. Mondsfinsterniß.
Samst.	7	Richard	
Sonnt.	8	Sexagesima	Das letzte Viertel ist den 12ten Morgens um 3 Uhr.
Mondt.	9	Apollonia	
Dienst.	10	Scholastica	
Mittw.	11	Euphrosina	Der Neumond ist den 19ten Nachmittags um 2 Uhr.
Donn.	12	Eulalia	
Freytag	13	Castorus	
Samst.	14	Valentin	Das erste Viertel ist den 26ten Morgens um 6 Uhr.

				Halbe Nachtlänge.	
			Tag den	Sonnen=Aufgang. St. M.	Tages=Anbruch. St. M.
Sonnt.	15	Esto mihi			
Mondt.	16	Juliana			
Dienst.	17	Constant.			
Mittw.	18	Aschermitw.			
Donn.	19	Susanna	1	7 25	6 45
Freytag	20	Euchar.	8	7 12	6 35
Samst.	21	Eleonora	15	7 1	6 25
			22	6 49	6 13

				Halbe Tageslänge.	
			Tag den	Sonnen=Unterg. St. M.	Tages=Ende. St. M.
Sonnt.	22	Invocavit			
Mondt.	23	Reinhard			
Dienst.	24	Mathias			
Mittw.	25	Victor	1	4 35	5 15
Donn.	26	Nestor	8	4 48	5 25
Freytag	27	Leander	15	4 59	5 35
Samst.	28	Renata	22	5 11	5 47

Martius.

Sonnt.	1	Reminiscere
Mondt.	2	Simplicius
Dienſt.	3	Kunigunda
Mittw.	4	Adrianus
Donn.	5	Friedrich
Freytag	6	Fridolinus
Samſt.	7	Felicitas
Sonnt.	8	Oculi. Phil.
Mondt.	9	40 Ritter
Dienſt.	10	Alexander
Mittw.	11	Roſina
Donn.	12	Gregorius
Freytag	13	Erneſtus
Samſt.	14	Mathildis
Sonnt.	15	Lät. Chriſt.
Mondt.	16	Henrietta
Dienſt.	17	Gertraud
Mittw.	18	Anſelm
Donn.	19	Joſeph
Freytag	20	Hubertus
Samſt.	21	Benedictus
Sonnt.	22	Judica.Caſ.
Mondt.	23	Eberhard
Dienſt.	24	Gabriel
Mittw.	25	Mar. Verk.
Donn.	26	Emanuel
Freytag	27	Rupert
Samſt.	28	Malchus
Sonnt.	29	Palmſonnt.
Mondt.	30	Guido
Dienſt.	31	Detlev

Stand der Sonne und des Mondes.

Den 20ten tritt die Sonne in den Widder, macht Tag u. Nacht gleich und Frühlings Anfang.

Der Vollmond iſt den 5ten Abends um 6 Uhr.

Das letzte Viertel iſt den 13ten Abends um 10 Uhr.

Der Neumond iſt den 20ten Mitternachts um 12 Uhr.

Das erſte Viertel iſt den 27ten Nachmittags um 3 Uhr.

	Halbe Nachtlänge.	
	Sonnen=	Tages=
Tag	Aufgang.	Anbruch.
den	St. M.	St. M.
1	6 36	6 0
8	6 22	5 48
15	6 9	5 35
22	5 56	5 23
29	5 43	5 10
	Halbe Tageslänge.	
	Sonnen=	Tages=
Tag	Unterg.	Ende.
den	St. M.	St. M.
1	5 24	6 0
8	5 38	6 12
15	5 51	6 26
22	6 4	6 37
29	6 17	6 50

Aprilis.

Mittw.	1	Theodora
Donn.	2	Theodosia
Freytag	3	Charfreytag
Samst.	4	Ambrosius
Sonnt.	5	Ostern
Mondt.	6	Ostermondt
Dienst.	7	Egesippus
Mittw.	8	Apolonius
Donn.	9	Bogislaus
Freytag	10	Daniel
Samst.	11	Julius
Sonnt.	12	Quasimod.
Mondt.	13	Patricius
Dienst.	14	Tiburtius
Mittw.	15	Olympius
Donn.	16	Aaron
Freytag	17	Rudolph
Samst.	18	Valerian
Sonnt.	19	Mis. Dom.
Mondt.	20	Sulpitius
Dienst.	21	Adolarius
Mittw.	22	Sotherus
Donn.	23	Georg
Freytag	24	Albertus
Samst.	25	Marcus
Sonnt.	26	Jubilate
Mondt.	27	Anastas.
Dienst.	28	Vitalis
Mittw.	29	Sibyll.
Donn.	30	Eutr.

Stand der Sonne und des Mondes.

Den 20ten tritt die Sonne in den Stier.

Der Vollmond ist den 4ten Vormittags um 11 Uhr.

Das letzte Viertel ist dem 12ten Nachmittags um 2 Uhr.

Der Neumond ist den 19ten Vormittags um 9 Uhr.

Das erste Viertel ist den 26ten Morgens um 2 Uhr.

	Halbe Nachtlänge.	
Tag den	Sonnen-Aufgang. St. M.	Tages-Anbru. St.
5		4
12		
19		

Majus.

Freytag	1	Phil. Jac.
Samst.	2	Sigismund
Sonnt.	3	Cant. †Erf.
Mondt.	4	Florian
Dienst.	5	Gotthard
Mittw.	6	Dietrich
Donn.	7	Gottfried
Freytag	8	Stanislaus
Samst.	9	Hiob
Sonnt.	10	Rog. Gotth.
Mondt.	11	Adolph
Dienst.	12	Pancratius
Mittw.	13	Josias
Donn.	14	Himmelf.C.
Freytag	15	Sophia
Samst.	16	███████
Sonnt.	██	███
Mondt.	██	███

Stand der Sonne und des Mondes.

Den 20ten tritt die Sonne in die Zwillinge.

Der Vollmond ist den 4ten Morgens um 3 Uhr.

Das letzte Viertel ist den 12ten früh um 1 Uhr.

Der Neumond ist den 18ten Nachmittags um 4 Uhr.

Das erste Viertel ist den 25ten Nachmittags um 3 Uhr.

Tag den	Halbe Nachtlänge.		
	Sonnen=Aufgang. St: M.	Tages=Anbruch. St: M.	
3	4 41	4 8	
10	4 30	3 57	
17	4 21	3 47	
24		3 38	
31		3 30	

Junius.

Mondt.	1	Nicodemus	
Dienst.	2	Marcellin.	Stand der Sonne und
Mittw.	3	Erasmus	des Mondes.
Donn.	4	Carpasius	
Freytag	5	Bonifacius	Den 21ten tritt die Sonne in den Krebs,
Samst.	6	Benignus	macht den längsten Tag und Sommers Anfang.
Sonnt.	7	1. n. Trin.	Der Vollmond ist den
Mondt.	8	Medardus	2ten Abends um 6 Uhr.
Dienst.	9	Primus	
Mittw.	10	Onophrius	Das letzte Viertel ist
Donn.	11	Barnabas	den 10ten Vormittags
Freytag	12	Basilides	um 9 Uhr.
Samst.	13	Tobias	Der Neumond ist den 16ten Nachts um 12 Uhr.
Sonnt.	14	2 Elisäus	Das erste Viertel ist
Mondt.	15	Vitus	den 24ten früh um 6 Uhr.
Dienst.	16	Justina	
Mittw.	17	Volkmar	
Donn.	18	Arnolphus	
Freytag	19	Gervasius	
Samst.	20	Silverius	

				Halbe Nachtlänge.	
				Sonnen-Aufgang.	Tages-Anbruch.
			Tag den	St. M.	St. M.
			7	3 59	3 24
Sonnt.	21	3 Alban	14	3 55	3 21
Mondt.	22	Achatius	21	3 55	3 20
Dienst.	23	Basilius	28	3 57	3 21
Mittw.	24	Joh. d. Täuf.		Halbe Tageslänge.	
Donn.	25	Elogius		Sonnen-Unterg.	Tages-Ende.
Freytag	26	Jeremias	Tag den	St. M.	St. M.
Samst.	27	7 Schläfer			
			7	8 1	8 36
Sonnt.	28	4 Leo, Josua	14	8 5	8 39
Mondt.	29	Pet. u. Paul	21	8 5	8 40
Dienst.	30	Pauli Ged.	28	8 3	8 39

Julius.

Mittw.	1	Theobald
Donn.	2	Mar. Heim.
Freytag	3	Cornelius
Samst.	4	Ulricus
Sonnt.	5	5 Demetr.
Mondt.	6	Jesaias
Dienst.	7	Wilibald
Mittw.	8	Kilianus
Donn.	9	Cyrillus
Freytag	10	Jacobina
Samst.	11	Cyrillus
Sonnt.	12	6 Heinrich
Mondt.	13	Magaretha
Dienst.	14	Bonavent.
Mittw.	15	Apost.Theil.
Donn.	16	Ruth
Freytag	17	Alexius
Samst.	18	Maternus
Sonnt.	19	7 Rufina
Mondt.	20	Elias
Dienst.	21	Daniel
Mittw.	22	Mar.Magd.
Donn.	23	Apolinarius
Freytag	24	Christina
Samst.	25	Jacobus
Sonnt.	26	8 Anna
Mondt.	27	Martha
Dienst.	28	Pantaleon
Mittw.	29	Beatrix
Donn.	30	Abdon
Freytag	31	Thrasibul.

Stand der Sonne und des Mondes.

Den 22ten tritt die Sonne in den Löwen und die Hundstage fangen an. Der Vollmond ist den 2ten Morgens um 8 Uhr. Das letzte Viertel ist den 9. Nachm. um 3 Uhr. Der Neumond ist den 16ten Morgens um 8 Uhr mit einer unsichtbaren Sonnenfinsterniß. Das erste Viertel ist den 23ten Abends um 10 Uhr. Der Vollmond ist den 31ten Abends um 9 Uhr mit einer sichtb. Mondsfinsterniß.

Tag den	Sonnen-Aufgang. St. M.	Halbe Nachtlänge. Tages-Anbruch. St. M.
5	4 1	3 25
12	4 6	3 31
19	4 13	3 38
26	4 22	6 47

Tag den	Sonnen-Unterg. St. M.	Halbe Tageslänge. Tages-Ende. St. M.
5	7 59	8 35
12	7 54	8 29
19	7 47	8 22
26	7 38	8 13

Augustus.

Tag			
Samst.	1	Petri Kett.	Stand der Sonne und des Mondes.
Sonnt.	2	9 Gustav	
Mondt.	3	August	Den 23ten tritt die Sonne in die Jungfrau. Ende der Hundstage.
Dienst.	4	Dominicus	
Mittw.	5	Oswald	
Donn.	6	Verkl. Chr.	Das letzte Viertel ist den 7ten Abends um 8 Uhr.
Freytag	7	Donatus	
Samst.	8	Cyriaca	
Sonnt.	9	10 Ericus	Der Neumond ist den 14ten Abends um 6 Uhr.
Mondt.	10	Laurentius	
Dienst.	11	Hermann	Das erste Viertel ist den 22ten Nachmittags um 4 Uhr.
Mittw.	12	Clara	
Donn.	13	Hypolitus	
Freytag	14	Eusebius	Der Vollmond ist den 30ten Morgens um 7 Uhr.
Samst.	15	Adolph	

Halbe Nachtlänge.

			Sonnen-Aufgang		Tages-Anbruch	
Tag			St.	M.	St.	M.
Sonnt.	16	11 Isaac				
Mondt.	17	Verena				
Dienst.	18	Agapitus				
Mittw.	19	Sebaldus				
Donn.	20	Bernhard	2	4 33	3	55
Freytag	21	Hartwig	9	4 42	4	9
Samst.	22	Alphasius	16	4 53	4	21
			23	5 5	4	33
			30	5 16	4	45

Halbe Tageslänge.

			Sonnen-Unterg.		Tages-Ende.	
Tag den			St.	M.	St.	M.
Sonnt.	23	12 Zachrias				
Mondt.	24	Bartholom.				
Dienst.	25	LUDEWIG				
Mittw.	26	Samuel				
Donn.	27	Gebhard				
Freytag	28	Augustin	2	7 27	8	5
Samst.	29	Joh. Enth.	9	7 18	7	51
			16	7 7	7	39
Sonnt.	30	13 Rebecca	23	6 55	7	27
Mondt.	31	Paul	30	6 44	7	15

September

Tag		Heilige		Stand der Sonne und des Mondes.
Dienst.	1	Egidius		
Mittw.	2	Absalon		
Donn.	3	Mansuetus		
Freytag	4	Moses		
Samst.	5	Hercules		

Den 22ten tritt die Sonne in die Wage, macht Tag und Nacht gleich, und Herbsts Anfang.

Sonnt.	6	14	Magnus
Mondt.	7		Rosina
Dienst.	8		Mariä Geb.
Mittw.	9		Gorgonius
Donn.	10		Jodocus
Freytag	11		Protus
Samst.	12		Cyrus

Das letzte Viertel ist den 6ten früh um 1 Uhr.

Der Neumond ist den 13ten Morgens um 7 Uhr.

Das erste Viertel ist den 21ten Vormittags um 10 Uhr.

Sonnt.	13	15	Amarus
Mondt.	14		† Erhöhung
Dienst.	15		Nicodemus
Mittw.	16		Euphemia
Donn.	17		Lambertus
Freytag	18		Titus
Samst.	19		Micleta

Der Vollmond ist den 28ten Abends um 5 Uhr.

			Halbe Nachtlänge.	
		Tag den	Sonnen-Aufgang. St. M.	Tages-Anbruch. St. M.
Sonnt.	20	16 Fausta		
Mondt.	21	Matthäus		
Dienst.	22	Mauritius		
Mittw.	23	Tecla		

Tag den	Sonnen-Aufgang. St. M.	Tages-Anbruch. St. M.
6	5 30	4 57
13	5 43	5 9
20	5 56	5 22
27	6 12	5 35

Donn.	24	Gerhard
Freytag	25	Cleophas
Samst.	26	Cyprianus

	Halbe Tageslänge.	
Tag den	Sonnen-Unterg. St. M.	Tages-Ende. St. M.

Sonnt.	27	17 Cosmus
Mondt.	28	Wenzeslaus
Dienst.	29	Michael
Mittw.	30	Hieronymus

Tag den	Sonnen-Unterg. St. M.	Tages-Ende. St. M.
6	6 30	7 3
13	6 27	6 51
20	6 4	6 38
27	5 48	6 25

October.

			Stand der Sonne und des Mondes.
Donn.	1	Remigius	
Freytag	2	Leodegarius	
Samst.	3	Jairus	

Den 23ten tritt die Sonne in den Scorpion.

Sonnt.	4	18 Francisc.
Mondt.	5	Placidus
Dienst.	6	Fides
Mittw.	7	Amalia
Donn.	8	Pelagius
Freytag	9	Dionysius
Samst.	10	Gideon

Das letzte Viertel ist den 5ten Morgens um 8 Uhr.

Der Neumond ist den 12ten Nachts um 11 Uhr.

Sonnt.	11	19 Burkard
Mondt.	12	Maximilian
Dienst.	13	Colomann.
Mittw.	14	Calixtus
Donn.	15	Hedwig
Freytag	16	Gallus
Samst.	17	Florentina

Das erste Viertel ist den 21ten Morgens um 3 Uhr.

Der Vollmond ist den 26ten Mittags um 12 Uhr.

			Tag den	Halbe Nachtlänge.	
				Sonnen-Aufgang. St. M.	Tages-Anbruch. St. M.
Sonnt.	18	20 Lucas Ev.			
Mondt.	19	Ferdinand			
Dienst.	20	Wendelina			
Mittw.	21	Ursula	4	6 22	5 46
Donn.	22	Cordula	11	6 35	5 58
Freytag	23	Severinus	18	6 47	6 10
Samst.	24	Salome	25	7 0	6 21

			Tag den	Halbe Tageslänge.	
				Sonnen-Unterg. St. M.	Tages-Ende. St. M.
Sonnt.	25	21 Crispin.			
Mondt.	26	Amant			
Dienst.	27	Sabina			
Mittw.	28	Sim. Jud.	4	5 38	6 14
Donn.	29	Narcissus	11	5 25	6 2
Freytag	30	Hartmann	18	5 13	5 50
Samst.	31	Wolfgang	25	5 0	5 39

November.

Sonnt.	1	22 All. Heil.	
Mondt.	2	Aller Seelen	
Dienst.	3	Gottlieb	
Mittw.	4	Emericus	
Donn.	5	Blandina	
Freytag	6	Leonhard	
Samst.	7	Erdmann	
Sonnt.	8	23 40 Mart.	
Mondt.	9	Theodor	
Dienst.	10	Probus	
Mittw.	11	Martin B.	
Donn.	12	Jonas	
Freytag	13	Briccius	
Samst.	14	Levinus	
Sonnt.	15	24 Leopold	
Mondt.	16	Ottmar	
Dienst.	17	Hugo	
Mittw.	18	Otto	
Donn.	19	Elisabeth	
Freytag	20	Amos	
Samst.	21	Mariä Opf.	
Sonnt.	22	25 Cäcilia	
Mondt.	23	Clemens	
Dienst.	24	Chrysog.	
Mittw.	25	Catharina	
Donn.	26	Conrad	
Freytag	27	Baruch	
Samst.	28	Günther	
Sonnt.	29	1 Advent	
Mondt.	30	Andreas	

Stand der Sonne und des Mondes.

Den 22ten tritt die Sonne in den Schützen.

Das letzte Viertel ist den 3ten Abends um 7 Uhr.

Der Neumond ist den 11ten Abends um 5 Uhr.

Das erste Viertel ist den 19ten Abends um 7 Uhr.

Der Vollmond ist den 26ten Mittags um 12 Uhr.

Halbe Nachtlänge.

Tag den	Sonnen-Aufgang. St. M.	Tages-Anbruch. St. M.
1	7 12	6 32
8	7 23	6 42
15	7 34	6 52
22	7 44	7 0
29	7 52	7 7

Halbe Tageslänge.

Tag den	Sonnen-Unterg. St. M.	Tages-Ende. St. M.
1	4 48	5 24
8	4 37	5 18
15	4 26	5 8
22	4 16	5 0
29	4 8	4 53

December.

Dienst.	1	Longinus	
Mittw.	2	Aurelia	
Donn.	3	Cassianus	
Freytag	4	Barbara	
Samst.	5	Abigail	
Sonnt.	5 2	Nicolaus	
Mondt.	7	Agatha	
Dienst.	8	Mar.Empf.	
Mittw.	9	Joachim	
Donn.	10	Judith	
Freytag	11	Damasius	
Samst.	12	Epimachus	
Sonnt.	13 3	Lucia	
Mondt.	14	Nicasius	
Dienst.	15	Ignatius	
Mittw.	16	Ananias	
Donn.	17	Lazarus	
Freytag	18	Wunibald	
Samst.	19	Abraham	
Sonnt.	20 4	Ammon	
Mondt.	21	Thomas	
Dienst.	22	Beata	
Mittw.	23	Dagobert	
Donn.	24	Adam, Eva	
Freytag	25	H.Christtag	
Samst.	26	Stephanus	
Sonnt.	27	Johann.Ev.	
Mondt.	28	Unsch.Kindl.	
Dienst.	29	Jonathan	
Mittw.	30	David	
Donn.	31	Sylvester	

Stand der Sonne und des Mondes.

Den 21ten tritt die Sonne in den Steinbock, macht Winters Anfang und den kürzesten Tag.

Das letzte Viertel ist den 3ten Morgens um 8 Uhr.

Der Neumond ist den 10ten Mitternachts um 12 Uhr.

Das erste Viertel ist den 19ten Morgens um 8 Uhr.

Der Vollmond ist den 25ten Nachts um 11 Uhr.

	Halbe Nachtlänge.	
	Sonnen=	Tages=
Tag den	Aufgang.	Anbruch.
	St. M.	St. M.
6	8 0	7 12
13	8 4	7 15
20	8 5	7 16
27	8 5	7 16

	Halbe Tageslänge.	
	Sonnen=	Tages=
Tag den	Unterg.	Ende.
	St. M.	St. M.
6	4 0	4 48
13	3 56	4 45
20	3 55	4 44
27	3 55	4 44

Genealogisches Verzeichnis
des gegenwärtigen
Hochfürstl. Hauses Hessen.

I. Von Hessen-Darmstadt.
Regierender Landgraf.

LUDEWIG der Zehnte, gebohren den 14ten Junii 1753, des St. Andreas-schwarzen Adler- und St. Huberts-Ordens Ritter, folgte seinem Herrn Vater in der Regierung den 6ten April 1790.
  Gemahlin Louise Karoline Henriette, Landgraf Georg Wilhelms von Hessen=Darmstadt Tochter, gebohren den 15. Febr. 1761, vermählt den 19. Febr. 1777.

Kinder.
1) Ludwig, Erbprinz, geb. den 26. Dec. 1777, Obrister eines Regiments zu Fuß.
2) Louise Karoline Theodore Amalie, geb. den 16. Jan. 1779.
3) Ludwig Georg Friedrich Karl Ernst, geb. den 31. Aug. 1780, Rittmeister in kaiserl. königl. Diensten.
4) Friedrich August Karl Anton Emil Maximilian Christian Ludwig, geb. den 13. Mai 1788.
5) Emil Maximilian Leopold August Karl, geb. den 3. Sept. 1790.
6) Ferdinand Gustav Wilhelm Friedrich, geb. den 18. Dec. 1791.

Geschwister.
1) Karoline, geb. den 2. März 1746, vermählt an Landgraf Friedrich Ludwig Wilhelm Christian von Hessen=Homburg den 27. Sept. 1768.
2) Friederike Louise, geb. den 16. Oct. 1751, vermählt an den König Friedrich Wilhelm von Preussen den 14. Jul. 1769. zu Charlottenburg.
3) Amalie Friederike, geb. den 20. Jul. 1754, vermählt an den Erbprinzen Karl Ludwig von Baden den 15. Jul. 1774.
4) Louise, geb. den 30. Jan. 1757, verm. an den regierenden Herzog Karl Ludwig von Sachsen=Weimar d, 3. Oct. 1775.

5) Friedrich

5) Friedrich Ludwig, geb. den 10. Jun. 1759, des St. Hubertsordens Ritter.
6) Christian Ludwig, geb. den 25. Nov. 1763, Reichs-Generalfeldmarschall-Lieutenant, Generalmajor und Proprietär eines holländischen Infanterieregiments, auch Gouverneur zu Grave, des St. Hubertsordens Ritter.

Vaters Bruders Wittwe.

Marie Louise Albertine, des Grafen Christian Karl Reinhard von Leiningen-Heidesheim Tochter, geb. den 16. März 1729, vermählt mit Landgraf Georg Wilhelm den 15. März 1748, Wittwe seit dem 21. Jun. 1782.

Kinder.

1) Ludwig Georg Karl, geb. den 27. März 1749, Reichs-Generalfeldzeugmeister, des St. Stephansordens Großkreuz.
2) Georg Karl, geb. den 14. Jun. 1754, Generalmajor der holländischen Infanterie, des Johanniterordens Ritter.
3) Karl Wilhelm Georg, geb. den 16. Mai 1757, kaiserl. königl. Generalmajor, des St. Hubertsordens Ritter.
4) Friedrich Georg August, geb. den 21. Jul. 1759, Ritter des weissen Adlerordens.
5) Louise Karoline Henriette, geb. den 15. Febr. 1761. (siehe oben.)
6) Marie Wilhelmine Auguste, geb. den 14. April 1765, vermählt an Pfalzgraf Maximilian zu Zweibrücken den 30. Sept. 1785.

II. Von Hessen-Homburg.

Landgraf.

Friedrich Ludwig Wilhelm Christian, geb. den 30. Jan. 1748, Reichs-Generalfeldzeugmeister, Ritter des schwarzen Adler- des weissen Adler- und St. Hubertsordens.
Gem. Karoline, Landgraf Ludwig des Neunten von Hessen-Darmstadt Tochter, geb. den 2. März 1746, vermählt den 27. Sept. 1768.

Kinder.

1) Friedrich Joseph Ludwig, geb. den 30. Jul. 1769, Obristlieutenant unter dem Infanterieregiment von Stein in kaiserl. königl. Diensten.
2) Ludwig Wilhelm, geb. den 29. Aug. 1770, königl. preussischer Kapitän der Infanterie.

3) Karo-

3) Karoline Louise, geb. den 26. Aug. 1771, vermählt mit dem Fürsten Ludwig Friedrich von Schwarzburg-Rudolstadt den 21. Jul. 1791.
4) Louise Ulrike, geb. den 26. Oct. 1772, vermählt mit dem Prinzen Karl Günther von Schwarzburg-Rudolstadt den 29. Jun. 1793.
5) Christiane Amalie, geb. den 29. Jun. 1774, vermählt mit Friedrich Erbprinz von Anhalt-Dessau den 12. Jun. 1792.
6) Auguste Friederike, geb. den 28. Nov. 1776.
7) Philipp August Friedrich, geb. den 11. März 1779, holländischer Kapitän beim ersten Regiment Oranien-Nassau.
8) Gustav Adolph Friedrich, geb. den 17. Febr. 1781, Lieutenant bei dem kön. schwedischen Leibgarderegiment zu Fuß.
9) Ferdinand Henrich Friedrich, geb. den 26. April 1783.
10) Mariane, geb. den 14. Oct. 1785.
11) Leopold Victor Friedrich, geb. den 10. Febr. 1787.

III. Von Hessen-Kassel.

Regierender Landgraf.

Wilhelm der Neunte, geb. den 3. Jun. 1743, Ritter des Ordens vom blauen Hosenbande, wie auch des Elephanten- und des schwarzen Adlerordens; trat den 31. Oct. 1785 die Regierung an.

Gem. Wilhelmine Karoline, König Friedrich des Fünften in Dännemark zwote Prinzessin, geb. den 10. Jul. 1747, vermählt den 1. Sept. 1764.

Kinder.

1) Marie Friederike, geb. den 14. Sept. 1768, verlobt mit dem Erbprinzen von Anhalt-Bernburg.
2) Karoline Amalie, geb. den 11. Jul. 1771.
3) Wilhelm, Erbprinz, geb. den 28. Jul. 1777, königl. dänischer Generalmajor von der Infanterie, Ritter des hessischen Ordens vom goldnen Löwen und pour le merite militaire. Generalmajor und Inhaber eines hessischen Infanterieregiments.

Geschwister.

1) Karl, königl. dänischer Feldmarschall, kommandirender General des Königreichs Norwegen, Statthalter der Herzogthümer Schleswig und Holstein, Ritter des Elephanten- und hessischen goldnen Löwen- auch des pour la vertu militaire Ordens, Hessenkasselischer Generallieutenant

tenant und Chef eines Infanterieregiments, geb. den 19. Dec. 1744.
Gem. Louise, König Friedrich des Fünften in Dännemark jüngste Prinzessin, geb. den 30. Jan. 1750, vermählt den 30. Aug. 1766.

Kinder.

1) Marie Sophie Friederike, geb. den 28. Oct. 1767, vermählt an den Kronprinzen Friedrich von Dännemark den 31. Jul. 1790.
2) Friedrich, geb. den 24. Mai 1771, Ritter des hessischen goldnen Löwenordens, königl. dänischer Generalmajor der Infanterie und Chef des Schleswigschen Infanterieregiments, auch Hessenkasselischer Generalmajor.
3) Juliane Louise Amalie, geb. den 19. Jan. 1773.
4) Christian, geb. den 14. Aug. 1776, königl. dänischer Obrist der Kavallerie.
5) Louise Karoline, geb. den 28. Sept. 1789.

2) Friedrich, geb. den 11. Sept. 1747, General der Kavallerie und Chef eines Dragonerregiments in holländischen Diensten, Gouverneur von Mastricht, auch Hessenkasselischer Generallieutenant und Chef eines Dragonerregiments, sodann Ritter des Seraphinen und hessischen goldnen Löwen= auch des pour la vertu militaire Ordens.
Gem. Karoline Polyrene, des Fürsten Karl Wilhelm von Nassau=Usingen älteste Tochter, geb. den 4. April 1762, vermählt den 2. Dec. 1786.

Kinder.

1) Wilhelm, geb. den 24. Dec. 1787.
2) Karl, geb. den 8. März 1789.
3) Friedrich Wilhelm, geb. den 25. April 1790.
4) Ludwig Karl, geb. den 12. Nov. 1791.
5) Georg Karl, geb. den 14. Jan. 1793.
6) Karoline Marie Friederike, geb. den 9. April 1794.

Vaters Wittwe.

Philippine Auguste Amalie, königl. Prinzessin von Preussen und Brandenburg=Schwedt, geb. den 10. Oct. 1745, vermählt den 20. Jan. 1773. Wittwe seit dem 31. Oct. 1785.

Grosvaters Bruders Prinz Maximilians Tochter.

Wilhelmine, geb. den 23. Febr. 1726, trägt den russisch=kaiserlichen St. Katharinenorden, vermählt an den Prinzen Heinrich von Preussen durch Procur. zu Kassel den 17. Jun. 1752, vollzogen zu Charlottenburg den 25. Jun.

IV. Von

IV. Von Hessen-Philippsthal.
Landgraf.
Wilhelm, geb. den 29. Aug. 1726, Ritter des Johanniter- und heßischen Löwenordens, holländischer Generallieutenant und Gouverneur zu Herzogenbusch, auch Obrister und Inhaber eines Kavallerieregiments.

Gem. Ulrike Eleonore, Prinz Wilhelms von Hessen-Philippsthal in Barchfeld Tochter, geb. den 27. April 1732, vermählt den 22. Jun. 1755.

Kinder.
1) Des verstorbenen Prinzen Karl Gemahlin: Victorie Amalie Ernestine, Prinzessin von Anhalt-Bernburg zu Schaumburg, geb. den 11. Febr. 1772, vermählt den 24. Jun. 1791.
   Kind. Karoline Wilhelmine Ulrike Eleonore posth. geb. den 10. Febr. 1793.
2) Juliane Wilhelmine Louise Sophie Amalie, geb. den 8. Jun. 1761, vermählt an den regierenden Grafen Philipp Ernst zu Schaumburg-Lippe den 10. Oct. 1780. Wittwe, Regentin und Vormünderin ihres unmündigen Sohnes, seit dem 13. Febr. 1787.
3) Friedrich, geb. den 4. Sept. 1764, russisch-kaiserlicher Obrister der Kavallerie, Inhaber eines Kürass. Regiments von 10 Escadrons, des russisch-kaiserl. militärischen St. Georgen- und heßischen goldenen Löwenordens Ritter.
4) Ludwig, geb. den 8. Oct. 1766, Ritter des heßischen goldenen Löwenordens, kön. neapolit. Obristl. der Kavallerie.
5) Ernst Konstantin, geb. den 8. Aug. 1771, holländischer Major unter dem Sachsen-Gothaischen Regiment.

Schwester.
Charlotte Amalie, geb. den 10. Aug. 1730, vermählt an Herzog Anton Ulrich von Sachsen-Meinungen den 26. Sept. 1750. Wittwe seit dem 27. Jan. 1763.

Vaters Bruders, Prinz Wilhelms in Barchfeld, Kinder.
1) Katharine Friederike Charlotte, geb. den 26. April 1725, Wittwe von Graf Albert August von Ysenburg-Büdingen in Wächtersbach seit dem 25. Nov. 1782.
2) Johannette Charlotte, geb. den 22. Jan. 1730, Domküsterin zu Hervord.
3) Antoinette Karoline Christine Amalie, geb. den 18. Jan. 1731,

4) Ulrike Eleonore, geb. den 27. April 1732, vermählte Landgräfin von Hessen-Philippsthal.
5) Dorothee Marie, geb. den 30. Dec. 1738, vermahlt an den regierenden Grafen Johann Ludwig Karl von Löwenstein-Wertheim-Virneburg den 6. Jul. 1764.
6) Adolph zu Barchfeld, geb. den 29. Jan. 1743, Ritter des hessischen goldnen Löwenordens.
Gem. Prinzessin Wilhelmine Louise Christiane, Herzogs Anton Ulrich von Sachsen-Meinungen zweite Tochter, geb. den 6. Aug. 1752, vermählt den 10. Oct. 1781.
Kinder.
1) Karl August Philipp Ludwig, geb. den 27. Jun. 1784.
2) Friedrich Wilhelm Karl Ludwig, geb. den 10. Aug. 1786.
3) Ernst Friedrich Wilhelm, geb. den 28. Jan. 1789.

V. Von Hessen-Rothenburg.

Landgraf.

Karl Emanuel, geb. den 5. Jan. 1746, kaiserl. königl. Generalfeldwachtmeister der Infanterie, Ritter des goldenen Vliesses und des St. Hubertsordens.
Gem. Marie Leopoldine Adelgunde, Fürst Franz Joseph von Lichtenstein Tochter, geb. den 30. Jan. 1754, vermählt den 1ten Sept. 1771.

Kinder.
1) Victor Amadeus, geb. den 2. Sept. 1779.
2) Leopoldine Klaudie Marie Klotilde, geb. d. 12. Sept. 1787.

Geschwister.
1) Klementine Franziske Ernestine, geb. den 5. Jun. 1747, Aebtissin zu Susteren.
2) Marie Hedwig Eleonore Christine, geb. d. 26. Jun. 1748, Sternkreuzordens-Dame, vermählt an Prinz Jakob Leopold Karl Gottfried von Bouillon den 17. Jul. 1766.
3) Karl Konstantin, geb. den 10. Jan. 1752, Ritter des hessischen goldnen Löwen- auch des St. Hubertordens. (bekanntlich in Frankreich.)
4) Marie Antonie Friederike Josephe, geb. den 31. März 1752, Kanonissin zu Thorn.
5) Wilh:lmine, geb. den 16. Febr. 1755, Kanonissin zu Essen.

Vaters Bruders, Prinz Josephs, Tochter.
Anne Marie Victorie, geb. d. 25. Febr. 1728, Wittwe von Karl de Rohan, Prinzen von Soubise, seit dem 18. Aug. 1787.

Militär-Etat.

Anciennität.
Die Vornamen ꝛc. werden unten an dem Ort, wo die Offiziers stehen, bemerkt werden.

Generalmajors:	wo sie stehen:
Herr von Rohr,	Kommandant zu Giesen.
⹀ von Schorokofsky,	Garde du Corps.
⹀ von Freudenberg,	Kommand. zu Darmstadt.
⹀ Reichsgraf zu Sayn u. Witgenstein-Berlenburg,	Kommandeur einer bei der K. K. Armee am Oberrhein stehenden Brigade und des Reichskontingents.
⹀ von Düring,	Kommandeur einer in den Niederlanden bei der K. Großbrittannischen Armee befindliche Brigade und Inspecteur der leichten Truppen.
⹀ Baur,	von der Kavallerie, Vicepräsident des Kriegskollegiums.

Infanterie.

Obristen:
Herr Pfaff,	Landregiment.
⹀ Erbprinz zu Hessen,	Eigenes.
⹀ von Lindau,	Leibregiment.
⹀ Damm,	2tes Leibgrenadier-Bat.

Obristlieutenants:
Herr Hahn,	Platzmajor zu Giesen:
⹀ Hofmann,	Erbprinz.

Obrist-

Obristlieutenants:	wo sie stehen:
Herr Hornig,	1stes Leibgrenadier-Bat.
= von Steinling,	Leibregiment.
= von Roßmann,	Landregiment.
= Geilfuß,	Landregiment.
= von Litzius,	Kommandant zu Wetzlar.
= Bechtold,	Erbprinz.
= von Stosch,	leichtes Inf. Bataillon.
= Schou,	Landgraf.
= Welker,	Platzmajor in Darmstadt
= von Nagel,	Landgraf.
= Weiker,	Leibregiment,
= Stockmar,	Landgraf.
= von Schäfer,	Jägercorps,

Majors:

Herr Schulz,	Leibregiment.
= Welker,	1stes Leibgrenadier-Bat,
= Stutzer,	2tes Leibgrenadier-Bat,
= Graf von Lehrbach,	Leibregiment.
= Hopfenblatt,	Leibregiment,

Artillerie.

Obrist, Herr Müller,	Vestung Giesen.
Obristlieut. Herr Hahn,	Artilleriecorps.
Major, Herr Kötz,	Artilleriecorps,

Kavallerie.

Obristen:

Herr von Kruse,	Garde du Corps.
= von Werner,	Chevauxlegers.

Obristlieutenants:

Herr von Canngießer,	Chevauxlegers.

Majors:

Herr von Perglas,	Garde du Corps.
= Metzler,	Husarencorps.
= Chamot,	Chevauxlegers,

Adjutantur und Staab.

Generaladjutanten: wo sie stehen:
*Herr Generalmajor v.
    Düring,   von der Kavallerie.
Herr Major Henrich von
    Oyen,   von der Kavallerie.
Flügeladjutant: Herr
    Kapitain Gustav
    Alexander v. Wei-
    hers,   von der Infanterie.
*Brigademajor: Herr Major Hopfenblatt.
Quartiermeisterlieut., Herr Kapitain Bechtold.
*   =   =   =   =   Stabskap von Gall.
(Die mit * Bezeichnete befinden sich in den Niederlanden.)

Officiers a la Suite vom Corps.

Herr Obrist Fried. Ludw.
    von Wreden, Rit-
    ter des St. Geor-
    gen-Ordens,   von der Infanterie.
= Obrist Graf Franz
    von Jenison,   von der Kavallerie.
=   * Graf Ant. Jos.
    a Pont Leon,   von der Kavallerie.
=   * Aug. Ludw. Lu-
    cas v. Gräfe,   von der Kavallerie.
=   = Freund von
    Sternfeld,   von der Infanterie.
Herr Obristlieut. Dan. Klipstein, von der Kavallerie.
  =   =   =   v. Pappenheim, von der Infant.
  =   =   =   v. Schilling, von der Infanterie.
  =   =   =   v. Willich, von der Kavallerie.
  =   =   =   Isaak Behagel
                v. Flammer-
                dinghe,   von der Kavallerie.
  =   =   =   v. Wildermuth, von der Infant.
  =   =   =   J. Helf. Müller, von der Artillerie.

A 5   Herr

Herr Major von Rabenau,   von der Infanterie.
  -    - N. N. Cuhn,   von der Infanterie.
  -    - Karl von Nordeck
           zur Rabenau,   von der Infanterie.
  - Kapitain Friedrich Hof-
           mann,   von der Infanterie.
  -    - v. Moranville,   von der Infanterie.
  -    - Karl Bechtold,   von der Infanterie.
  - Rittmeister Fried. Karl v. Dankelmann.

Pensionirte und in Ruhe gesetzte Offiziers.

Generallieutenants: wo sie sind:
Herr Bernhard Wencke,   zu Pirmasens.
  Generalmajors:
Herr Johann Peter Petermann, — Wallerstätten.
  Brigadiers:
Herr Zacharias Sipmann,   — Darmstadt.
  Obristen:
Herr Andreas Elias Bärwolf,   — Darmstadt.
  - Hans Georg von Dresky,   — Giesen.
  - Wilhelm Ernst Preibisius, — Nauheim.
  - Johann Christian Fischer, — Darmstadt.
  Obristlieutenants:
Herr Reinhard Schindler,   — Pirmasens.
  - Tobias Urias Martin,   — Pirmasens.
  - Johann Georg Strecker,   — Darmstadt.
  Majors:
Herr Joh. Georg Hofmann,   — Griesheim.
  - Gottlieb Müller,   — Pirmasens.
  - Franz Friedrich Langsdorf, — Giesen.
  Kapitains:
Herr Konrad Lehr,   — Pirmasens.
  - Anton Mehnert,   — Pirmasens.
  - Joh. Georg Rapp,   — Pirmasens.
  - Ludwig Reim,   — Pirmasens.
  - Gottlieb Ammann,   — Pirmasens.

Kapitains: wo sie sind:
Herr Joh. Ludwig Schneider,   zu Eberstadt.
  = Joh. Christian Ekhard,   — Pirmasens.
  = Christoph Koch,   in der Herrsch. Eppstein.
  = Adam Helfer,   zu Pirmasens.
  = J. M. Schmitt,   — Giesen.
  = Johannes Weber,   — Pirmasens.
  = Joh. Ludwig Lind,   — Giesen.
  = Christ. Eberhard Pfaff,   — Darmstadt.
    Lieutenants:
Herr Georg Henr. Habel,   in der Herrsch. Eppstein.
  = Bernhard Kilian,   zu Pirmasens.
  = Benjamin Lynker,   — Pirmasens.
  = Gottlieb Schindler,   — Pirmasens.
  = Thomas Gran,   — Pirmasens.
  = Philipp Haas,   — Pirmasens.
  = N. N. Hainbuch,   — Pirmasens.
  = N. N. Dröller,   — Pirmasens.
  = Anton Schneider,   — Lorsbach.
  = Melchior Joachim,   — Pirmasens.
  = Martin Birckel,   — Pirmasens.
  = Jakob Pfeil,   — Pfungstadt.
  = Christian Bergen,   — Pirmasens.

Infanterie.

Erstes Leibgrenadier-Bataillon.

Mondirung: Blaue Röcke, carmoisinrothe Aufschläge, Klappen, Unterfutter und Kragen, silberne Schleifen, weiße Westen, Hosen und Knöpfe.

(Dermalen bei der bei der englischen Armee in den Niederlanden befindlichen Brigade.)

Obristlieutenant u. Komandeur, Hr. Ludw. Hornig.
Major, Herr Philipp Albrecht Welker.
Kapitain, Herr Karl Christian Phasian.
   =   =   Georg Marchand.
Stabskapitain, Herr Christ. Fr. L. Walther.
   =   =   E. Ph. Chr. Stürz.

Premierlieutenant, Herr Andreas Duhall.
 =   =   = Karl von Wickede.
 =   =   = L. W. Felix Jak. Königer.
 =   =   = von Hopfgarten.
Secondlieutenant, Herr Döll.
 =   =   = Stolz.
 =   =   = Griebel.
 =   =   = Besserer.
Fähndrich, Herr Graf Phil. Eugen v. Lehrbach,
    Supernumerär.
 =   = Kullmann.
 =   = Kekule.
 =   = Hartmann.
 =   = Kullmann.
Auditeur und Reg. Quartiermeister, Hr. Schenck.
Feldprediger, Herr Friedr. Ludw. Textor.
Regimentschirurgus, Herr Joseph Braun.

Zweites Leibgrenadier - Bataillon.

Mondirung: Ziegelrothe Aufschläge, Klappen, Unterfutter und Kragen, goldene Schleifen, weisse Westen und Hosen.

(Dermalen bei der am Oberrhein bei der kais. kön. Armee stehenden Brigade.)

Obrist und Kommandeur, Herr Friedr. Damm.
Major, Herr Kraft Michael Stutzer.
Kapitain, Herr Franz Rudolph Beck.
 =   = Christian Fenner.
Stabskapitain, Herr Ludwig Thomas.
 =   = Friedrich Thor.
Premierlieutenant, Herr Martin Stolz.
 =   =   = Christ. Ludw. Eckhard.
 =   =   = Konrad Helfer.
 =   =   = Ernst Eigenbrod, Adj.
 =   =   = Wilhelm Gran.
Secondlieutenant, Herr Georg Keim.
 =   =   = Wilhelm Keim.
Fähndrich, Herr Fenner.

Fähn=

Fähndrich, Herr Eigenbrod.
  =   = Hameaux.
  =   = Ihstein.
Reg. Quartiermeister, Herr J. P. Döll, Kapitain.
Auditeur, Herr Heinrich Konrad Mallinkroth.
Regimentschirurgus, Herr Rauch.

Leib = Regiment.

Mondirung: Ponceaurothe Aufschläge, Klappen, Unterfutter und Kragen, silberne Schleifen, weiße Westen, Hosen und Knöpfe.

(Dermalen bei der am Oberrhein bei der kaif. kön. Armee stehenden Brigade.)

Chef, Se. des Herrn Landgrafen Hochfürstliche Durchlaucht.

Erstes Bataillon.

Obrist, Herr Wilhelm von Lindau.
Major, = Johann Karl Wilh. Schulz.
  =   = Graf Georg von Lehrbach.
Kapitain, Herr Karl Hermanni.
  =   = Friedrich Hoffmann.
Stabskapitain, Herr Wilh. Fr. Chr. v. Schenk.
  =   = Christian Fenner.
Premierlieutenant, Herr Christ. Leopold Schüler.
  =   = Wilhelm Weber, Adj.
  =   = Joh. Gottl. Meßler.
  =   = Karl Strecker.
Secondlieutenant, Herr Graf Ludw. von Sayn und Witgenstein=Berlenburg, Supernum.
  =   = Joachim Schlich.
  =   = Friedrich von Gödke.
  =   = Friedrich Selzam.
  =   = Wilhelm Weller.
Fähndrich, Herr Graf Ludw. v. Benzel, Supern.
  =   = Ludwig Dittmar.
  =   = Hoffmann.
  =   = Röder.

Reg.

Reg. Quartiermeister, Herr N. N. Hacht.
Auditeur, Herr N. N. Mallincrott.
Feldprediger, Herr Joh. Georg Gottl. Walther.
Stabschirurgus, Herr N. N. Eichholz.

Zweites Bataillon.

Obristlieutenant, Herr Tobias von Steinling.
Major, Herr Georg Hopfenblatt.
Kapitain, Herr Johannes Kuhlmann.
= = J. Follerius.
Stabskapitain, Herr Ludwig Hopfenblatt.
= = = Ernst Köhler.
Premierlieutenant, Herr Ludwig von Schenk.
= = = Wilhelm Hornig, Adj.
= = = Friedr. Karl Christ. v. Steinling.
= = = Mathias v. Bergofsky.
Secondlieutenant, Herr Phil. von Münchhausen, Supernum.
= = = Friedrich Raub.
= = = Georg Karl Wachter.
= = = Werner Trapp.
= = = Jakob von Müller.
Fähndrich, Herr Georg Hoffmann.
= = Müller.
Auditeur und Reg. Quartiermeister, Herr Franz Daniel Göbbel.
Regimentschirurgus, Herr Heinrich.

Regiment Landgraf.

Mondirung: Weiße Aufschläge, Klappen und Kragen, roth Unterfutter, goldene Schleifen, weiße Westen und Hosen, und gelbe Knöpfe.

Chef, Se. des Herrn Landgrafen Hochfürstliche Durchlaucht.

Erstes Bataillon.

(Dermalen bei der bei der englischen Armee in den Niederlanden befindlichen Brigade.)

Obristlieutenant, Herr Friedrich von Nagel.

Obristlieutenant, Herr Jakob Stockmar.
Kapitain, Herr Wilhelm Damm.
    =   = Christ. Hallwachs.
    =   = Christian August Sturz.
Stabskapitain, Herr Karl Fr. Schmalcalder.
    =   =   = Joh. Friedrich Lembke.
Premierlieutenant, Herr Friedr. Karl Hofmann.
    =   =   = Christian Bechtold.
    =   =   = Gottfried Meister.
    =   =   = Ludwig Franz Theodor Moter, Adj.
Secondlieutenant, Herr Lynker.
    =   =   = Karl Ludwig Schenk.
    =   =   = Raabe.
    =   =   = Venator.
Fähndrich, Herr Castritius.
    =   = Moter.
    =   = Moßler.
    =   = Jesse.
Reg. Quartiermeister, Herr Joh. Haußmann, Stabskapitain.
Auditeur, Herr Busch.
Regimentschirurgus, Herr Moßler.

Zweites Bataillon.
(Dermalen als Kontingent bei der Reichsarmee.)

Kommandeur, Herr Adolph Ludw. Wilh Reichsgraf zu Sayn und Witgenstein-Berlenburg, Generalmajor und Brigadier der an dem Oberrhein bei der k. k. Armee stehenden Brigade, und des Kontingents bei der Reichsarmee.
Obristlieutenant, Herr Wolfg. Dietrich Weicker.
Major, Herr Ludwig von Zangen.
Kapitain, Herr Wilhelm de Grandville.
Stabskapitain, Herr Wilh. Ludwig Neidhardt.
    =   =   = Fr. v. Schmalcalder.
    =   =   = Phil. Fr. Wolr. Königer.

Premierlieutenant, Herr Christian Weber.
= = = Ludwig Müller.
= = = Wilhelm Schmidt.
= = = Philipp Götz, Regim.
    Quartiermeister.
= = = Christ. Zimmermann,
    Adjutant.
Secondlieutenant, Herr Graf Gustav von Sayn
    und Witgenstein=Ber-
    lenburg, Supernum.
= = = Wilhelm Gilbert.
= = = Georg Kempf.
= = = Fr. Ph. Engel Königer.
Fähndrich, Herr Graf von Wittgenstein.
= = Geilfuß.
= = Kullmann.
= = Becker.
Auditeur, Herr Georg Friedrich Müller.
Regimentschirurgus, Herr Ludwig Saalfeld.

Regiment Erbprinz.

Mondirung: Pfirschblüthene Klappen, Kragen und
  Aufschläge, silberne Schleiffen, roth Unterfutter,
  weiße Westen, Hosen und Knöpfe.
Chef und Obrist, Se. des Herrn Erbprinzen
  Hochfürstliche Durchlaucht.

Erstes Bataillon.

(Dermalen als Kontingent bei der Reichsarmee.)

Major, Herr Graf von Lehrbach.
Kapitain, Herr Friedrich von Zangen.
= = Ludwig von Gall.
= = Franz Roger von Drake.
= = Kasimir Mayer.
Stabskapitain, Herr Gottlieb Keim.
Premierlieutenant, Herr Wilhelm Kraft.
= = = von Buchenröder.
= = = Christian Winter.=
    Second-

Secondlieutenant, Herr Friedrich Selzam.
= = = Friedrich Reim.
= = = Wachter.
Fähndrich, Herr Burkhard Düringer.
= = Flachsland.
= = Herff.
= = Schwaner.
= = von Schwarzkoppen.

Zweites Bataillon.
(Dermalen in Garnison zu Darmstadt.)

Obristlieutenant, Herr Karl Bechtold.
Kapitain, Herr Johannes Wack.
Stabskapitain, Herr Karl Moßler.
= = = Johann Pfeiffer.
Premierlieutenant, Herr Justus Phil. Chelius.
= = = Konrad Geyer.
Secondlieutenant, = Kaspar Wink.
= = = Batist, Adjutant.
= = = N. N. Gilbert.

Drittes Bataillon.
(Dermalen in Garnison zu Darmstadt.)

Obristlieutenant, Herr G. Ernst Ludw. Hofmann.
Kapitain, Herr Christian Most.
= = Karl Mogen.
= = Friedrich Voigt.
Stabskapitain, Herr Weigand Pfeiff.
Premierlieutenant, Herr Georg Hartmann.
= = = Johannes Müller.
= = = Ludwig Rupersburg.
= = = Philipp Becker.
= = = Konrad Kirchhöfer.
Secondlieutenant, Herr Lotharius Fr. Waldeck.
Reg:Chirurgus, Hr. Karl Wenzel, Stabschirurgus.

Leichtes Infanterie-Bataillon.

Mondirung: Grüne Röcke mit schwarzen Klappen, Kragen und Aufschlägen, roth Futter, weiße Westen und Hosen, weiße Knöpfe.

(Dermalen bei der bei der englischen Armee in den Niederlanden

Obristlieutenant, Herr Gottl. Sigmund Moritz
   von Stosch.
Kapitain, = Friedrich Leopold Klipstein.
   =   = Chr. Jakob Pistor.
Stabskapitain, Herr Heinrich Scharnhorst.
   =   = von Gall.
   =   = Christ. Friedr. Stutzer.
Premierlieutenant, Herr Jakob Christ. Klipstein.
   =   =   = Karl Dunker.
   =   =   = von Gall.
   =   =   = Kloos.
Secondlieutenant, Herr von Weldingh.
   =   =   = Kullmann.
   =   =   = Ludwig Merck.
   =   =   = Ferd. Balth. v. Starcklof.
   =   =   = Goedeke.
   =   =   = Bechstatt.
   =   =   = Just. Raym. von Copet.
   =   =   = Nies.
   =   =   = von Wallenrod.
   =   =   = von Stosch, Supern.
Auditeur, Herr Ludwig Wilhelm Weisgerber.
Reg. Quartiermeister, Hr. Fr. Chr. Chelius, Lieut.
Regimentschirurgus, Hr. N. N. Felz.

Feldjäger - Corps.

Mondirung: Grüne Röcke mit karmoisinrothen Klappen, Kragen und Aufschlägen, roth Unterfutter. Die Offiziers weisse, die Jäger grüne Westen und Hosen.
(Befindet sich bei der in den Niederlanden stehenden Brigade.)

Major, Herr von Schäfer.
Stabskapitain, Herr Ludw. E. von Schönberg.
Premierlieutenant, Herr von Schmalcalder.
   =   = Lupus.
Secondlieutenant und Adjutant, Herr Reitz.
   =   = Herr Embt.
   =   = Theodor Werner.

Second-

Secondlieutenant, Herr Henrich von Schäfer,
Supernum.
Bataillonschirurgus, Herr Schäfer.

Feldartillerie = Corps.

Mondirung: Blaue Röcke, schwarze Aufschläge, Kragen und Klappen, roth Unterfutter, weisse Westen und Hosen, gelbe Knöpfe.

Eine Abtheilung der Artillerie steht am Oberrhein bei der zu den k. k. Armee gestossenen Brigade; die andere bei der Brigade in den Niederlanden. Die Offiziers, welche sich bei der ersten Abtheilung befinden, sind mit * bezeichnet; die übrigen sind bei der leztern, diejenigen ausgenommen, wobei ihr Aufenthaltsort bemerkt ist.

* Obristlieutenant und Kommandeur, Herr Georg
Gottlieb Hahn.
Major, Herr Philipp Roetz.
* Kapitain, Herr Henrich Haas.
Stabskapitain, Herr Johannes Schüler.
*   =   =   = Henrich Hill.
* Premierlieutenant, Herr Joh. Henr. Otto, Adj.
  =   =   = Karl Ludwig Voigt.
*   =   =   = Georg Friedr. Linker.
Secondlieutenant, Herr Kullmann.
*   =   =   = Phil. Albrecht Hack.
  =   =   = Teufel.
  =   =   = App.
  =   =   = Limpert.
Zeugwart, Hr. Haller, zu Darmstadt, Lieut.
à la Suite.
Kapitain, Herr Georg Friedrich Werner, beim
Chausseebau kommandirt.
  =   =   Friedrich Sonnemann, beim
Zeughause zu Giesen.
Secondlieutenant, Hr. Philipp Jakob Matth, beim
Chausseebau kommandirt.
  =   =   Georg Ludw. Alex. Röder,
beim Chausseebau kommandirt.

B 2   Land-

Land-Regiment.

Mondirung: Hellblaue Klappen, Kragen und Aufschläge, roth Unterfutter, weisse Westen, Hosen und Knöpfe.
(Dermalen in Garnison zu Darmstadt.)

Obrist, Herr Franz Ludwig Pfaff.
Obristlieutenant, Herr Joh. Friedr. Christ. von
    Rotzmann.
  *   *   = Justus Philipp Geilfuß.
Kapitain, Herr Johann Konrad Hofmann.
  *   = Johann Georg Wallbott.
  *   = Johannes Schmitt.
  *   = Johann Christoph Hegel.
  *   = Jeremias Gans.
Lieutenant, Herr Adam Hofmann.
  *   = Reinhard Fiedler.
  *   = Johann Henrich Euler.
  *   = Aug. Spengler.

Depot-Bataillon.

Mondirung: Gelbe Aufschläge und Kragen, roth Unterfutter.

Obristlieutenant, Hr. Joh. Henr. von Wildermuth.
Stabskapitain, Hr. Henrich Geyer.
Premierlieutenant, Hr. Wilhelm Cellarius.
Secondlieutenant, Hr. Joh. Henrich Becker, Adj.
  *   = = Johannes Kühn.
  *   = = Joh. Henrich Schäfer.

Kavallerie.
Garde du Corps.

Mondirung: Paille Collets, rothe Aufschläge, Kragen, Chemisets und Scherpen; Silber. Die Offi-
ziers-Interimsmondirung ist von Scharlach, mit
hellblauen Kragen, Klappen und Aufschlägen, und
silbernen Achselbändern.

Garnison Darmstadt.

Generalmajor und Kommandeur, Herr Karl
    Ferdinand von Schorokofsky.
  *   * Herr Johann Friedrich Baur.

Obrist,

Obrist, Herr Ernst Ludwig von Kruse.
Major, Herr Sigmund Pergler von Perglas, des Maltheserordens Ritter.
Rittmeister, Henr Friedrich Wilhelm Gottlieb von Schaumberg.
Corpsquartiermeister, Herr Batist, Lieut. und Adjut. beim Reg. Erbprinz.
Corpschirurgus, Herr Reinh. Melchior Planz.

Chevauxlegers.

Mondirung: Kurze grüne Röcke mit rothen Kragen, schwarzen Klappen und Aufschläge, mit Silber gestickt; roth Unterfutter, weiße Westen und gelbe Hosen.

(Dermalen bei der in den Niederlanden bei der k. englischen Armee stehenden Brigade.)

Kommandeur, Herr Georg Ludwig von Werner.
Obristlieutenant, Herr A. L. G. v. Canngießer.
Major, Herr Friedr. Ludw. Chamot.
Rittmeister, Herr Reinhard von Dalwigk.
Stabsrittmeister, Herr Wilh. Friedr. Alberty.
 = = = Peter von Reeden.
 = = = Ludw. Franz Hild.
 = = = Fr. Karl v. Münchingen.
Premierlieutenant, Herr Victor.
 = = = Buderus.
 = = = Hermann Schulz.
 = = = von Wittenbach.
 = = = Graf von Moltke.
Secondlieutenant, Herr von Knesebeck.
 = = = Alberty.
 = = = Paul Borrebge von Seidelin.
 = = = Siegfried Wilhelm von Münchingen.
 = = = Hub. Gouy d'Anseroeuil.
 = = = Jac. Wilhelm von Flindt.
 = = = Höfer, Adjutant.
 = = = Carl von Carlsen.

Regimentsquartiermeister, Herr Georg Henrich
 Küchler, Stabsrittmeister.
Auditeur, Herr Ludw. Wilh. Weisgerber.
Feldprediger, Herr Fr. Lichtenberg.
Reg. Chirurgus, Herr Joh. Aug. Gottwerth.

Husaren = Corps.

Mondirung: Hellblaue Pelze, mit weissem Vorstoß, hellblaue Dollmanns mit ziegelrothen Kragen und Aufschlägen, mit weissen Knöpfen, weiß und rothen Schnüren besetzt. Filzmützen, hellblaue Säbeltaschen mit Borten, weiß und rothe Scherpen.

Standquartier Darmstadt, Giesen.

Major, Herr Johann Gottlieb Metzler.
Lieutenant, Herr Johann Konrad Doctor.
  "   "   Johann Ludwig Meyer.
  "   "   Johann Andreas Gottwerth.

Kommandements.

Darmstadt.

Kommandant, Herr Generalmajor Ernst Ludwig Freiherr von Freudenberg, teutsch Ordensritter.
Platzmajor, Herr Christ. Kasimir Welker, Obristl.
Platzadjutant, Herr Lieutenant Batist.

Giesen.

Kommandant, Herr Generalmajor G. L. v. Rohr.
Platzmajor, Herr Obristlieut. Heinr. Christ. Hahn.

Wetzlar.

Kommandant, Herr Obristlieut. G. W. v. Litzius

Vestung Marxburg.

Kommandant, Herr Kapitain Joh. Jakob Hill.

Lazareth.

*Generalstabsmedikus, Herr D. Georg Friedrich
 Reuling.

Stabsmedikus, Herr D. Karl Christian Gottl.
       Amelung.
* Oberlazaretchirurgus, vacat.
Stabschirurgus, Hr. Karl Wenzel, zu Darmstadt.
* Herr Neuper.
* Oberchirurgus, Herr Bertin.
   =   =   =   = Jahn, in Darmstadt.
   =   =   =   = Keller.
   =   =   =   = Hoffmann.
* =   =   =   = Huhn.
* =   =   =   = Heiß.
* Feldapotheker, Herr N. N. Lones.
* Lazarethverwalter, König.
   =   =   =   Schön, zu Gießen.
Interimslazarethverwalter, L. Holz, in Darmst.
* Kontrolleur, N. N. Lahm.
* Interimskontrolleur, Kuhn, zu Darmstadt.
(Die mit * Bezeichnete befinden sich bei der Brigade in den Niederlanden.)

Train.
Trainoffizier, Herr Lieut. Joh. Phil. Freund.

Kriegs-Kollegium.
Chef.
Seine Hochfürstliche Durchlaucht der Herr Landgraf dirigiren dieses Kollegium in Höchsteigener Person.
Mitglieder.
Vicepräsident, Herr Johann Friedrich Bäur, Generalmajor.
Herr Zacharias Sipmann, Brigadier.
Direktor, Freiherr von Barkhaus-Wiesenhütten, Geheimerrath.
Herr Johann Lorenz Köhler, Kriegsrath.
   = Ernst C. Gottl. Schneider, Generalauditeur.
   = Hans Wilhelm Hoffmann, Kriegsrath.

Kriegssekretärs
Herr Georg Friedrich Helffmann, Rath.
= Georg Scriba.
Kriegsregistrator.
Herr Johann Friedrich Klunk.
Kriegskanzellisten.
Herr Johann Philipp Braun, Sekretär.
= Johannes Schneider.
Accessisten.
Herr Jakob Olff.
= Ziegenhain.
= Georg Ludwig Alexander Diel.
= Ludwig Gottwerth.
Kanzleidiener.
Johann Philipp Strauß, Emerit.
Abraham Hochstätter.

Die Sessionen sind Dienstags und Freitags.
Kriegskommissariat.
Director, Herr J. L. Köhler, Kriegsrath.
Rechn.Probaturaccessist, Hr. Schneider, Kanzellist.
Bei der Brigade in den Niederlanden:
Director, Herr J. R. Engelbach, Kriegsrath.
Feldkriegskassier, Herr F. F. Kuhlmann, Stabs=kapitain.
Kassesekretair, Herr F. F. L. Sahl.
Bei der Oberrheinischen Brigade:
Kriegskommissär und Feldkriegskassier, Herr Ludwig Wilhelm Geilfuß.
Kassescribent, Herr Henr. Wagner.
Marschwesen.
Obermarschkommissär, Herr Franz Ludwig Pfaff, Obrist.
Kriegszahlamt.
Kriegszahlamtsdirektor, Herr Joh. Lor. Köhler, Kriegsrath.

Kriegs=

Kriegszahlmeister zu Giesen, Herr H. W. Pfaff.
Kriegszahlmeister zu Darmstadt, Herr Wilh. Hesse.
Kriegskassediener zu Giesen, Philipp Wagner.

Kontributionseinnehmer.

Stadt Darmstadt, Herr Georg Henrich Welker, Rechnungsprobator.
Amt Darmstadt: Herr Ernst Hesse, Sekretär.
Amt Dornberg: Herr Wilh. Hesse, Kriegszahlm.
Amt Rüsselsheim: Herr C. D. Metzler, Marschkommissarius.
Amt Kelsterbach: Hr. Joh. Fr. Soldan, Hofrath.
Amt Lichtenberg: Herr Wilh. Balth. Hach, Oberschultheiß zu Oberramstadt.
Amt Seeheim, Zwingenberg und Jägersburg: Herr Ludwig Sickenius, Kriegskassier zu Zwingenberg.
Amt Braubach und Katzenellenbogen: Hr. N. N. Frohwein, Amtsverweser.
Herrschaft Epstein: Herr Georg Theodor Höfer, Amtsschreiber.
Stadt Giesen: Herr Georg Friedrich Müller, Regierungsadvokat und Auditeur.
Amt Giesen und Hüttenberg: Herr H. W. Pfaff, Kriegszahlmeister.
Stadt Allendorf, der zeitige Bürgermeister.
Londorfer Grund: Herr Paul Becker.
Stadt Alsfeld: Bürgermeister und Magistrat.
Gericht Alsfeld und Schwarz: Hr. Joh. Georg Bender, Rath.
Gericht Romrod: Herr Joh. Christoph Follenius, Forstrath.
Gericht Kirdorf: Herr Friedrich Philipp Seiler, Amtsverweser.
Amt Battenberg: Hr. Friedr. Ludw. Klingelhöfer, Forstrath.
Amt Biedenkopf: Hr. Friedr. Christian Klingelhöfer, Regierungsrath.

Amt

Amt Bingenheim: Hr. G. Fr. Zuehl, Reg. Rath.
Amt Blankenstein: Herr Philipp Henrich Krebs, Amtssekretär.
Grund Breidenbach: Herr Joh. Christ. Friedrich Schulz, Amtsschultheiß.
Amt Burggewünden: Hr. G. Teuthorn, Amtmann.
Stadt Butzbach: Hr. G. K. E. Balser, Hofrath.
Amt Butzbach: Joh. Ludw. Sal. Meyer, Amtmann.
Amt Grebenau: Herr Georg Klingelhöfer, Amtm.
Stadt Grünberg: Hr. G. E. Semler, Peräquator.
Landgericht Grünberg: Herr Philipp Theodor Goldmann, Amtsschultheiß.
Gericht Niederohmen: Herr Henr. Friedr Benedict Georg Solz Oberschultheiß.
Amt Homberg an der Ohm: Herr Joh. Aug. Phil. Bötticher, Amtmann.
Herrschaft Itter: Herr Christ. Konr. Ludw. Neidhard, Amtmann.
Amt Königsberg: Hr. Wilh. Ernst Friedr. Schulz, Regierungsrath.
Stadt Nidda: Bürgermeister und Magistrat.
Gericht Nidda: Hr. Joh. Friedrich Ellenberger, Stadtschultheiß zu Nidda.
Gericht Rodheim und Fauerbach: vacat.
Gericht Burkhards und Crainfeld: Hr. Paul Buff, Rentereiverwalter.
Amt Lißberg: Hr. Joh. Christ. Reiber, Amtskeller.
Oberroßbach: der Bürgermeister des vorherigen Jahrs.
Niederroßbach: der zeitige Bürgermeister.
Stadt Schotten: Bürgermeister und Magistrat.
Amt Schotten und Stornfels: Hr. Ernst Gerh. Otto Meyer, Amtmann.
Stadt Ulrichstein: der Burgermeister.
Gericht Felda: Hr. Ehrgott Justus Christian Staudinger, Rentmeister.
Gericht Bobenhausen: Hr. J. G. Gravelius, Rentm.

Buseker=

Busekerthal: Hr. N.N. Follenius, fuldais. Hofrath.
In den J von Riedeselischen Gerichten: Hr. J. Balth.
    Köhler, Centgraf zu Lauterbach.
In den übrigen adelichen Dörfern der zeitige Bür-
    germeister.

Zeughaus und Magazin.

Zeughausverwalter zu Giesen: Herr Lorenz Friedr.
    Müller, Obrist.
Assistent, Hr. Friedr. Sonnemann, Kapitain.
Magazinverwalter zu Darmstadt: Hr. Christian
    Rudolph Pfitzner, Kapitain.

Invalidenkommission.

Kommissär.

Herr Hans Wilhelm Hoffmann, Kriegsrath.

Sekretär, Rechner und Kanzellist.

Herr Georg Peter Stieglitz.

Kommissionsdiener.

Johann Daniel Thron.
Assistent, Becker.

Bei dem Invalidenhaus zu Gräfenhausen.

Verwalter, Herr Ernst Friedrich Rheinwald.
Schulmeister und Kontrolleur, Hr. Jak Kyritz.
Drei Knechte und zwei Mägde.
Die Anzahl der in- und ausser dem Invalidenhaus zu
    versorgenden Personen ist 410.

Militärkirche zu Darmstadt.

Feldprediger, Herr Ernst Wilhelm May.
Vorsänger u. Kirchendiener, Hr. Christian Schulz.

Militärschule in Darmstadt.

Schullehrer, Herr Justus Wickenhöfer.

Militärkirche in Pirmasens.

Feldprobst, Herr Johannes Venator.
Katholischer Feldprediger, Herr N. N. Thiebold.

Hof-Etat zu Darmstadt.

Oberhofchargen.

Oberhofmarschall, Se. Excellenz Freiherr Franz von Zyllnhardt.
Hofmarschall, Herr Graf Franz von Jenison Wallworth, des Maltheserordens Ritter.
Oberschenk, Herr Wolf Siegmund Georg von Uttenrodt, Herr zum Scharffenberg.

Kammerherrn.

Herr Graf Georg von Lehrbach.
- Ludwig Friedrich von Wallbrunn, Oberappellationsgerichtsrath.
- Siegmund Pergler von Perglas, Major der Garde du Corps, des Maltheserordens Ritter.
- Joh. Georg Ernst von Langwerth, Kammerrath.
- Siegmund von Rotenhan, Kammerrath.
- Karl Philipp von Reizenstein, Regierungsrath.
- Christian Ernst von Rothenhan.
- Graf Rudolph von Jenison Wallworth, in kaiserl. königl. Diensten.
- Friedrich Justinian von Günderrode, Regierungsrath.
- Friedrich Wilhelm von Bobenhausen.

Kammerjunker.

Herr Gottlieb Ludwig Karl von Rabenau, Jägermeister.
- Chr. G. F. von Roding, Obristlieutenant.

Herr

Herr Wilhelm Adam von Curti, Jägermeister.
= Christian Tobias von Steinling, Obristlieutenant.
= Karl Maximilian von Günterrode.
= Wilhelm von Bode, Kammerassessor.

Hofmarschallamt.

Se. Excellenz Freiherr Franz von Zyllnhardt, (siehe oben.)
Herr Graf Franz von Jenison Wallworth, (s. oben.)
= Wolf Siegmund Georg von Uttenrodt, Herr zum Scharffenberg, (s. oben.)

Rechner.

Herr Ernst Wilhelm Zimmermann, Kammerrath.

Hofsekretarius.

Herr Karl Friedrich Tischbein.

Hofgericht.

Se. Excellenz Freiherr Franz von Zyllnhardt, (s. oben.)
Herr Graf Franz von Jenison Wallworth, (s. oben.)
= Wolf Siegmund Georg von Uttenrodt, Herr zum Scharffenberg, (s. oben.)
= Friedrich Just. von Günderrode, Reg. Rath.

Sekretär.

Herr Balthasar Siebert, Regierungssekretär.

Kanzleidiener.

Abraham Hochstätter.

Kabinetsexpedition.

Geheimer Sekretär, Herr Ernst Christian Friedrich Adam Schleiermacher.

Hofkapelle.

Oberhofprediger, Herr D. Johann August Stark.
Hofprediger, Herr M. Georg Wilhelm Petersen.
Hofkantor, Herr Johann Egidius Kärcher.
Organist, Herr Konrad Friedrich Strauß.
Küster, Heinrich Fuchs.

Hofkapellemusik.

Kapelldirektor.

Herr Georg Sartorius.

Sängerinnen.

Frau Dionysie Kärcher.
Jungfer Louise Schwarz.
Frau Anna Katharina Langhein.

Hofkapellemusici.

Violinisten.

Herr J. Gottfr. Wilh. Schwarz, Kammermusikus.
= Ernst Hesse, Kammermusikus.
= Georg Mangold, Kammermusikus.
= Konrad Fried. Strauß, (siehe oben und unt.)
= Ernst Gröger.
= Johann Jakob Wagner.
= Georg Christian Weigand.
= Jakob Karl Wagner.
= Johann Philipp Bender.
= Johann Gottlieb Albrecht.
= Johann Eduard Dickerhof.

Bratschisten.

Herr Friedrich Habermehl.
= Johann Friedrich Heller.

Violon=

Violoncellisten und Contrabassisten.

Herr Johann Egidius Kärcher, (s. oben.)
  = Philipp Jakob Schön, Kammermusikus.
  = Wilhelm Mangold.
  = Johann Christian Müller.

Hautboisten und Flötisten.

Herr Johann Adam Langheinz, (s. unten.)
  = Johann Heinrich Harbordt.
  = Gottfried Harbordt.

Clarinettisten.

Herr Johann Heinrich Schüler.
  = Georg Martin Habermehl.

Fagottisten.

Herr Johann Ehrhardt Hütter.
  = Georg Lösz.

Waldhornisten.

Herr Georg Abraham Schneider.
  = Johann Christian Brunner.

Trompeter.

Herr Lorenz Ludwig Albrecht.
  = Johann Kaspar Stähr.

Pauker.

Herr Johann Wendel Weigand.

Hoforgelmacher.

Herr Johann Oberndörfer.

Hofkapellemusikkopist.

Herr Johannes Enckhaußen.

Saalwärter.

Johann Heinrich Weber.

Hofbibliothek.

Bibliotekärs.

Herr Helfrich Bernhard Wenk, Konsistorialrath.
= Friedr. August Lichtenberg, Expeditionsrath.

Bibliotheksdiener.

Ernst Ludwig Wolf.

Leib= und Hof= auch Stadtmedici.

Leibmedikus, Herr D. Wilh. Hesse, geheimer Rath.
 =   = D. Theod. Fried. Ludw. Balser, zugleich Landphysikus.
 =   = D. N. N. Möllner.
 =   = D. Georg Thom.
Stadtphysikus, Herr D. Christ. Hesse, Hofrath.
Hofmedikus, Herr D. Ludwig Leonhard Bader.

Marstallamt.

Herr Karl Ludwig Freiherr von Barkhaus=Wiesen-hütten, geheimer Rath und Vice=Oberstallmeister.
Herr Georg Wilhelm Panzerbieter, Kammerrath.

Sekretär.

Herr Joh. Christ. Hermann, Kammersekretär.

Kanzellist.

Herr Wilhelm Chelius.

Rechner.

Herr Ernst Wilhelm Zimmermann, Kammerrath, Berechner der Marstallskasse.
 = J. K. Küster, Stallschreiber, Berechner der Fourage.

Mar-

Marstalljustizdeputation.

Freiherr von Barkhaus-Wiesenhütten, geh. Rath
und Vice-Oberstallmeister.
Herr von Günderrode, Regierungsrath.

Sekretär.
Herr Siebert, Regierungssekretár.

Kanzleidiener.
Abraham Hochstätter.

Marstall.

Vice-Oberstallmeister, Herr Karl Ludwig Freiherr
von Barkhaus-Wiesenhütten.
Stallmeister, Herr Friedrich Wilhelm Huth.
Oberbereuter, Herr Johann Daniel Eyffert.
Bereuter, Herr Friedrich Wilhelm Berchelmann.
Pferdearzt, Herr Georg Amend.
Wagenmeister, Gottlieb Bahrdt.
Futtermeister, Gottfried Hochstätter.
4 Kutscher, 4 Vorreuter, 8 Postillions, 12 Reut-
knechte, 9 Wagenknechte, 2 Heubinder,
1 Strohschnitter, 6 Beilaufer, 15 Pen-
sionärs.
Marstallmedikus, Herr Hofmedikus D. Bader.
Marstallchirurgus, Herr Joh. Melch. Reinh. Planz.
Hofsattler, Herr Joh. Gotth. Wöringshöfer.
Hofwagner, = Konrad Würtenberger.
Hufschmidt, = Johann Georg Wüst.
Wagenschmidt, Herr Wilhelm Röll.

Hofjägerei.

Oberförster, Herr Philipp Jawand.
Piqueur, Herr Peter Lipp.
Zeugknecht, Herr Wilhelm Werner.
Adjunkt, Herr Ernst Friedrich Lichthammer.

Hofjäger, Herr N. N. Fink.
  =   = Simon Korndörfer.
  =   = Philipp Wegener.
Fasanenjäger, Herr Johann Nievergelder.

Hofkünstler.
Hofmaler, Herr Johann Ludwig Strecker.
Glockendirektor, Hr. Konrad Friedrich Strauß.
Hofbildhauer, Hr. Johann Tobias Eckhard.
Hof= und Kanzleibuchdruckerei, Wittichsche Erben;
  Faktor, Hr. Johann Jakob Will.
Hofmechanikus, Hr. Alexander Fräser.
Hofphysikus, Hr. N. N. Cyarci.
Hofebenist, Hr. Johann Christoph Sittig.
Hofschlosser, Hr. Johann Jakob Erny.
Hofuhrmacher, Hr. Johann Georg Dietz.
Hof= u. Kanzleibuchbinder, Hr. J. Sparschneider.
Hofbuchbinder, Hr. Johann Adam Wüst.
Hofbüchsenmacher, Hr. N.N. Wiedemann in Giesen.

Burggrafen und andere Bedienten auf den Herrschaftl. Häusern.
Darmstadt, im Jagdhaus: Herr Johann Jakob
  Schmitt, Hoftapezierer.
Butzbach, im Schloß: Hr. Joh. Jakob Schmitt.
  Adjunkt, Hr. Friedr. Wimmenauer, Burggraf.
Bickenbach, im Schloß: Hr. Reiner, Oberförster.
Frankfurt, im Darmstädtischen Hofe: Resident,
  Hr. Joh. Friedr. Purgold, wirkl. Hofrath.
Kranichstein: Hr. Jakob Ruch.
Mönchsbruch: Hr. J. Schott, Oberförster.
Wiesenthal: Hr. Joh. Nikolaus Rohr, Förster.
Wolfsgarten: Hr. Joh. Adam Hüter, Förster.

Hofgärtnerei.
Generalgarteninspektor, Herr Joh. Georg Geiger,
  Oberhofgärtner.
Adjunkt, Hr. Philipp Müller.

Hof=

Hofgärtner, Hr. Noack, sen.
  Adjunkt, Hr. Noack, jun.
Hofgärtner, Hr. Karl Ludwig Geiger.
  =   = Justus Schnitspahn.

Garderobe.

Kabinetskassier, Herr Georg Jakob Siegler.
Kammerdiener,   = N. N. Munzel.
    =   =   = Christian Hauser.
Kammerlaquai,   = Georg Jak. Braunschweig.
Garderobelaquai, Peter Hofmann.
    =   Justus Hofmann.
    =   Friedrich Hauser.
    =   Eberhard Löwer.
Garderobejunge, Georg Martin Leyhe.
Waschfrau, N. N. Kahlin.

Hofküche.

Haushof- und Küchenmeister, vacat.
Küchenschreiber, Herr Georg Ludwig Kloß.
Chef-Mundkoch,   = Joh. Kaspar Schauer.
    =   = Anton Wenzel.
    =   = Ludwig Klippel.
    =   = N. N. Nungesser.
    =   = N. N. Kroh.
    =   = Johann Eberhard.
Bratenmeister, Hr. Joh. Nik. Eberh. Lehmann.
Backmeister, Hr. Wilhelm Schütz.
Bratenwender u. Küchenknecht, Phil. Oppermann.
Hühnerwärter, Bernhard Schnitspahn.
Zwei Lehrköche und zwei Küchenweiber.
Zwei Beiläufer.

Konditorei.

Hofkonditor, Herr Friedrich Purgold.
Ein Konditorjunge und eine Konditormagd.

Kämmerei.

Lichtkämmerer, Hr. Joh. Andreas Breungardt.
   Adjunkt, Hr. Johann Henrich Knöll.
Hoftapezierer, Hr. Jakob Schmitt.
Tapezierlaquai, Hr. Johann Ludwig Kratz.
Silberdiener, Hr. Johann Friedrich Gruner.
Silberlaquai, Hr. Ludwig Lepper.
Taglöhner, Henrich Weber.
Eine Silbermagd und eine Zinnmagd.

Weißzeugkammer.

Weißzeugverwalterin, Jungfer Lindin.
Eine Weißzeugmagd und drei Waschmägde.

Hofkellerei.

Kellerverwalter, Hr. Johann Georg Küchler.
Mundschenk, Hr. Friedrich Küchler.

Livree.

Hoffourier, Hr. Johann Wilhelm Schütz.
Hoftrompeter, Hr. Johann Paul Rudlof, emer.
   =   - Joh. Peter Mangold, emer.
   =   = Johann Wilhelm Müller.
   =   = Johann Georg Stähr.
   =   = Johann Adam Spalt, emer.
   =   = Johann Ernst Gröger.
   =   = Lor. Ludw. Albrecht,⎫ auch
   =   = Kaspar Stähr,   ⎬ Garde=
   =   = Gottl. Chr. Albrecht,⎭ tromp.
Hofpauker, Hr. Georg Christian Weigand.
Hof= und Gardepauker, Hr. J. Wendel Weigand.
Hoflaquai, Hr. Johann Konrad Mahler.
   =   = Johann Philipp Quirin.
   =   = Johann Heinrich Rabenau.
   =   = Johann Martin Struve.
   =   = Georg Hofmann.
   =   = Konrad Schwarz.

Hoflaquai, Hr. Henrich Olweiler.
= = Peter Stritter.
= = Karl Hartneck, sen.
= = Philipp Hartneck, jun.
= = Jakob Lukas.
= = David Wack.
= = Sebastian Walter.
= = Peter Joseph Herweg.
= = Nikolaus Geilfius.
= = Peter Gensheimer.
= = Friedrich Zöller.
= = Jeremias Wiegleb.
= = August Schmidt.
Laufer, Hr. Jakob Wilhelm App.
Saalwärter, Heinrich Fuchs.
= Peter Mendel.
= Johann Henrich Weber.
Porteur, Karl Geilfius.
= Johannes Steuernagel.

Hofstaat der regierenden Frau Landgräfin Hochfürstl. Durchlaucht.

Hofdamen.

Ihro Excell. Freifrau Friderike v. Schrautenbach, geb. Freifrau v. Freudenberg, Oberhofmeisterin.
Fräulein Karoline von Bode.
Frau Obristin von Werner, geb. von Prettlack.

Kammermusici.

Herr Ernst Brötler.
= Georg Wilhelm Michel.

Garderobe.

a) Männliche Dienerschaft.

Kammerdiener, Herr Joseph Metene.
Kammerlaquai, = Wilhelm Hoppe.
Laufer, Hr. Georg Heuser.
Garderobelaquai, Hr. Philipp Wörishöfer.

b) Weib=

b) **Weibliche Dienerschaft.**

Kammerfrau, Frau Karoline Munzel.
   =   Jungfer Helene Schettla.
   =   =   Juliane Lichtenbergerin.
Damenjungfern, Jungfer Katherine Fuchsin.
   =   =   =   Eleon. Würtenbergerin.
Garderobemädchen, Katharina Wenzelin.
   =   =   Margaretha Diehlin.
   =   =   Joh. Elisabethe Thomasin.
Eine Waschmagd und ein Laufmädchen.

Hofstaat des Herrn Erbprinzen Hochfürstl. Durchlaucht.

Hofmeister, Hr. Joh. Friedr. Petersen, Reg. Rath.
Lehrer, Hr. M. Georg Wilhelm Petersen, Konsistorialrath und Hofprediger.
Laquai, Georg Konrad Hoppe.
Garderobejung, Ludwig Habich.
Beiläufer, Friedrich Wilhelm Drescher.
Stubenmagd, Marie Philippine Booßin.

Hofstaat des Prinzen Georg Hochfürstl. Durchlaucht.

Hofmeister, Herr N. N. Kuhn, Major.
Laquai, August Walther.
   =   Theodor Conzen.
Garderobejunge, Ludwig Schneider.

Hofstaat der Prinzessin Louise Hochfürstliche Durchlaucht.

Hofmeisterin, Frau Charlotte von Bülow, geb. von Mandelsloh.
Kammerjungfer, Jungfer Katharine Küchlerin.
Damenjungfer, Jungfer Wilhelmine Körbelin.
Laquai, Johann Henrich Castritius.
Garderobemädchen, Christine Koopin.
Laufmädchen, Henriette Heilerin.

Hof=

Hofstaat des Prinzen Friedrich Hochfürstl.
Durchlaucht.
Hofmeister, Herr Wilhelm Butte, Rath.
Laquai, Georg Boose.

Hofstaat der Prinzen Emil und Gustav.
Gouvernantin, Jungfer Karoline Weilandin.
Garderobemädchen, Elisabethe Dörrin.
Laufmädchen, Friederike Wannemacherin.

Civil-Etat.

I. Kollegia und Anstalten ꝛc., welche sich über sämtliche Fürstl. Hessen-Darmstädtische und denselben inkorporirte Lande erstrecken.

Geheimes Ministerium.

Ihro Excellenz, Herr Andreas Peter von Hesse.
» » Reichsfreiherr Christian Hartm. Sam. von Gatzert.
» » Reichsfreiherr Franz Ludw. Gottf. von Lehmann.

Geheime Kanzlei.

Geheime Sekretärs.
Herr Friedr. Aug. Lichtenberg, Expeditionsrath.
= Johann Henrich Coulmann.

Geheime Kanzellisten.
Herr Georg Christ. Schüler, Kanzleisekretär.
= Johann Henrich Müller, Kanzleisekretär.

Herr Henrich Herzberger, Kanzleisekretár.
- Karl Philipp Backert.

Geheimes Archiv und geheime Registratur.
Geheime Archivarii.
Herr Ludw. Wilh. Hartmann Strecker, Archivrath.
- Theodor Georg Schulz.
- Georg Ludwig Kister.

Kanzleidiener.
Johann Georg Clausecker.
Johannes Olff.

Die Seßionen sind Mondtags, Mittwochs und Freytags.

Oberappellationsgericht.
Direktor.
Ihro Excellenz Reichsfreiherr Christ. Harm. Sam. von Gaßert, geheimer Rath.

Räthe.
Herr D. Ludw. Jul. Fr. Höpfner, geh. Tribunalrath.
- Johann August Schenk.
- Ludwig Friedr. von Wallbrunn, geh. Rath.
- Karl Happel.

Diese 3 leßtere haben zugleich bei Fürstl. Regierung dahier in Staatssachen Siß und Stimme.

Sekretár
Herr Rudolph Ludwig Schulz, Rath.

Accessist
Herr Johann Friedrich Siebert, Registrator.

Registrator.
Herr Johann Friedrich Siebert.

Kan=

Kanzellist.
Herr Heinrich Philipp Held.
Kanzleidiener.
Johannes Olff.
Prokuratoren und Advokaten.
Siehe Regierung dahier.
Die Sessionen sind Donnerstags.

Lehenhof.
Lehenprobst.
Ihro Excellenz, Herr Andreas Peter von Hesse.
Lehenräthe.
Ihro Excellenz, Freiherr Franz Ludwig Gottfried von Lehmann.
Herr Joh. Friedrich Strecker, Regierungsrath.
Lehenssekretär.
Herr Joh. Fried. Lor. Schulz, Regierungssekretär.
Lehenskanzellisten.
Herr Ludwig Friedrich Seitz.
- Philipp Henrich Kuhn.
- Ludwig Weiland.

Fürstl. Hessen-Darmstädtische Vasallen.
Erbämter.
Erbmarschall, Ihro Excellenz Freiherr Georg Ludwig von Riedesel, zu Eisenbach, Ritter des Hessischen goldnen Löwenordens.
Erbkämmerer, Freiherr Karl Henrich von Berleps, zu Thomasbrück.

Erbküchenmeister, Freiherr Karl Ludwig von Döringenberg, Teutschordenskomthur.
Erbschenk, Herr Franz Adelbert von Schenk, zu Schweinsberg.

Adeliche Familien.

von Baumbach.
von Bellersheim, genannt Stürzelsheim.
von Bobenhausen, genannt Mernolff.
von Breidenbach, genannt Breidenstein.
von Buseck, genannt Brandt.
von Buseck, zu Altenbuseck.
von Curti.
von Dieden zum Fürstenstein.
von Dittfurt.
von Düring.
von Fabrice.
von Frankenstein.
von Freudenberg, Freiherrn.
von Gaugreben.
von Geismar.
von Gemmingen, Freiherrn.
von Göler von Ravensberg.
von Groschlag.
von Gunderrode.
von Ingelheim, Grafen.
von Krug.
von Lehrbach, Grafen.
Lesch von Mühlheim.
von Menzingen.
von Milchling zu Schönstätt.
von Minnigerode.
von Monschaw.

von Nimptsch.
von Noding.
von Nordeck zur Rabenau.
von Pöllnitz.
von Riedesel, Freiherrn zu Eisenbach.
von Rodenhausen.
von Roßmann.
von Schenk, zu Schweinsberg.
von Schmalcalder.
von Scholley.
von Schütz.
von Schwarzenau.
von Seebach.
von Sickingen, Freiherrn.
Sinolde genannt von Schütz.
Staude von Limburg.
von Sturmfelder.
von Ulner.
von Uxküll.
von Venningen.
von Walderdorf, Grafen.
von Wallbrunn.
von Wambold, zu Umstadt.
von Weitolshausen, genannt Schrautenbach.
von Wildberg.
Wolff von Gudensberg.
Wolff von Todtenwarth.
von Wrede.
von Zwierlein.

Rentkammer.

Kammerpräsident.

Ihro Excellenz, Reichsfreiherr Franz Ludw. Gottf. von Lehmann, geheimer Rath.

Kammerräthe.

Herr Joh. Ernst Kleinschmidt, geh. Kammerrath.
- Johann Ludwig Martin.
- Philipp Engel Klipstein.
- Johann Wilhelm Langsdorf, zu Salzhausen.
- Johann Christian Koch.
- Franz Wilhelm Miltenberg, Landschreiber.
- Georg Wilhelm Panzerbieter.
- Wilhelm Theophel Schmitt.
- Christoph Rungesser.
- Johann Georg Ernst von Langwerth.
- Ernst Wilhelm Zimmermann.

Kammerassessor.

Herr Theodor van der Lahr de Smeth.
- Wilhelm von Bode.

Kammeradvokaten.

Herr Ernst Chr. Praun, zu Darmstadt, Processrath.
- Phil. Gottlieb Christoph Leußler, Kammerkonsulent zu Giesen.

Kammersekretärs.

Herr Balthasar Johann Christhold, Rath.
- Johann Christian Herrmann.
- Johann Emanuel Stürz.
- Friedrich Jakob Heim.

Accessist bei dem Sekretariat.

Herr Karl Wunderlich.
- Ernst Friedrich Hegar, Kommissionsrath.
- Friedrich Bernhard Hessemer.

Kammerregistratoren.

Herr Reinhard Christ. Rudolph Pfnorr, Sekretär.
- Georg Ludwig Karl Strecker.
- Ludwig Wilhelm Friedrich Becker.

Accessist.
Herr Friedrich Balthasar Ehrhard.
Kanzellisten.
Herr Ludw. Dan. Fuhr, Sekretär, auch Botenmeist.
= Jakob Peter Blatz.
= Karl Wilhelm Metzler.
= Johann Leonhard Dauber.
Accessisten bei der Schreibstube.
Herr Fr. Wilh. Vogel, Aktuarius beim Zollschluß.
= Joh. Friedr. Schober.
= Wilhelm Chelius.
= Karl Philipp Siebert.
Kanzleidiener.
Johann Wilhelm Höchst.
Johann Jost Ehl.

Die Sessionen sind Mondtags, Dienstags, Donnerstags und Freytags.

Rechnungsdepartement.

Rechnungsrevisor, Herr Andreas Eckhard.
Rechnungsjustifikator, Hr. Phil. Gottlieb Gerau, Rechnungsrevisor.
=   =   = J. Matth. Gottl. Pluß.
=   =   = J. Edmund Amelung.
=   =   = Karl Wilhelm Lipp, Kammersekretär.
Rechnungsprobator, Hr. Georg Henrich Welker.
=   =   = Ernst Hesse, Sekretär.
=   =   = Joh. Nik. de Neufville.
Accessist, Hr. Johann Christoph Frey.
=   = Johann Friedrich Schober.
=   = Ernst Fr. Hegar, Kommissionsrath.
=   = Karl Dittmar.

Generalkasse.

Hängt von des Herrn Landgrafen Hochfürstl. Durchlaucht unmittelbar ab.

Generalkassendeputation.

Herr Kammerrath Panzerbieter.
  =   =   = Zimmermann.
  = Rechnungsrevisor Gerau.

Generalkassirer.
Herr Ernst Wilhelm Zimmermann, Kammerrath.

Generalkassebuchhalter.
Herr Georg Philipp Praun, Sekretär.

Rechnungsprobator.
Herr Georg Abraham Olff.

Generalkassescribent.
Herr Georg Blatz.

Generalkassediener.
Johann Balthasar Justus.

Schuldenkassendeputation.

Chefs.
Ihro Excellenz, Herr geheimer Rath von Hesse.
  =   =   = geh. Rath Freih. von Gatzert.

Räthe.
Herr Friedrich Theoph. Schmitt, geh. Reg. Rath.
  = Joh. Ernst Kleinschmidt, geh. Kammerrath.
  = Ph. Balth. Gerau, Kammerrath u. Rechner.

Registrator.
Herr Philipp Gottlieb Gerau, Rechnungsrevisor.

Kassendiener.
Johann Wilhelm Höchst.

Landschreiberei.
Landschreiber und Berechner der Zollkasse, Herr
    Franz Wilh. Miltenberg, Kammerrath.
Aktuar, Herr Friedrich Wilhelm Vogel.

Stempel-

Stempelpapierkaffe.
Rechner, Herr Joh. Wilh. Kekule, Kammerrath.
Dispenſation kaſſe.
Rechner, Herr Georg Chr. Schüler, Kanzleiſekretár.

Berg= Hütten= und Salzwerkbediente in hieſigen Landen.

Thalitteriſche Kupferſchieferwerke.
Bergamt.
Bergkommiſſarius, Herr Chriſt. Konrad Ludwig Neidhard, Amtmann zu Böhl.
Bergmeiſter, Herr Ludwig Auguſt Emmerling, Berginſpektor zu Thalitter.
Andere Bergbediente.
Oberſchmelzer, Herr Karl Plock.
Oberſteiger, Herr N. N. Brand.
Unterſteiger, Herr N. N. Hille.
Unterſteiger und Aufſeher über die Waſſerkunſt, Herr Peter Höle.
Kunſtſteiger, Herr Karl Philipp Brand.
Bergprediger, Herr Georg Ludwig Klingelhöfer.
Bergkantor, Herr N. N. Geldmacher.
Bergchirurgus, Herr Andreas Münz.
Kohlenfaktor, Herr N. N. Klein.
Bergbote, Johann Adam Becker.

Breidenbacher Bergwerke.
Berg=u. Hütteninſpektor, Herr J. Jul. Bornemann, auf der Ludwigshütte bei Biedenkopf.
Bergſekretár, Herr Wilhelm Friedrich Hermanni, Rentmeiſter zu Gladenbach.
Oberſteiger, Herr Konrad Förſter, bei der Lud=
wigsgrube.
Steiger, N. N. Müller, bei der neuen Ludwigsgrube.

Untersteiger, Herr Gottlieb Förster, bei der Ludwigsgrube.
Schmelzer, Herr Adam Petri.
Steiger bei der Dorothee, nächst Roth, Hr. K. Otto.
Steiger bei Engelbach, Herr Konrad Müller.
Schichtschreiber bei der Jakobsgrube, nächst Hartenrod, Herr N. N. Roth.
Schichtschreiber bei dem neuen Glück am Segelsberg, nächst Lixfeld, Herr Henn.

Andere einzelne Bergwerke.
Steiger bei dem Bergwerk bei Philippseck und Münster, Amts Butzbach und Cleeberg, Herr N. N. Nitzel.
Bergkommissarius über die Braubacher Bergwerke, Herr N. N. Stöckigt.
Steiger auf dem rothen Bergwerk bei Katzenellenbogen, Herr Joh. Ludwig Beyl.
Steiger auf dem Bergwerk in der Fuchsenhöhle, Herr Johann Peter Schwarz.
Schmelzer, Herr Johann Reinacius Weiß.
Platz= und Kohlenknecht, Johannes Weiß.
   =   =   =   Johannes Traubinger.

Eisenberg= und Hüttenwerke.

Biedenkopf: Hütteninspektor und Administrator der sämtlichen herrschaftlichen Eisenwerke im Oberfürstenthum, Herr Julius Bornemann, zur Ludwigshütte.
Hüttenschreiber, Herr Ernst Lange.
Hüttenmeister, Herr Georg.
Hüttenvogt, Herr Georg Konrad Kilian.
Battenberg: Administrator des herrschaftlichen Stab= und Zainhammers, Herr Daniel Valentin Rhode, Hüttenschreiber.
Hatzfeld: Hammervogt, Hr. Joh. Christ. Eckhard, Stadtschreiber.

Schellnhausen: Beständer, Herr Buderus, Bergrath zu Laubach.
Herr Schneider, Berginspektor daselbst.
Kohlenmesser, Johannes Döpp.
Königsberg, Steiger, Herr Gottlieb Zirkler.
Katzenellenbogen: Erbbeständer über die Hälfte der Eisenhütten und Bergwerke daselbst, Paulische Kinder; desgleichen Herr Gottfried van der Nüll, Banquier zu Köln.

Salzwerk zu Salzhausen bei Nidda.

Direktor, Herr Joh. Wilhelm Langsdorff, Kammerrath.
Bauverwalter, Herr Johann Henrich Uhl.
Salzschreiber, Herr Johannes Stözer.
Sodenmeister, Herr Konrad Böhm.
Kunstmeister, Herr Johann Georg Frick.
Kunst- und Windmühlenmeister, Herr Jak. Fink.
Kunstmeister, Herr N. N. Möser.
Soden- und Pfannenschmiedmeister, Herr Konr. Rettberg.
Geschirrmeister und Oberknecht, Andreas Löfler.

Baubediente.

Oberbaudirektor, Hr. Lor. Müller in Giesen, Obrist.
Hofbaudirektor, Herr Joh. Helfrich Müller, dahier, Major.
Landbaumeister, Herr Friedrich Sonnemann in Giesen, Ingenieurhauptmann.
Baumeister, Herr Friedrich Schuknecht, dahier.
Bauschreiber, Herr Johann Christ. Friedrich Fromann, dahier.
Bau- und Zeugschreiber, Herr Johann Philipp Nikolaus Krach, in Giesen.
Brunnenmeister, Herr Gottfried Rall, dahier.
Bauknecht, Johann Wendel Schnittspan, dahier.

Andere Fürstl. Kammerbediente.

Hofrentmeister, Herr J. Christ. Follenius, dahier.
Berechner der Gewandwaaren, Herr Ludwig Wilhelm Friedr. Becker, Kammerregistrator.
Salzinspektor, Herr Georg Rühl, zu Rüsselsheim.
Wiesenkommissär, Hr. Lud. Bellair, zu Arheilgen.
= = = Jakob Bellair, daselbst.

Oberforstamt.

Ihro Excellenz, Herr Ernst von Baumbach, Oberjägermeister.
Herr Karl Happel, Oberappellationsrath.
 = Joh. Ernst Kleinschmidt, geh. Kammerrath.
 = Joh. Christoph Kekule, Kammerrath.
 = Ludwig Wilhelm Reuling, Kammerrath.
 = J. Georg Ernst von Langwerth, Kammerrath.
 = Joh. Christ. Nungesser, Kammerrath.
 = Christian Ernst Henrich von Bibra, auch Forstmeister im Oberforst Battenberg.

Sekretär.
Herr Georg Hartfuß, Regierungssekretär.

Sekretariatsaccessist.
Herr Georg Reinhard Schmidt.

Registrator.
Herr Johannes Knecht.

Kanzellisten.
Herr Jakob Friedrich Bernhard, Jagdsekretär, auch Botenmeister.
 = Christian Friedrich Ernst Rauch.

Kanzleidiener.
Johannes Kuhlmann.

Die Sessionen sind Samstags.

Forst- und Jagdbediente in der Ober- und Niedergrafschaft Katzenellenbogen, wie auch Herrschaft Epstein.

Oberforst Darmstadt.

Oberjägermeister, Ihro Excellenz, Herr Ernst von Baumbach.
Forstverwalter, Herr Joh. Christ. Kekule, Kammerrath.
Forstrechner, Herr Joh. Spamer, Forstsekretär.

Forst Arheilgen.

Oberförster, Herr Joh. Siegmund Brendel, auf dem Forsthaus bei Messel.
Reitender Förster, Herr Philipp Rautenbusch, in der Roberstadt.
= = = Fried. Ludwig Rautenbusch, auf dem Kalkofen, Wildbereiter.
Assistent, Herr Ludwig Brendel.
Unterförster, Hr. Joh. Phil. Stork, zu Wixhausen.
= Wendel Jakobi, zu Erzhausen.
Zaunknechte, Georg Philipp Klee.
= Georg Philipp Maurer.
= Valentin Küster.
Fallthorknecht, vacat.
Parkknecht, Johann Matthias Rinner.

Forst Bessungen.

Oberförster, Herr Georg Ludwig Schott, im Bessunger Wald.

Hofjäger, Herr Wilhelm Heyer.
Förster, Herr Georg Fr. Kipp, zu Niederramstadt.
  ‒   J. Wilh. Sußmann, im Beſſunger Wald.
  ‒   Karl Ackermann, zu Roßdorf.
Faulthorknecht, Joh. Daniel Roſignol.
Zaunknecht, Philipp Heuſer.
Waldſchütz, N. N. Ackermann, zu Niederramſtadt.

Beſſunger Tannenforſt.

Oberförſter, Herr J. Ludw. Ludwig, zu Beſſungen.
Hofjäger, vacat.
Förſter, Herr N. N. Armbruſt, zu Eberſtadt.
  ‒   N. N. Gerth, zu Arheilgen.
  ‒   Gabriel Sebaſtian Wegener.
Förſter und Trüffeljäger, Herr Johann Philipp
        Herpel, zu Pfungſtadt.
Haaſenheger, Johannes Knittel, zu Eſchollbrücken.

Forſt Darmſtadt.

Oberförſter, Herr Chriſtian Metzger, auf dem
        Steinbrücker Teich, Forſtmeiſter.
Reitender Förſter, Herr Johann Schmitt.
Förſter, Herr Henrich Meyer.
Faulthorknecht, Johann Ludwig Wiegler.
Parkknechte, Johann Gerſt.
  ‒   Johann Chriſtoph Brunner.
  ‒   Andreas Sellheim.

Forſt Griesheim.

Oberförſter, Herr Joh. Fr. Kraft zu Griesheim.
Adjunkt, Herr Simon Korndörfer.
Zaunknecht, Kaſpar Brunner.

Forſt Jägersburg.

Oberförſter, Hr. Aug. Ph. Gerlach, zu Jägersburg,
Reit. Förſter, Herr W. Klipſtein, zu Großhauſen.
                                           För=

Förster, Herr Christian Hahn, zu Auerbach, Wildbereiter.
  = Johann Philipp May, zu Hänlein.
  = Joh. Dan. Hermann, zu Langwaden.
  = Joh. Pet. Hermann, zu Großrohrheim.
Unterförster zu Auerbach, N. N. Deichert.
Adjunkt Friedrich Knipp.
Fallthorknechte, Jakob Winter, zu Langwaden.
  = Ewald Götz, am Bibloffer Wald.

Forst Leeheim.

Oberförster, Herr Ludwig Metzler, zu Leeheim.
Fasanenmeister, Herr Karl Jawand, zu Dornberg.
Reitender Förster, Herr Joh. Martin Greiffenstein, zu Büttelborn.
Förster, Herr Henrich Metzler, Wildbereiter zu Biebesheim.
  = August Wolf, zu Erfelden.
Haasenheeger, Peter Pettmann, zu Bergkach.
  = Johann Jakob Funk, zu Crumstadt.
  = Jakob Petermann, daselbst.
  = N. N. Wagner, zu Wolfskehlen.
Adjunkt, N. N. Bonn.

Forst Lichtenberg.

Oberförster, Herr Jakob Klipstein, zu Ernsthofen.
Reit. Förster, Hr. Fr. Aug. Becker, zu Oberramstadt.
Förster, Herr J. Jost Rays, zu Großbieberau.
Adjunkt, Herr Hartmann Friedrich Rays.
Förster, Herr Johannes Boßler, zu Rodau.
  = St. Remy, zu Brandau.
  = Johann Adam Weber, zu Steinau.
Grenzförster, Herr Martin Weber, daselbst.
Unterförster, Hr. J. Lud. Matthes, zu Niedermodau.
Adjunkt, Hr. Henr. Daniel Matthes.

Forst Mitteldick.

Oberförster, Hr. J. Jost. Knatz, auf der Mitteldick, Emeritus.

Oberförster, Herr Joh. Siegmund Brendel, im
    Arheilger Wald.
Reitender Förster, Hr. Georg Ludwig Knatz, auf
    der Mitteldick.
Förster, Hr. J. Adam Hüter, auf dem Wolfsgarten.
Fallthorknechte, Peter Nold.
    =   Christian Hohlfeld.
    =   N. N. Schirmer.
    =   Jean Saizan.
Waldschütz, N. N. Schmitt, zu Langen.

Forst Mönchsbruch.

Oberförster, Herr Jakob Schott, zu Mönchsbruch.
Reitender Förster, Herr Jakob Christian Lupus,
    im Königstädter Wald.
Heegbereiter, Hr. Joh. Georg Diehl, zu Trebur.
Reitender Förster, Herr Aug. Konr. Breithaupt,
    auf dem Gundhof.
Adjunkt, Herr Christian Breithaupt.
Grenzbereiter, Hr. Jakob Hüter, im Rüsselsheimer Wald.
Haasenheger, Nikolaus Krell, zu Ginsheim.
    =   J. Astheimer, zu Bischofsheim am Main,
Adjunkt, Nikolaus Krell.
Haasenheger, Jost Diehl, zu Rüsselsheim.
    =   Philipp Becker, zu Raunheim.
Park= und Fallthorknechte, Johann Hummel.
    =   =   Johann Henrich Lang.
    =   =   Philipp Zwilling.
Parkknecht, Johann Rieß, zu Mörfelden.

Forst Gerau.

Oberförster, Herr Johann Henrich Schneider,
    auf dem Woogsdamm, Forstmeister.
Assistent, Hr. Friedr. Schneider, Wildbereiter.
Reitender Förster, Herr Christian Seipel, auf
    der Niklaspfort.

För=

Förster, Hr. J. Nik. Rohr, auf dem Wiesenthal.
Adjunkt, N. N. Habicht.
Förster, Herr Joh. Georg Seligmann, im Gerauer
    Wald, an der Apfelbachbrück.
Haasenheeger, Martin Arcularius, zu Grosgerau.
Park- und Fallthorknechte, Joh. Balth. Benz.
    =   =   Bartholomäus Hahn.
Adjunkt, Johann Georg Brunner.
Park- und Fallthorknechte, Joh. Konrad Hart.
    =   =   Christoph Kleber.

Forst Seeheim.

Oberförster, Herr Joh. Dan. Christ. Rainer, zu
    Bickenbach.
Wildbereiter, Herr Joh. Ludwig Lupus, auf dem
    Felsberg.
Reitender Förster, Hr. Henrich Hammon, auf dem
    Frankensteiner Schloß, Wildbereiter.
Förster, Herr Georg Valentin Plöser, zu Stättbach.
    =   Martin Eis, zu Seeheim.
Spürer, N. N. Börder, zu Alsbach.
Spürer und Waldschütz, G. A. Nickel, zu Seeheim.
    =   =   H. N. Junker, zu Malchen.

Gemeinschaftlicher Forst Umstadt.

Forstmeister, Herr Christoph Emanuel Jawand,
    zu Richen.
Reitender Förster, Herr Georg Heinrich Vollhard,
    zu Kleinumstadt, Wildbereiter.
Förster, Herr Johann Georg Herpel.
Grenzförster, Herr Christ. Ludw. von der Schmitt,
    auf dem Reinheimer Teich.
Unterförster, Herr Christian Henrich Reisig.

Forst Katzenellenbogen, Braubach und Ems.

Oberförster, Herr J. Christ. Gerlach, Wildmeister.

Förster, Hr. J. Mart. Häuser, zu Katzenellenbogen.
- Georg Ludw. Schröder, zu Klingelbach.
- Johann Karl Koch, zu Schönborn.
- Christian Ludwig Schmitt, zu Berbach.
- Ludw. Friedr. Sattler, zu Dachsenhausen.

Gemeinschaftl. Förster, Hr. N. N. Herget, zu Ems.

Forst der Herrschaft Epstein.

Forstmeister in der Oberliederbacher Mark, und Oberförster in der Herrschaft Epstein, Herr Kaspar Pfaff, zu Langenhain.
Hofjäger, Herr N. N. Pfaff.
Waldförster, Hr. N. N. Schneider, ebendaselbst.
Förster, Hr. C. F. F. Kuhlmann, zu Wildsachsen.
- Johann Philipp Mahr, daselbst.
- N. N. Klipstein, zu Epstein.
- Johann Philipp Eßig, zu Langenhain.
- Franz Toth, ebendaselbst.
- Christoph Söhngen, zu Medenbach.
- Johann Wilhelm Göbel, zu Igstadt.

Försteradjunkt, Herr Johann Georg Göbel.
Förster, Herr Jak. Zimmermann, zu Diedenbergen.
- Georg Philipp Groß, daselbst.

Gemeinschaftlicher Forst Kürnbach.

Gemeinschaftlicher Jäger und hessischer Forstknecht, Herr Wilhelm Friedrich Mehl.
Hessischer Beiknecht, vacat.

Fischereibediente des Oberforsts Darmstadt.

Teichmeister, Herr Georg Friedrich Daniel Reuling.

Amt Darmstadt.

Teichknecht, Henrich Roth, in Darmstadt.
Bach= und Teichknecht, Joh. Geyer, zu Bessungen.
Bachknechte, Georg Andr. Diether, zu Eberstadt.
- Joh. Jakob Fritz, zu Niederramstadt.
- Joh. Dietrich März, zu Niederbeerbach.
- Joh. Henrich Haas, zu Pfungstadt.
Teichknecht, Joh. Peter Andreas, zu Arheilgen.
Bachknecht, J. H. Schnitspahn, zu Gräfenhausen.

Amt Dornberg.

Rheinförster und Krappenknecht, Andreas Onacker, zu Stockstadt.
Adjunkt, Joh. Phil. Onacker.
Herrnfischer, Joh. Konr. Rösinger, zu Stockstadt.
- Joh. Nikolaus Grünig, ebendaselbst.
- Johannes Roth, zu Erfelden.
Bachknechte, Georg Phil. Bonn, zu Wolfskehlen.
- Peter Pettmann, zu Bergkach.

Amt Kelsterbach.

Teichknecht, Konrad Schmitt, zu Langen.
Bachknechte, Joh. Phil. Arndt, zu Mörfelden.
- Wendel Jacobi, zu Erzhausen.
- Johann Schleicher, zu Nauheim.
- Nikolaus Krell, zu Ginsheim.

Amt Lichtenberg.

Bachknechte, Joh. Fischer, zu Oberramstadt.
- Joh. Ludwig Boßler, zu Obermodau.
Teich= und Bachknechte, Johann Adam Spangenberg, zu Ernsthofen.
- - Joh. Nikol. Bauer, zu Brandau.
Bachknecht, Ernst Ludw. Knell, zu Großenbieberau.

Teichknecht, Johannes Knell, zu Wembach.
Teich = und Bachknecht, Joh. Henrich Boßler, zu Waldhausen.
Bachknecht, Johann Adam Götz, zu Billings.

Amt Rüsselsheim.

Herrnfischer, Zacharias Lösch, zu Trebur.
 Adjunkt, Georg Henrich Lösch.
Bachknecht, Georg Henrich Lösch, ebendas.
Grabenmann, Christ. Landau, zu Hofrheinfelden.
Bachknecht, Joh. Peter Lösler, zu Wallerstätten.

Amt Seeheim.

Bachknecht, Konrad Bauer, zu Oberbeerbach.

Amt Zwingenberg.

Bachknecht, Johann Peter Knies, zu Hänlein.
 Adjunkt, Henrich May.

Amt Braubach.

Bachknechte, Konrad Schneider, zu Braubach.
 = Ludw. Jak. Häuser, zu Katzenellenbogen.

Herrschaft Epstein.

Bachknecht, Joh. Daniel Wink, zu Breckenheim.

Forstbediente im Oberfürstenthum.

Oberforst Battenberg.

Forstmeister, Herr Christian Ernst Henrich von Bibra.
Forstverwalter und Rechner, Herr Friedr. Ludwig Klingelhöfer, zu Battenberg, Forstrath.

Forst Battenberg.

Oberförster, Herr Friedrich Ludwig Klingelhöfer, zu Battenberg, Forstrath.

Reitender Förster, Herr Karl Winter, zu Leysa.
Adjunkt, Herr Joh. Christ. Ludw. Stockhausen,
    zu Berghofen.
Unterförster, Kaspar Becker, zu Battenberg.
    =   Johannes Groß, zu Reddighausen.
    =   Johann Henrich Knier, zu Berghofen.
Adjunkt, Jakob Wolff.
Waldschütz, Johannes Koch, zu Leysa.

Forst Biedenkopf und Grund Breidenbach.

Oberförster, Herr Georg Bernhard Meißer, zu
    Biedenkopf.
Reitender Förster, Herr Joh. Georg Lichthammer,
    zu Derbach.
    =   Joh. Ernst Becker, zu Wallau, Wild=
    bereiter.
Förster, Herr Joh. Phil. Lotz, zu Friedensdorf.
    =   =   Joh. Konr. Geßner, zu Biedenkopf.
Adjunkt, =   Kaspar Klein, ebendaselbst.
Grenzförster, Herr Johann Henrich Ruppert,
    zu Breidenbach.
Unterförster, Johannes Acker, zu Buchenau.
    =   Joh. Henrich Bernhard, zu Holzhausen.
Stadtwaldförster, Hr. Joh. Herm. Messerschmitt,
    zu Biedenkopf.
    =   =   Johannes Lenz, daselbst.
Waldschützen, Joh. Linne, zu Eckelshausen.
    =   Joh. Werner, zu Kombach.
    =   Sebastian Klingelhöfer, zu Buchenau.
    =   Johann Fischbach, zu Wolfsgruben.
    =   Johann Jost Rupp, zu Dautphe.
    =   Johann Hampel, zu Silberg.
    =   Ludwig Wege, zu Hommertshausen.
    =   Joh. Klingelheber, zu Friedensdorf.
    =   Hans Achenbach, zu Allendorf.

Wald-

Waldschützen, J. Richenbächer, zu Dammshausen.
- Joh. Henr. Zacharias, zu Herzhausen.
- Joh. Zimmermann, zu Holzhausen.
- Joh. Lotz, ebendaselbst.
- Adam Wege, zu Mornshausen.
- Joh. Kinkel, zu Dexbach.
- Nik. Alt, zu Engelbach.
- Joh. Jost Thomas, zu Breidenbach.
- Joh. Christ. Achenbach, zu Wiesenbach.
- Joh. Schneider, zu Wallau.
- Joh. Henrich Schwarz, ebendas.

Forst Elbrighausen.

Oberförster, Herr Georg Wilhelm Pfifferling, zu Elbrighausen.
Reitender Förster, Herr Herm. Klein, zu Daxloch.
- Friedr. Christ. Reitz, zu Bromskirchen.
- Christian Hartmann, zu Allendorf.
- Johann Hartmann, zu Kleidelburg.
Adjunkt, Hr. Friedr. Ludw. Eyffert, zu Dodenau.
Förster, Herr Joh. Jost Noll, zu Battenfeld.
Unterförster, E. Ludw. Jakobi, zu Rennertenhausen.
- Joh. Groß, zu Dodenau.
- Joh. Schwarz, zu Bromskirchen.
Waldschützen, Konrad Geitz, zu Battenfeld.
- Henrich Henkel, ebendas.
- Joh. Feisel, zu Dodenau.
- Jakob Benner, auf der Ohell.
- Johann Steisel, zu Allendorf.

Forst Gladenbach.

Oberförster, Herr Friedr. Christ. Hartig, zu Gladenbach, Forstmeister.
Reitender Förster, Herr Karl Christ. Neyrath, zu Weidenhausen.

Reitender Förster, Ernst Fridr. Birau, zu Niederweidbach).
  =   Georg Friedr. Koch, zu Fellingshausen.
  =   = Adolph Neurath, zu Königsberg.
Förster, Herr Joh. Ludwig Lang, zu Dernbach.
  =   Joh. Aug. Neurath, zu Frohnhausen.
  =   Daniel Schmitt, zu Günderod.
  =   Joh. Peter Schaub, zu Wilsbach.
Grenzförster, Hans Jak. Christ, zu Bottenhorn.
Waldschützen, Niklas Schneider, zu Gladenbach.
  =   Johann Wiesemann, zu Weidenhausen.
  =   Peter Burk, zu Endbach.
  =   Hans Jakob Becker, zu Hartenrod.
  =   Joh. Jakob Becker, zu Schlierbach.
  =   Johannes Teutsch, auf der Hütte.
  =   Kaspar Ruppert, zu Kehlenbach.
  =   Johannes Bernhard, zu Oberweidbach.
  =   Johann Jakob Maurer, zu Erdhausen.
  =   Johannes Müller, zu Königsberg.
  =   Johannes Gissel, zu Waldgirmes.
  =   Wilhelm Gissel, daselbst.
  =   Peter Gerhard, zu Nauenheim.
  =   Joh. Jakob Koob, zu Niederweidbach.
  =   Joh. Jost Kuhl, zu Bischoffen.
  =   Joh. Ludwig Wack, zu Frankenbach.
  =   Christ. Wagner, zu Fellingshausen.
  =   Friedrich Kaspar Schmitt, zu Rodheim.
  =   Martin Schmitt, zu Crymbach.
  =   Joh. Schleenbecker, auf der Bieber.

Forst Hatzfeld.

Oberförster, Herr Wilhelm Ferdinand Rauch, zu Hatzfeld.
Reitender Förster, Hr. Joh. Konr. Reinbott, das.
Förster, Herr Karl Klipstein, zu Holzhausen.

Förster, Herr Johannes Jeude, zu Obernasphe.
Unterförster, Johann Henrich Schmitt, zu Eifa.
Waldschützen, Jakob Wetter, zu Hatzfeld.
= Johann Benner, zu Reddighausen.
= Johann Klein, zu Holzhausen.
= Johann Jeude, zu Frohnhausen.
= N. N. Henkel, zu Obernasphe.

Forst Itter.

Oberförster, Herr Johann Wilhelm Werner, zu Altenlotheim.
Reit.Förster, Herr J. Georg Eigenbrod, zu Asel.
= = Fr. E. Ph. Stockhausen, zu Niedernorke.
Förster, Herr Engelbert Schmitt, zu Eimelrod.
= Wilhelm Gönner, zu Herzhausen.
= Joh. Christ. Werner, zu Altenlotheim.
Adjunkt, N. N. Schröder, zu Borsdorf.
Unterförster, Henr. Krommel, auf der Stiegmühle.
Adjunkt, Christoph Mitze, zu Bassdorf.
Waldschützen, Joh. Issken, zu Altenlotheim.
= Henrich Backhaus, das.
= Konrad Weinraut, das.
= N. N. Spangenberg, zu Asel.
= Joh. Daniel Bock, zu Schmittlotheim.
= Johannes Hutwelker, zu Herzhausen.
= N. N. Presche, zu Niedernorke.

Oberforst Eichelsachsen.

Oberforstmeister, Ihro Excellenz, Herr Ernst Christian von Baumbach, Oberjägermeister.
Forstverwalter und Rechner, Herr Martin Jakob Lotheisen, zu Eichelsachsen.

Forst Bingenheim.

Oberförster, Herr Ernst Christ. Neidhard, bei Bingenheim.

Rei=

Reitend. Förster, Hr. M. Städten, in Bingenheim.
= Johann Christian Sauerwein, auf dem Schleifelder Hof.
= W. P. Crößmann, zu Oberwiddersheim.
Förster, Hr. Joh. Nikolaus Ohr, zu Leidhecken.
Adjunkt, Hr. Philipp Theoph. Ohr.
Förster, Hr. Henrich Ludwig Werner, zu Echzell.
= N. N. Schombert, zu Berstadt.

Forst Lißberg.

Oberförster, Herr Ludw. Stillgebauer, zu Lißberg.
Reitender Förster, Herr August Henrich Cramer, zu Schwickartshausen.
Unterförster, Joh. Jakob Beckel, zu Eckartsborn.
Waldschütz, Johann Beckel, zu Lißberg.

Forst Rüdingshain, Schotten, Burkhards, Crainfeld, Bobenhausen und Ilbeshausen.

Oberförster, Herr F. A. Pfeffer, zu Rüdingshain.
Reit. Förster, Hr. H. A. Schmitt, zu Burkhards.
= Joh. Aug. Pfannstiel, zu Grebenhain.
= M. Zimmermann, zu Altenhain.
= Hieronymus Jost, zu Schotten.
Förster, Hr. Leonh. Gottl. Usinger, zu Ilbeshausen.
Unterförster, J. Georg Zeunges, zu Rüdingshain.
= P. Zaminer, auf der Kiliansherberge.
Adjunkt, N. N. Zaminer.
Unterförster, Henrich Oehler, zu Sichenhausen.
= Joh. Konrad Kneip, zu Herchenhain.
= Johann Georg Röß, zu Götzen.
= Joh. Valentin Baumbach, zu Crainfeld.
= Joh. Valentin Usinger, zu Ilbeshausen.
Waldschützen, Johann Kaspar Zimmermann, auf der Schmiede bei Selnrod.
= Joh. Henrich Herzberger, zu Schotten.
= Joh. Henrich Schäfer, zu Burkhards.

Waldschützen, Philipp Jöckel, zu Herchenhain.
- Jakob Linker, zu Breungeshain.

Forst Eichelsachsen, Eichelsdorf, Wallernhausen, Rainrod, Langd und Ulfa.

Oberförster, Herr Friedr. Zimmermann, zu Langd.
Reitender Förster, Herr J. V. Schnauber, zu
Eichelsdorf.
- Georg Heinrich Fröhlich, zu Rainrod.
- Jakob Stamm, zu Zwiefalten.
Förster, Herr Joh. Schnauber, zu Wallernhausen.
Unterförster, Johannes Kaiser, zu Borsdorf.
- Konrad Blum, zu Eichelsachsen.
- Johannes Meurer, zu Oberschmitten.
- N. N. Frick, zu Wallernhausen.
- Joh. Ernst Lauster, zu Stornfels.
Waldschützen, Johannes Buß, zu Wingershausen.
- N. N. Schwing, zu Wallernhausen.
- Johann Georg Förster, zu Langd.
- Johannes Schmitt, zu Ulf.

Oberforst Romrod.

Oberforstmeister, Ihro Excellenz, Hr. Ernst Chri-
stian von Baumbach, Oberjägermeister.
Forstverwalter und Rechner, Hr. Joh. Christoph
Follenius, zu Romrod, Forstrath.
Assistent, Hr. Georg Karl Follenius.
Forstsekretär, Herr Joh. Wilhem Steinhauer,
zu Darmstadt.

Forst Elbenrod und Brauerschwend.

Oberförster, Herr Joh. Hartm. Hof, zu Rainrod.
Reitender Förster, Herr Ernst Friedrich Christian
Hartig, zu Eifa.

Unter-

Unterförster, Joh. Henrich Kraus, zu Elbenrod.
- Joh. Konrad Lang, zu Brauerschwend.
- Johannes Schnicker, zu Schwarz.
- Johannes Büttner, zu Eifa.

Forst Grebenau.
Oberförster, Herr H. Ad. Cramer, zu Grebenau.
Assistent, Herr Karl Friedrich Weil.
Unterförster, N. N. Müller, zu Udenhausen.
- Joh. Henrich Zulauf, zu Bieben.

Forst Grünberg.
Oberförster, Herr Joh. Christ. Köhler, zu Merlau, Teichmeister.
Reitender Förster, Herr Georg Christ. Haberkorn, zu Reinhardshain.
- Friedrich Wilhelm Nieß, zu Lauter.
Förster, Herr Joh. Wilh. Stroh, zu Allendorf.
Unterförster, Johann Georg Bender, zu Lauter.
- Stephan Köhler, zu Queckborn.
- Peter Erb, zu Merlau.
- Johann Peter Rühl, zu Großlumda.
- Johann Bernhard, zu Beltershain.
- Johannes Müller, zu Lindenstrut.

Forst Romrod.
Oberförster, Herr Johann Henrich Zimmermann, zu Schelnhausen.
Emeritus, Herr Georg Christ. Chelius.
Reitender Förster, Herr Ludwig Kasimir Beck, zu Hopfgarten.
- Herr Philipp Weil, zu Romrod.
Unterförster, Joh. Chr. Knieriem, zu Hopfgarten.
- Joh. Henrich Kimpel, das.
- Johann Georg Meiser, zu Romrod.
- S. Ziegenhain, zu Oberbreidenbach.
Adjunkt, Peter Schmitt.
Unterförster, Konrad Hermann, zu Strebendorf.

Forst Niederohmen.

Oberförster, Herr G. C. Walter, zu Niederohmen.
Förster, Herr Joh. Peter Bott, daselbst.
- Johann Konrad Grün, zu Atzenhain.
- N. N. Rübsamen, zu Bernsfeld.

Forst Schellnhausen, Zell und Deckenbach.

Oberförster, Herr Euler, zu Zell, Wildmeister.
Adjunkt, Herr Joh. Adam Euler, Wildmeister.
Oberförster, Herr Joh. Henrich Zimmermann, zu Ermenrod.
- N. N. Koch, zu Deckenbach.
Unterförster, Weigand Gans, das.
- N. N. Bode, zu Homberg.
- Jost Lanz, zu Bußfell.
- Joh. Mart. Stroh, zu Burggemünden.
- Georg Philipp Otto, zu Elbenrod.
Adjunkt, Johann Philipp Otto.
Unterförster, Phil. Ludw. Stockmann, zu Felda.
- Joh. Philipp Erb, zu Schellnhausen.
- Johannes Krein, zu Zell.
- Konrad Schneider, zu Heimertshausen.
- Johannes Mohr, im Jägerthal.
Adjunkt, Georg Ludwig Mohr.

Forst Steinberg.

Oberförster, Herr Johannes Schuhl, zu Steinberg, Forstmeister.
Unterförster, Ludwig Dörn, zu Watzenborn.

Forst Giesen, Stauffenberg rc.

Oberförster, Herr Georg Alexius Fabricius, Forstverwalter zu Giesen.
Förster, Herr Joh. Georg Euler, zu Stauffenberg.
Centförster, Johannes Velten, zu Grosenlinden.
Unterförster, Ludwig Dern, zu Watzenborn.

Forst Wahlen.

Oberförster, Herr Fr. Wilh. Hofmann, zu Wahlen.
Assistent, Herr Joh. Christian Hofmann.
Reitender Förster, Herr Johann Adam Schraub, zu Heidelbach.
Adjunkt, Herr Joh. Phil. Euler.
Reitender Förster, Herr Joh. Henr. Wittekind, zu Obercleen.
  ″   Christ. Weil, zu Maulbach.
Adjunkt, Herr Friedrich Wilhelm Weil.
Unterförster, Lorenz Bast, zu Obercleen.
  ″   Johannes Hedderich, zu Heidelbach.
  ″   Konrad Fischbach, zu Wahlen.
Adjunkt, Johannes Fröhlich.
Unterförster, Johannes Diehl, zu Bernsburg.
  ″   Johannes Jung, zu Gleimenhain.
  ″   Phil. Konrad Berleth, zu Lehrbach.
  ″   Johannes Böckner, zu Appenrod.

Forst Windhausen.

Oberförster, Herr Georg Christ. Haberkorn, zu Windhausen.
Reitender Förster, Herr Christoph Haber, zu Vadenrod.
Jäger, Herr Johannes Schaaf, zu Köddingen.
Unterförster, N. N. Schönhals, zu Meiches.
  ″   Johannes Steuernagel, zu Windhausen.
Adjunkt, Joh. Jakob Steuernagel, daselbst.
Unterförster, Johannes Stürz, zu Vadenrod.
Adjunkt, Joh. Henrich Stürz.
Unterförster, J. Paul Buchhammer, zu Storndorf.

Forst Ehringshausen.

Oberförster, Herr Ernst Christ. Reiz, zu Ehringshausen.
Unterförster, Joh. Ludwig Bürger, ebendas.
Adjunkt, Johann Ludwig Bürger.
Unterförster, Johannes Becker, zu Oberndorf.

Forst Oberweissel.

Oberforstmeister, Ihro Excellenz, Herr Ernst Christian von Baumbach, Oberjägermeister.
Forstverwalter, Herr Fabricius zu Giesen, Oberförster.
Oberförster, Herr Georg Karl Beck, zu Butzbach.
Reitender Förster, Herr Phil. Christ. Meyer, zu Oberrosbach.
Förster, Herr Hermann Schmitt, zu Hohenweissel.
 = Daniel Altheim, zu Münster.
 = Konrad Altheim, zu Maybach.
Adjunkt, Hr. Joh. Henr. Abel, zu Hohenweissel.
Grenzförster, Herr Konrad Ender, zu Bodenrod.
Förster, Herr Joh. Christ. Hartmannshenn, zu Polgöns.
 = Johannes Rumpf, zu Langgöns.
Adjunkt, Herr Johann Henrich.
Reitender Förster, Herr Christ. Ludwig Weidig, zu Cleeberg.
Markförster, Herr Joh. Huhn, das.
Jäger, Herr Joh. Reuter, zu Brandoberndorf.
 = Friedrich Gottlieb Weimar, das.
 = Johann. Hartmanshenn, zu Ebergöns.

Fischereibediente im Oberfürstenthum.

Teichmeister, Herr J. Christ. Köhler, zu Merlau.
Oberteichknecht, Herr Joh. Christ. Manger, das.
Teichknechte, Andreas Eimer, zu Romrod.
 = Johann Georg Meisser, daselbst.
 = Andreas Fischer, das.
 = Georg Dietrich Grün, zu Merlau.
 = Johannes Loth, das.
 = Johannes Peter Seng, zu Atzenhain.
Adjunkt, Johann Georg Seng.

Teichknechte, Johann Georg Bender, zu Lauter.
  =   Johann Nikolaus Ohr, zu Berstadt.
  =   Johann Christoph Bechtold, zu Echzell.
Adjunkt, Johann Wilhelm Seibert, daselbst.
Teichknechte, Joh. Georg Klein, zu Bingenheim.
  =   Joh. Philipp Haub, zu Hohenweissel.
  =   Joh. Peter Muhl, zu Bermuthshain.
  =   Reinhard Pfeffer, zu Maulbach.

Landesökonomiedeputation.

Herr D. Georg Konrad Stockhausen, Regierungsrath.
  = Joh. Ludwig Martin, Kammerrath.
  = Philipp Engel Klipstein, Kammerrath.
  = Joh. Georg Ernst von Langwerth, Kammerrath.
  = Anton Merck, Kammerassessor.
  = Johann Philipp Gersten, Assessor.
  = Johann Christoph Bauer, Assessor.
  = D. Moritz Balthasar Borkhausen, Assessor.
  = Wilhelm von Bode, Kammerassessor.

Sekretär und Registrator.
Herr Karl Martin.

Kanzellist.
Herr Georg Peter Stieglitz, Invalidenkommissionssekretär.

Accessist.
Herr N. N. Schwefel.

Kanzleidiener.
Johann Jost Ehl.

Die Sessionen sind Mittwochs.

Münzdeputation.

Herr D. Georg Konrad Stockhausen, Reg. Rath.
- Philipp Engel Klipstein, Kammerrath.

Sekretär.

Herr Joh. Emanuel Stürz, Kammersekretär.

Münzoffizianten.

Münzmeister, Herr Remigius Fehr.
Münzschlosser, Herr Johannes Gottmann.
Nebst nöthigen Arbeitern.

Steuerdeputation.

Direktores.

Herr Friedrich Theoph. Schmitt, geh. Reg. Rath.
- Joh. Aug. Schenk, Oberappellationsrath.

Mitglieder.

Herr Joh. Lorenz Köhler, Kriegsrath.
- Joh. Ludwig Martin, Kammerrath.
- Joh. Thomas Kolb, Steuerrath und Oberrheinbauinspektor.
- Wilhelm Theophel Schmitt, Kammerrath.

Steuersekretär und Registrator.

Herr Justus Daniel Victor, Regierungssekretär

Steuerkanzellist.

Herr Friedrich August Boose.

Kanzleidiener.

Abraham Hochstätter, Kriegskanzleidiener.

Die Sessionen sind Mondtags.

Bei dem Chauſſeebau angeſtellte Perſonen.

Chauſſeekaſſeberechner, Herr Philipp Balthaſar
 Gerau, Kammerrath.

In der Obergrafſchaft Katzenellenbogen.

Chauſſeebaumeiſter, Herr Ludwig Röder, Inge=
 nieurlieutenant.

Auf der Frankfurter Route.

Chauſſeegelderheber, Herr Joh. Chriſtoph Braun,
 Thorſchreiber zu Darmſtadt.
- N. N. Bentz, Zöllner zu Arheilgen.
- Friedrich Wilhelm Schneider, Zöllner
  und Geleitsſchreiber zu Langen.

Chauſſeeknecht, Johannes Andres, zu Darmſtadt.
- Chriſt. Gräff, zu Arheilgen.
- Philipp Umſtätter, in der Baierseich.

Auf der Bergſträſer Route.

Chauſſeegelderheber, Herr J. G. Darmſtädter,
 Schultheiß emerit. zu Eberſtadt.
- Joh. Herpel, Zöllner zu Bickenbach.
- Ludwig Antes, Zöllner zu Zwingenberg.
- Peter Hölzel, zu Auerbach.

Chauſſeeknecht, J. Friedr. Günther, zu Eberſtadt.
- Konrad Ritter, zu Seeheim.
- Joh. Wendel Nikolay, zu Zwingenberg.
- Johann Adam Kolb, zu Auerbach.

Auf der Route über Grosgerau u. Wallerſtädten.

Chauſſeegelderheber, Herr Joh. Phil. Lochmann,
 Zollverwalter zu Grosgerau.
- Hr. Johann Ruckelshauſen, Schultheiß
  zu Wallerſtädten.

Chauſſeeknecht, Konrad Muſch, zu Wallerſtädten.
- Chriſtian Schäfer, daſ.
- im keiſumer Grund, G. Joſt, zu Worfelden.

Auf der Braubacher Route.

Chausseeaufseher. Herr J. Georg Hart, zu Braubach, Zoll- und Amtsvisitator.

Chausseegelderheber, Herrn Georg Moriz Hammes, Rathschöffen Wittib, zu Braubach.

In dem Oberfürstenthum.

Auf der Route über Grünberg und Alsfeld.

Kommissarius zur Specialaufsicht von Grünberg bis in den Göringer Grund, Herr von Schmalcalder, Hofrath, und Amtmann zu Grünberg.

Kommissarius zur Specialaufsicht vom Göringer Grund bis an die Kasselische Grenze, Herr J. C. G. Hallwachs, Regierungsrath und Amtmann zu Alsfeld.

Ingenieurlieutenant, Hr. P. J. Mann, zu Romrod.

Chausseegelderheber, Herr Johann Otto Frank, Pförtner zu Grünberg.
 = Joh. Kratz, Zöllner zu Rupertenrod.
 = Michael Böcking, zu Romrod.

Chausseegelderheber von Alsfeld bis Eifa, Herr Dietrich Hölscher, zu Eifa.

Chausseeknecht, N. N. Perigneaux, zu Grünberg, vom Hammer bis Grünberg.
 = Johann Horst, zu Lehnheim, von Grünberg bis an die Alsdorfer Birken.
 = Hartm. Bormeth, zu Rupertenrod, von diesen Birken bis an die Riedeselische Grenze.
 = Wilh. Dietr. Becker, zu Ermenrod, von den Riedeselis. Grenzen bis Schelnhausen.
 = Johannes Böcking, zu Romrod, von Schelnhausen bis Romrod.
 = Joh. Opel, von Romrod bis Alsfeld.
 = Joh. Etling, zu Alsfeld, von da bis Eifa.

Auf der Route über Butzbach und Giesen.

Kommissarius zur Specialaufsicht, Herr Georg Friedrich Sues, Regierungsrath.
Ingenieurkapitain, Hr. C. Fr. Werner, zu Giesen.
Chausseeaufseher, Herr Ludwig Hart.
Chausseevisitator, Herr J. M. Eckstein, zu Giesen.
Chausseegelderheber auf der Hauptstrase, Hr. Joh.
  Karl Heß, zu Butzbach, Forstsekretär.
 = Johann Göbel, zu Pohlgöns.
 = Christoph Rumpf, zu Giesen.
 = Joh.Melch.Klinkel, Schultheiß zu Lollar.
 = auf der Strase von Holzheim nach Wetz-
   lar, Herr Jakob Velten, zu Langgöns.
 = auf der Hauptstrase, aber nur von den-
   jenigen Passanten, welche von Kleinlinden
   kommen und nach der Wetterau gehen,
   Herr N. N. Schaum, zu Grosenlinden.
Chausseeknecht auf der Hauptstrase, Nikol. Wen-
  del, zu Butzbach).
 = Johann Schmitt, zu Langgöns.
 = Joh. Wilh. Grösser, zu Grosenlinden.
 = Konrad Schmitt, zu Kleinlinden.
 = Friedrich Wilhelm Weygel, zu Giesen.
 = Henrich Schmitt, zu Lollar.
 = auf der Strase von Pohlgöns nach Wetzlar, Konrad Debus, zu Pohlgöns.
 = auf der Chaussee von Holzheim nach Wetzlar, N.N. Drommershausen, zu Langgöns.

Bei dem Rhein = und Mainbau angestellte Personen.

Oberrheinbauinspektor, Herr Johann Thomas Kolb, Steuerrath.
Rheinbaukassenrechner, Herr Johann Ludwig Martin, Kammerrath.

E 5

Rheinbauverwalter, Herr Philipp Adam Kolb,
zu Erfelden.
Rheinbauknecht und Aufseher bei den Rheinbau-
taglöhnern zu Goddelau, vacat.
Landteichknecht, zu Trebur, vacat.
   •   Johann Reinhard, zu Leeheim.

Steuerperäquatoren und Feldmesser.

Darmstadt: Steuerperäquator und Feldmesser,
Herr Veit Philipp Lenz, Stadtschreiber.
Feldmesser, Herr Johann Henrich Keller.
  •   •   Henrich Karl Dittmar.
Cent Pfungstadt: Steuerperäquator, Herr Karl
Ludw. Bötticher, Forstsekretär zu Pfungstadt.
Feldmesser, Herr Christ. Casimir Hill, ebendas.
Cent Arheilgen, nebst dem Amt Lichtenberg (Rein-
heim und Ueberau ausgenommen): Steuer-
peräquator: Herr Joh. Ludw. Jakob Steiner.
Reinheim und Ueberau: Steuerperäquator, Herr
Christ. Meyer, Stadtschreiber das.
Bessungen: Steuerperäquator, Herr Kornelius
Geyer, Schultheiß.
Amt Kelsterbach: Steuerperäquator und Feldmes-
ser, Herr Ludw. Friedr. Christian Siebert,
zu Mörfelden.
Feldmesser, Herr G. W. Heim, zu Kleingerau.
Amt Rüsselsheim: Steuerperäquator, Herr Joh.
Peter Marx, zu Grosgerau, Steuerrath.
Adjunkt, Herr Gabriel Jawand, das.
Feldmesser, Herr Johann Henrich Keller.
Amt Dornberg: Steuerperäquator, Herr Joh.
H. Mangold, Oberschultheiß zu Wolfskehlen.
Feldmesser, Herr Johann Henrich Keller.

Amt

Amt Zwingenberg, Seeheim und Jägersburg: Steuerperäquator und Feldmesser, Herr Ludwig Klauseker, zu Zwingenberg.

Amt Wallau: Steuerperäquator, Herr Ernst Ludwig Metzler, zu Wallau.

Feldmesser, Herr Reichard Stein, Schultheiß zu Breckenheim.

Amt Braubach: Steuerperäquator und Feldmesser, Herr Joh. Christian Lynker, Stadtschultheiß zu Braubach.

Amt Katzenellenbogen: Steuerperäquator, Herr Georg Heinrich Jak Neupper, Amtsadvokat zu Katzenellenbogen.

Feldmesser, vacat.

Gemeinschaft Ems: Steuerperäquator, Herr Georg Christian Schneider, gemeinschaftlicher Amts- und Gerichtsschreiber.

Stadt Giesen und Großlinden: Steuerperäquator, Herr Karl Wilhelm Philipp Binzer.

Gericht Lollar und Amt Königsberg: Steuerperäquator, Herr Joh. Georg Jungk, Stadtschultheiß zu Staufenberg.

Assistent, Herr Franz Ludwig Jungk.

Oberamt Giesen und Hüttenberg: Feldmesser, Franz Ludwig Jungk, zu Staufenberg.

Gericht Heuchelheim, Steinbach und Amt Hüttenberg: Steuerperäquator, Herr Joh. Adam Eckhard, zu Langgöns: Steuer-Commissarius.

Feldmesser, Herr Joh. Jost Dinstorf, daselbst.

Amt Allendorf und Londorfer Grund: Steuerperäquator, Herr Elias Konrad Strecker, Stadtschreiber zu Allendorf.

Feldmesser, Herr Johann Heinrich Erdmann, zu Klimbach.

Stadt

Stadt Alsfeld: Steuerperäquator, Herr Friedr. Albrecht Neurath, Rath.
Adjunkt, Hr. P. J. Mann, Ingenieurlieutenant.
Feldmesser, ebenderselbe.
Amt Alsfeld, Romrod und Gericht Schwarz: Steuerperäquator, Herr Joh. Ludwig Reiz, Regierungssekretär zu Alsfeld.
Adjunkt, Herr Christoph Ernst Reiz.
Stadt Romrod und die von Riedeselische Gerichte Oberohmen, Engelroth und Cent Lauterbach: Steuerperäquator, Herr Georg Christ. Karl Venator, Steuerkommissär zu Romrod.
Stadt und Euser Gericht Kirdorf: Steuerperäquator, Herr Johann Georg Düring.
Amt Battenberg und Gericht Frohnhausen: Steuerperäquator, Herr Georg Wilhelm Engel, Rentmeister zu Battenberg.
Feldmesser, Hr. J. W. Engel, zu Biedenkopf.
Stadt Hatzfeld: Steuerperäquator, Herr Johann Christoph Eckard, Stadtschreiber daselbst.
Stadt Biedenkopf: Steuerperäquator, Hr. Just. Reinhard Walter, Stadtschreiber daselbst.
Amt Biedenkopf: Steuerperäquator, Hr. Friedr. Ernst Jäger, Amtsschreiber zu Biedenkopf.
Feldmesser, Herr J. W. Engel, daselbst.
Amt Bingenheim: Steuerperäquator, Hr. Ludw. Daniel Hill, zu Dauernheim.
Amt Blankenstein: Steuerperäquator, Hr. Joh. Wilhelm Engel, zu Biedenkopf.
Grund Breidenbach: Steuerperäquator, Hr. H. C. Bergen, Gerichtsschreiber zu Breidenbach.
Feldmesser, Herr J. W. Engel, zu Biedenkopf.
Amt Burggemünden: Steuerperäquator, Herr J. P. Menges, Amtsschreiber zu Burggemünden.
Adjunkt, Herr Johann Peter Baumann.

Feld-

Feldmeſſer, Herr Johannes Hedderich, daſelbſt.
— Joh. Henrich Erdmann, daſ.

Stadt Butzbach: Steuerperäquator, Herr Georg Karl Chriſtoph Balſer, Stadtſchreiber daſ.

Amt Butzbach: Steuerperäquator, Hr. Hiſſerich, Marſchkommiſſär zu Butzbach.

Amt Grebenau: Steuerperäquator und Feldmeſſer, Hr. J. Herm. Habermehl, zu Wallenrod.

Stadt Grünberg: Steuerperäquator, Hr. Georg Kaſimir Semler, daſelbſt.

Amt Grünberg und Gerichts Niederohmen: Steuerperäqnator, Herr Friedrich Benedict Golz, Oberſchultheiß.

Feldmeſſer, Herr Johann Joſt. Dinſtorf.

Stadt Homberg: Steuerperäquator, Herr Joh. Merkel, zu Felda.

Amt Homberg: Steuerperäquator, Herr J. H. Markolf, Amtsaktuar zu Homberg.

Amt Itter: Steuerperäquator, Herr J. Henrich Scharmann, zu Böhl.

Stadt Nidda: Steuerperäquator, Herr Henrich Wilhelm Rube, Stadtſchreiber daſ.

Gericht Nidda, Fauerbach und Rodheim: Steuerperäquator, Herr N. N. Sellheim.

Feldmeſſer, Herr Ludwig Ringshauſen.
— J. H. Ringshauſen, zu Nidda.

Gerichts Burkhards: Feldmeſſer, Hr. Jak. Mann, zu Buſſenhorn.

Gericht Burkhards mit Crainfeld: Steuerperäquator, Herr Johann Ludwig Chriſtian Müller, Steuerkommiſſär zu Schotten.

Amt Lißberg: Steuerperäquator, Herr Heinrich Wilhelm Rube, zu Nidda.

Feldmeſſer, Herr Johann Jakob Böcher,

Amt

Amt Oberroßbach: Steuerperäquator, Herr Ernst
Chr. Georgi, Stadtschreiber zu Oberroßbach.
Stadt Schotten: Steuerperäquator, Herr Joh.
L. C. Müller zu Schotten, Steuersekretär.
Amt Schotten mit Stornfels: Steuerperäquator,
Herr N. N. Meyer.
Feldmesser, Herr Johannes Spamer.
Amt Ulrichstein: Feldmesser, Herr Johann Martin Horst, zu Oberseibertenrod.
Gericht Bobenhausen und Ulrichstein: Steuerperäquator, Herr Joh. Philipp Stockmann, Gerichtsschreiber zu Bobenhausen.
Gericht Felda: Steuerperäquator, Herr Christian Sartorius, zu Felda, Steuersekretär.
Feldmesser, Herr Johannes Merkel, zu Felda.

Landschaftliche Steuerobereinnehmerei und Brandassekurationskommission.

Direktor.

Ihro Excellenz, Freiherr C. H. S. von Gatzert, geh. Rath.

Obereinnehmerei in der Legestadt Darmstadt wegen der Ober- und Niedergrafschaft Katzenellenbogen und Herrschaft Epstein.

Fürstl. Kommissarius, Ihro Excell. Freih. Franz Ludwig Gottf. von Lehmann, geh. Rath.
Obereinnehmer von Seiten der Ritterschaft, Herr Karl von Breidenbach zu Breidenstein.
Dessen Substitut, Herr G. Christoph Jollenius, Regierungssekretär.
Obereinnehmer von Seiten der Landschaft, Herr Johann Christoph Friedrich Stockhausen, Hofrath.

Steuerschreiber, Herr Veit Philipp Lenz, auch
 Stadtschreiber zu Darmstadt.

**Obereinnehmer in der Legestadt Giesen,
 wegen des Oberfürstenthums.**

Fürstl. Kommissarius, Hr. Adolph Ludwig Grollmann, geh. Regierungsrath zu Giesen.
Obereinnehmer von Seiten des Prälatenstandes,
 Herr Joh. Ludw. Fr. Diez, geh. Reg. Rath.
Obereinnehmer von Seiten der Ritterschaft, Herr
 Karl Friedrich von Breidenstein.
Dessen Substitut, Hr. Advokat Leusler zu Giesen.
Obereinnehmer von Seiten der Landschaft, Herr
 Georg Karl Christoph Balser.
Steuerschreiber, Herr Joh. Fr. Hartm. Balser.
Assistent, Herr Friedrich Gottfried Balser.

**Verwilligungsgelder - Einnehmer in der
 Ober und Niedergrafschaft Katzenellenbogen, wie auch Herrschaft Epstein.**

In den Städten.

Braubach: Herr Johann Peter Rekule, Hofrath.
Darmstadt: Burgermeister und Magistrat und
 in deren Namen, Herr Johann Philipp
 Schmitt, Rathsverwandter.
Die Partikularerhebung hat in den übrigen Städten und Dörfern der zeitige Bürgermeister.

In den Aemtern.

Braubach und Katzenellenbogen: Herr Joh. Peter
 Rekule, Hofrath und Amtmann.
Darmstadt: Herr Ludwig Daniel Fuhr, Sekretär.
Dornberg: Herr Karl Müller, Rentmeister zu
 Stockstadt.
Herrschaft Epstein: Herr Johann Karl Schenk,
 Amtsrath und Amtmann zu Wallau.

Reb

Kelsterbach: Herr Joh. Friedr. Soldan, Hofrath.
Lichtenberg: Herr L. Ph. Weiland, Rentmeister
    daselbst.
Rüsselsheim: Herr Reinh. Henr. Gerhardi, Regie-
    rungsrath.
Seeheim: Herr Ludw. Pistor, Amtmann daselbst.
Zwingenberg und Jägersburg: Herr Joh. Ju-
    stus Sickenius, Amtsschreiber daselbst.

Verwilligungsgelder - Einnehmer
im Oberfürstenthum.

In den Städten:

Die Städte Battenberg, Hatzfeld, Romrod, Grebenau, Lißberg und Königsberg liefern ihre Verwilligungsgelder an die einschläglichen Amts- und Gerichtseinnehmer, alle übrige Städte des Oberfürstenthums liefern dieselbe unmittelbar an die Obereinnehmerei.

In den Aemtern.

Alsfeld und Kirdorf: Hr. J. Georg Bender, Rath.
Romrod: Herr Henrich Friedrich Leußler, Amts-
    schultheiß daselbst.
Battenberg: Herr E. J. Staudinger, Amtsschul-
    theiß zu Battenfeld.
Biedenkopf: Herr Joh. Karl Friedr. Klingelhöfer,
    Amtmann.
Bingenheim: Hr. Georg Friedr. Zuehl, Reg. Rath.
Blankenstein und Grund Breidenbach): Herr Wil-
    helm Friedrich Hermanni, Rentmeister in
    Gladenbach).
Burggemünden: Herr Georg Teuthorn, Amt-
    mann daselbst.
Butzbach: Herr Joh. Ludw. Sal. Meyer, Amt-
    mann daselbst.

Giesen:

Giesen: Herr Regierungsrath Sues.
Grebenau: Herr Georg Ludwig Klingelhöfer, Amtmann daselbst.
Grünberg: Herr Philipp Theodor Goldmann, Amtsschultheiß daselbst.
Gericht Niederohmen: Herr Conr. Stammler, Rentmeister.
Homberg; Hr. Aug. Phil. Bötticher, Amtmann das.
Hüttenberg: Herr Karl Georg von Zangen, Regierungsrath und Amtmann zu Langgöns,
Herrschaft Itter: Herr Karl Ludw. Krebs, Rentmeister zu Böhl.
Königsberg: Herr Wilh. Ernst Friedr Schulz, Regierungsrath und Amtmann daselbst.
Gericht Nidda und Rodheim: Herr Ludwig Uhl, Rentmeister das.
Lißberg: Herr Johann Christian Reiber, Keller.
Gericht Burkhards und Crainfeld: Herr Friedrich Buff, Rentereiverwalter in Crainfeld.
Oberroßbach: der zeitige Bürgermeister daselbst.
Niederroßbach: der zeittige Bürgermeister das.
Schotten und Stornfels: Herr Ernst Gerhard Otto Meyer, Amtmann daselbst.
Amt Ullrichstein:
Gericht Bobenhausen: Herr Gravelius, Rentmeist.
Gericht Felda: Herr Ehrg. Justus Christian Staudinger, Rentmeister daselbst.
In den 3 von Riedeselschen Gerichten: Hr. Joh. Balth. Köhler, Centgraf zu Lauterbach.
In dem Buseker Thal: Herr N. N. Follenius, fuldaischer Hofrath.
In dem Londorfer Grund: Herr Paul Becker.
In den übrigen einzelnen adelichen Dörfern: Der Bürgermeister.

Landschaftliche Rechnungsdeputation.

Fürstl. Kommissarius, Ihro Excellenz Freiherr Christ. Hartmann Samuel von Gatzert, geheimer Rath.

Landständische Deputirte.

Erbmarschall, Ihro Excellenz Freiherr Georg Ludwig von Riedesel, zu Eisenbach.

Von Seiten des Prälatenstandes, Herr Johann Christoph Koch, (s. Universität Giesen.)

Von Seiten der Ritterschaft, Herr Friedrich von Rabenau, zu Odenhausen.

Von Seiten der Landschaft, Herr Georg Andreas Rumpf, Reg. Advokat und Stadtschreiber zu Giesen.

Herr Veit Philipp Lenz, Stadtschreiber.

Herr Justus Reinhard Walter, Stadtschreiber zu Biedenkopf.

Kalkulatur: Herr N. N. Merkel, Stadtschreiber zu Homburg an der Ohm.

= = Johann Georg Düring, Stadtschreiber zu Kirdorf.

Brandassekurationskommission.
Direktor.

Ihro Excellenz Freiherr C. H. S. von Gatzert, geheimer Rath.

Fürstl. Kommissarien in der Ober- und Niedergrafschaft Katzenellenbogen. 2c.

Ihro Excellenz Freiherr Franz Ludwig Gottfried von Lehmann, geheimer Rath.

Herr Johann Christian Koch, Kammerrath.

Landständische Deputirte.

Von Seiten der Ritterschaft, Herr Karl Wilh. von Breidenbach zu Breidenstein, Rittmeister.

Von

Von Seiten der Landschaft, Herr Joh. Christoph
 Friedr. Stockhausen, Hofrath.
Sekretär und Registrator, Herr Johann Christian
 Hermann, Kammersekretär.
Steuerschreiber, Herr Veit Philipp Lenz.
Pedell, Johann Wilhelm Krummel.

Fürstl. Kommissarius im Oberfürstenthum.

Herr Adolph Ludwig Grollmann, geheimer Reg.
 Rath in Giesen.

Landständische Deputirte.

Von Seiten des Prälatenstandes, Herr Dr. Joh.
 Ludwig Friedrich Diez, (s. oben.)
Von Seiten der Ritterschaft, Herr Karl Friedr.
 von Breidenstein.
Von Seiten der Landschaft, Herr Georg Karl
 Christoph Balser.
Steuerschreiber, Herr Johann Friedrich Hart-
 mann Balser.
Adjunkt, Herr Friedrich Balser.
Pedell, Andreas Konrad Necb.

Landesuniversität zu Giesen.

Kurator.

Ihro Excellenz Herr Andreas Peter von Hesse,
 (siehe oben.)

Universitätskanzler.

Herr Johann Christoph Koch, geheimer Rath,
 auch kaiserl. Pfalzgraf.

Ordentliche Lehrer.

In der theologischen Facultät.

Herr D. Johann Georg Bechthold, (s. Konsist.)
- Joh. Christ. Friedr. Schulz, (s. Konsist.)
- Karl Christian Palmer.

In der juristischen Facultät.

Herr D. Johannn Christoph Koch, (s. oben.)
- D. Johann Daniel Henrich Musäus, Regierungsrath und Universitätssyndikus.
- D. Helwig Bernhard Jaup.
- D. Joh. Gottfr. Sigism. Albrecht Büchner, auch kaiserl. Pfalzgraf.

In der medizinischen Facultät.

Herr D. Joh. Ludw. Friedr. Diez, geh. Reg. Rath und landständischer Obereinnehmer.
- D. Karl Wilhelm Christian Müller.
- D. Ernst Schwabe.

In der philosophischen Facultät.

Herr D. Christian Henrich Schmidt, Professor der Dichtkunst und Beredsamkeit, auch Universitätsbibliothekar, Regierungsrath.
- Henrich Martin Gottfried Köster, der Geschichte öffentlicher Lehrer.
- Wilhelm Friedrich Hetzel, der orientalischen Sprache Lehrer, Fürstl. geh. Regierungsrath, auch Herzogl. Sachsen-Hildburghausischer Hofrath und kaiserl. Pfalzgraf.
- D. Aug. Friedr. Wilh. Crome, der Oekonomie und Kameralwissenschaft Lehrer, Reg. Rath.

Herr

Herr Johann Friedrich Rooß, der Weltweisheit
    Doktor und ordentlicher Professor.
= Georg Friedr. Werner, Lehrer in den mi-
    litärischen Wissenschaften, Ingenieur-
    hauptmann.
= Friedrich Ludwig Walther, ordentlicher
    Professor der Philosophie.
= Georg Gottlieb Schmitt, der Mathematik
    ordentlicher und der Physik ausserordent-
    licher Lehrer.
= Johann Christian Gottlieb Schaumann, or-
    dentlicher Lehrer der Logik und Meta-
    physik.

Ausserordentliche Lehrer.

Herr Friedrich Wilhelm Daniel Snell, ausseror-
    dentlicher Professor der Philosophie.
= Joh. Georg Friedr. Leun, ausserordentlicher
    Professor der Philosophie.

Lektor.

Herr Fr. Th. Chastel, Lektor der französischen
    Sprache.

Docent.

Herr Joh. Ernst Christian Schmidt, Docent theo-
    logischer und philosophischer Wissen-
    schaften.

Prosector beim anatomischen Theater.
Herr D. Ernst Ludwig Wilhelm Nebel.

Maitres.
Universitätsstallmeister, Herr Daniel Klipstein.

Oberbereiter, Herr N. N. Frankenfeld.
Kunstmaler, Herr Fr. Joh. Ludw. Berchelmann.
Tanzmeister und Interimsfechtmeister, Herr Jean
    Brutinelle.

Stipendiatenanstalt.

Stipendiatencommission.

Der jedesmalige Rector der Universität.
Herr geheime Rath und Canzler D. Koch.
Herr Supperintendent D. Bechthold.
Ephorus, Herr Superintendent D. Bechthold.
Major, vacat.
Oekonomus, Herr Christoph Balth. Münch.
Probst, Jeremias Constanz.

Pädagog zu Giesen.

Gehöret zur Universität und steht unter ihr.

Pädagogkommission

Besteht aus dem zeitigen Rektor, Kanzler und aus
  dem Decano und Primario der philosophischen
  Fakultät und den Pädagogiarchen.

Pädagogiarch.

Herr Henrich Martin Konrad Köster.

Ordentliche Lehrer.

Herr D. Joh. Friedrich Roos.
  - M. Johann Georg Friedrich Leun.
  - Friedrich Wilhelm Daniel Snell.
  - Johann Ernst Christian Schmidt.

Ausserordentliche Lehrer.

Herr Fr. Th. Chastel, im Französischen. (s. oben.)
  - F. J. L. Berchelmann, im Zeichnen. (s. oben.)
  - Jean Brutinelle, im Tanzen. (s. oben.)

Herr Philipp Herrmann Leo, in der Musik.
 = Christian Henrich Rinck, Schreibmeister.

Universitätskanzlei.
Sekretär.
Herr Ludwig Oßwald.
Assistent.
Herr Gottlieb Wilhelm Oßwald.
Universitätsprokurator.
Herr Jakob Oeser. (s. oben.)
Aktuarius bei der Juristenfacultät.
Herr Johann Henrich Schirmer.
Universitätspedelle.
Christoph Henrich Stein.
Johann Peter Eckstein.
Universitätsangehörige in Giesen.
Herr J. Konr. Christ. Krieger, Universitätsbuchhändler.
 = Georg Friedrich Heyer, Univ. Buchhändler.
 = Johann Wilhelm Braun, Univ. Buchdrucker.
 = Christoph Wilhelm Engel, Univ. Buchbinder und Handlanger in der Bibliothek.
 = Franz Gottfried Kunhardt, Univ. Apotheker.
 = J. L. R. Borngesser, Univ. Chirurgus und Gehülfe im anatomischen Theater.
 = Christ. Gottfr. Friedr. Dietsch, Univ. Billardeur, Kaffeeschenk, auch kaiserl. Notar.
 = Joh. Philipp Mohr, Pachter des Billards.
 = Wernard Sauer Univ. Kunstgärtner im botanischen Garten.
Andr. Ramspeck, Aufwärter im anatom. Theater.
Adjunkt, Jakob Ramspeck.

Universitätsrechnungskommission.
Kommissär, Herr Georg Fr. Sueß, Reg. Rath.

Universitätsökonomats- und Rechnungs-Beamten in- und ausserhalb Giesen.

Giesen: Oberökonomus, Herr L. Oßwald, auch Einnehmer der Universitäts-Wittwenkassengefälle.

Assistent, Herr Gottlieb Wilhelm Oßwald.

Oekonomus der Universitätsvogtei daselbst, Herr Justus Johann Georg Daniel Lynker.

Universitätsrezeßerheber, Herr Christoph Balthasar Münch, peinlicher Richter und Regierungsadvokat.

Kontrolleur und Fruchtmesser bei dem Oekonomat und Vogtei Giesen, Hr. Wern. Sauer. (s. ob.)

Diener beim Oekonomat und Vogtei zu Giesen, wie auch bei der Universitäts-Wittwenkasse, Johann Martin Sänger.

Alsfeld: Oekonomus der Universitätsvogtei daselbst, Herr Ferdinand Christian Vollhard.

Kontrolleur und Fruchtmesser, Herr Johann Konrad Hartmann.

Beuern, im Busecker Thal: Universitätsförster, Herr Johannes Schön.

Gladenbach: Oekonomus der Universitätsvogtei Marburg, Herr Philipp Henrich Krebs, Amtssekretär.

Grünberg: Oekonomus der Universitätsvogtei daselbst, Herr Karl Christ. Konrad Hofmann.

Kontrolleur, Herr Henrich Daniel Ottmann.

Fruchtmesser, Herr Johann Benedikt Weller.

Dessen Adjunkt, Herr Johann Henrich Weller.

Ringelhausen, Amts Nidda: Universitätsförster, Herr Johannes Reichard.

Deitsberg, Amts Grünberg: Universitätsförster, Herr Johann Henrich Bach.

Klas-

Klassenlotterie.

Generalintendant.

Ihro Excellenz, Reichsfreiherr Franz Ludw. Gottfried von Lehmann, geheimer Rath.

Generaladministration.

Herr Ludwig Friedrich von Wallbrunn, geheimer Rath.
- Georg Wilhelm Panzerbieter, Kammerrath.

Offizianten.

Generaldirektor und Interimskassier, Herr Ludw. Daniel Fuhr, Sekretär.
Buchhalter, Herr Johann Ehrenfried Voigt.
Korrespondent, Herr Johann Andreas Schmidt.
- Johannes Vulpius.
Expedient, Herr C. F. Wolff.
- Georg Wilhelm Gerth.
Zwei Mitglieder des löblichen Stadtraths versehen die Kontrolle.

Auswärtige Dienerschaft.

Berlin: Resident, Herr Recker, geheimer Rath.
Frankfurt: Kreisgesandter, Herr Franz Wilhelm Freiherr von Wiesenhütten, geheimer Rath.
Resident, Herr Joh. Friedrich Purgold, wirklicher Hofrath.
Posthalter, Herr Ludwig Klees.
Hamburg: Rath und Agent, Herr Friedr. Rolfs.

Regensburg: Komitialgesandter, Herr Karl Ludwig von Schwarzenau, geheimer Kriegs- und Legationsrath.

Legationssekretär, Herr Ludwig Georg Barriedel, Legationsrath.

Wetzlar: Kammergerichtsprokurator und Vogt daselbst, Herr Daniel Angelus Sipman, Hofrath.

Vogteisekretär, Herr Christian Friedrich Wilhelm Held.

Wien: Gesandter, Herr Ludw. Friedr. von Jan, Legationsrath.

Reichshofrathsagent, Herr von Hafner.

Pensionärs.

Herr Reinhard Eyffert, Stallverwalter.
 = Gottlieb Christoph Gaupner, Oberbereiter.
 = Adam Hafermann, Haushofmeister.
 = Johann Daniel Hermanni, gewesener Regierungsrath.
 = Johann Adam Hof, Fasanenmeister.
 = N. N. Jäger, geheimer Rath.
 = Johann Kaspar Müller, Oberhofgärtner.
 = Johann Konrad Müller, Kammerrath.
 = Gottlieb Ludw. Wilh. Karl von Nordecken, zur Rabenau, Jägermeister.
 = Johann Eberhard Stauch, Mundschenk.

Karakte-

Karakterisirte Personen.

Herr Johann Philipp Becker, Hofkommissär.
- N. N. von Breidenstein, Oberforstmeister.
- D. Christ. Ludwig Wilhelm Buff, Hofrath.
- Franz Anton Cavalli, Commercienrath.
- Anselm Karl Chelius, Rath.
- Wilhelm Adam von Curti, Jägermeister.
- Johann Eckstein, peinlicher Gerichtsassessor.
- Adam Elwert, Oberschultheiß.
- August Christian Frank, Landkommissär.
- N. N. Germann, Landkommissär.
- Goy, Hofrath.
- Jak. Cornelius Grimm, zu Eisenach, Hofrath.
- Johann Jakob Herz, Wegkommissär.
- Johann Henrich Hill, Marschkommissär.
- Joh. Sam. Hofmann, Kammersekretär.
- Friedr. Reinh. Koch, Amtsverweser.
- von Krechting, Forstmeister.

Frau Wilhelmine von Krechting, geb. von Schenk, geheime Räthin.

Herr Heinrich Ludwig Kriegsmann, Rath.
- D. Luther, Hofrath.
- Franz von Lynker, geheimer Legationsrath.
- Georg Friedrich May, Regierungsrath.
- D. Roseder, Hofrath.
- Hans Herm. Jakob Müller, Kammerassessor.
- Philipp Anton Neuhaus, Marschkommissär.
- Joh. Henrich Nungesser, Proviantkommissär.
- von Ohlenschlager, Oberforstmeister.
- N. N. von Pöllnitz, Oberamtmann.
- L. G. W. F. Renz, Kommerzienrath.
- Bernhard Christoph Scherer, Hofkommissär.
- Joh. Daniel Scherer, zu Offenbach, Hofrath.
- D. Schiller, zu Frankfurt, Rath.
- Phil. Wilh. Henr. Schott, Oberschultheiß.

Herr

Herr Johann Kaspar Schuchard, Landkommissär.
- Ernst Schuchard, Kommerzienkommissär.
- J. B. Schuße, Hofrath.
- Christian Friedrich Seidel, Hoffammerrath.
- N. N. Seiferheld, in Schwäbischhalle, Hofrath.
- Renat. Leopold Christ. Karl von Senkenberg, Regierungsrath.
- D. Joh. Gerhard Stammel, Hofrath.
- N. N. von Stevesand, Legationsrath.
- Wilhelm Stöckicht, Bergkommissär.
- Georg Friedrich Teuthorn, Hofrath.
- Johann Gottfried Verdier, Hofrath.
- Karl Wachter, Hofrath.
- Johann Christian Welker, Landkommissär.
- J. L. Wenk, Kommerzienrath.

II. **Kollegia und Anstalten ꝛc.**, welche sich blos über denjenigen Theil des Landes erstrecken, welcher die Ober= und Niedergrafschaft Katzenellenbogen, Herrschaft Epstein und die gemeinschaftlichen Aemter Umstadt und Kürnbach begreift.

Regierung zu Darmstadt.

Direktor.
Ihro Excellenz, Reichsfreiherr Christ. Harm. Samuel von Gatzert, geh. Rath. (s. oben.)

Regierungsräthe.
Herr Friedr. Theoph. Schmitt, auch Kommissarius in den Postsachen, geh. Reg. Rath.
 = D, Georg Konrad Stockhausen.
 = Johann Wilhelm Rays.
 = Johann Jakob Brade.
 = Johann Friedrich Strecker.
 = Georg Ludwig May.
 = Friedrich Justinian von Günderrode.

Regierungsreferendar.
Herr Karl Philipp Christian Hanitzsch.

Regierungssekretärs.
Herr Christ. Karl Hesse, Regierungsassessor.
 = Johann Friedrich Miltenberg.
 = Georg Christoph Follenius.
 = Justus Jakob Reh.
 = Georg Ludwig Schmalcalder.
 = Justus Daniel Vietor.
 = Balthasar Siebert.

Acces=

Accessisten.

Herr Christ. Wilh. Ludw. Buchner, Reg. Sekretär.
- Ernst Schmalcalder, Kanzleisekretär.
- Johannes Martin.
- Friedrich Philipp Ludwig Reuling.
- Daniel Arnoldi.

Regierungsregistratoren.

Herr Johann Friedrich Dörr.
- Ludwig Christian Hohenschild.

Regierungskanzellisten.

Herr Ludwig Friedrich Seitz, Botenmeister.
- Philipp Henrich Kuhn.
- Ludwig Weyland.
- Johannes Zimmer.

Accessisten.

Herr Johann Georg Müller.
- Gottfried Jockel.
- Friedrich Wilhelm Bauer.
- Christian Jakob Rabenau.
- Christ. Wilh. Gottl. Lattermann.

Regierungskanzleidiener.

Friedrich Berres.
Christoph Wamser.

Sessionen sind Mondtags, Dienstags, Freitags und Samstags; Audienzen alle 14 Tage Mittwochs Morgens.

Regierungsadvokaten und Prokuratoren.

Herr Christ. Philipp Karl Weizel, Vormundsrath.
- Johann Zacharias Pluß, Rath.
- Ernst Christian Praun, Prozeßrath.
- Wilhelm Ludwig Hofmann, Hofrath.

Herr

Herr Joh. Christoph Friedr. Stockhausen, Hofrath.
- Johann Friedrich Schlechter, Auditeur.
- Leonhard Schnauber.
- Johann Karl August Schneider.
- Philipp Ludwig Schmitt, Stadtsyndikus.
- Karl Immanuel Schmoll.
- Karl Friedrich Brill.
- Wilhelm Albert Würtenberger.
- N. N. Hammes, zu Braubach.
- Friedrich Christian Hesse.
- Christoph Pistor.
- Friedrich Schenk, Auditeur.
- Christian Wilhelm Koch.
- Philipp Moriz Wittich.
- Friedrich August Balser.
- Johann Philipp Müller.
- Christian Friedrich Frosch.
- Ludwig Wilkens.
- Georg Friedrich Sell.
- Friedrich Wilhelm Vollhard.

Immatrikulirte Notarien.

Herr Johann Friedrich Dörr.
- Ludwig Weyland.
- Veit Philipp Lenz.
- Karl Friedrich Becker, zu Braubach.
- Joh. Ludwig Friedrich Frohwein, daselbst.
- Philipp Müller, Regierungsadvokat.

Collegium medicum.
(Fürstl. Regierung untergeordnet.)

Herr geheime Rath D. Hesse.
- geheime Rath D. Cartheuser.
- Leibmedikus D. Balser.
- D. Nöllner.
- D. Thom.

Herr Hofrath D. Hesse, jun:
- Hofmedikus D. Bader.
- Kammerassessor Anton Merk.
- Assessor Joh. Wilh. Ehrhard.

Peinliches Gericht zu Darmstadt.
(Fürstl. Regierung untergeordnet.)

Peinlicher Richter.
Herr Johann Christoph Sumpf, Kriminalrath.

Peinliche Gerichtsassessoren.
Herr Christ. Philipp Karl Weizel, Vormundsrath und Berechner der Kriminalkasse.
- Johann Zacharias Karl Pluß, Rath.
- Georg Wilh. Ernst Hertel, Konsistorialrath.

Peinliche Gerichtschöffen.
Herr Joh. Philipp Schmitt, Rathsverwandter.
- Joh. Valentin Hessemer, Rathsverwandter.

Sekretär.
Herr Joh. Friedrich Miltenberg, Reg. Sekretär.

Advokatus Fisci und Prokurator.
Herr Wilhelm Ludwig Hofmann, Hofrath.

Defensor.
Herr Joh. Christ. Friedr. Stockhausen, Hofrath.

Stockhausmedikus, Herr Hofmedikus D. Bader.
Prediger, die beiden jüngsten Stadtpfarrer und sämtliche Kandidaten in der Stadt.
Stadtwachtmeister, Herr Johann Daniel Wolf, Stadthauptmann.
Stockhauschirurgus, Herr Henrich Konrad Jahn,

Stockhausverwalter, Herr Johann Georg Knecht.
Peinlicher Gerichtsdiener, Peter Luft.
Scharfrichter, Herr Christian Schönbein, zu Bessungen.

Konsistorium zu Darmstadt,
nebst dessen Dependenz.

Direktor.
Ihro Excellenz, Freiherr Franz Ludwig Gottfried von Lehmann, geheimer Rath.

Konsistorialräthe.
Herr D. Joh. August Stark, Oberhofprediger.
- Joh. Friedrich Daniel Olff, Superintendent.
- Johann Wilhelm Rays, Regierungsrath.
- Johann Jakob Brade, Regierungsrath.
- Joh. David Krämer, Inspektor zu Reinheim.
- Helf. Bernh. Wenk, Direktor des Pädagogs.
- M. Georg Wilhelm Petersen, Hofprediger.
- Georg Wilhelm Ernst Hertel, auch Kirchenkastenrechnungsrevisor.

Sekretärs.
Herr Joh. Friedrich Lorenz Schulz, Regierungs- und Lehenssekretär.
- Justus Jakob Reh, Regierungssekretär.

Sekretariatsaccessist.
Herr Johannes Martin.

Registrator.
Herr Ludwig Weidig.

Kanzellisten.
Herr Franz Friedr. Wilhelm Seitz, Botenmeister.
 = Johann Georg Krebs.

Accessist.
Herr Johannes Kärcher.

Kanzleidiener.
Friedrich Berres.
Christoph Wamser.

Die Sessionen werden Donnerstags gehalten.

Definitorium zu Darmstadt.
Direktor.
Ihro Excellenz, Freiherr Franz Ludwig Gottfried
    von Lehmann, geheimer Rath.

Definitoren.
Herr D. Johann August Stark, Oberhofprediger.
 = Joh. Friedrich Daniel Olff, Superintendent.
 = Joh. David Krämer, Inspektor zu Reinheim.
 = Helfr. Bernh. Wenk, Direktor des Pädagogs.
 = M. Georg Wilhelm Petersen, Hofprediger.

Examinirte Kandidaten.
Herr Henrich Jakob Dingeldei, von Neunkirchen.
 = Georg Karl Benj. Ayrer, von Gräfenhausen.
 = J. P. L. Snell, von Dachsenhausen, (ist ordin.)
 = Peter Karl Frey, von Pfungstadt.
 = Joh. Tobias Sinnigsohn, von Darmstadt.
 = Ludwig Wilhelm Meyer, von Breckenheim.

  Am 1sten Nov. 1791 examinirt:
Herr Ludw. Immanuel Snell, aus Dachsenhausen.
 = Friedrich Ludwig Draudt, aus Niedermodau.
 = Johann Michael Vogel, aus Stockstadt.

                                            Am

Am 1ſten Sept. 1792 examinirt:
Herr Karl Wilhelm Haberkorn, aus Darmſtadt.
Am 22ſten Jan. 1793 examinirt:
Herr Joh. Philipp Förſter, aus Darmſtadt.
– Joh. Dietrich Stumb, aus Roßdorf.
Am 22ſten May 1793 examinirt:
Herr Ernſt Dittmar, aus Neunkirchen.
– Henrich Schober, aus Darmſtadt.
Am 16ten Jun. 1794 examinirt:
Herr Ludw. Ad. Dieſenbach, aus Dietzenbach.
– Georg Phil. Ernſt Grandhomme, aus Grießheim.
– Henrich Phil. Hornung, aus Wolfskehlen.

Prediger und Schullehrer in der Ober- und Niedergrafſchaft Katzenellenbogen, Herrſchaft Epſtein, Oberamt Umſtadt und Vogtei Kürnbach.

Mehrere Orte zuſammengeklammert, bedeutet, daß die nachſtehenden Orte Filiale von den vorſtehenden ſind.

Superintendent.
Herr Joh. Friedrich Daniel Olff. (ſiehe oben.)

Reſidenz Darmſtadt.
Die Hofkapelle ſiehe bei dem Hofſtaat.

Bei der Stadtkirche daſelbſt.
Erſter Stadtpfarrer, Hr. Friedr. Chriſtoph Kyritz.
Zweiter, Herr Johann Wilhelm Lichthammer.
Dritter, Herr Johann Anton Reuling.
Freiprediger, Hr. Theoph. Chriſt. Friedr. Scriba.
Organiſt, Herr Johann Adam Langheintz.
Kirchendiener u. Glöckner, Hr. Karl Ludw. Müller.

Bei dem Waisenhaus daselbst.
Prediger, vacat.
Schulmeister, Herr Joh. Peter Karl Seibert.

Bei der evang. reformirten Gemeinde das.
Pfarrer, Herr Johannes Bähr.
Schulmeister, Herr Johann Heinrich Dauber.

Bei der römisch-katholischen Gemeinde.
Pfarrer, Hr. Peter Siard Haßlacher, Kanonikus zu Arnstein.

Kollektorei.
Kollektor, Hr. Karl Wilh. Becker, Kammersekretär.

Bei dem Pädagog daselbst.
Ordentliche Lehrer.
Direktor und erster Lehrer, Herr Helfr. Bernhard. Wenk, Konsistorialrath.
Prorektor, Herr Johann Georg Zimmermann.
Subrektor, Herr Ernst Ludwig Sartorius.
Konrektor, Herr Georg Andreas Frey.
Subkonrektor, Hr. Friedrich Ludw. Wagner.
Kollaborator und Kantor, Herr Johann Georg Portmann.

Ausserordentliche Lehrer.
Schreibkunst: Herr Johann Henrich Müller, Kanzleisekretär.
Musik: Herr Schwarz, Kammermusikus.
Französische Sprache: Herr Claude Burtin.
Zeichenkunst: Herr Johann Tobias Eckhard.
Pedell, Ernst Ludwig Wolf.

Stadtschule daselbst.
Erster Stadtpräceptor, Herr Johannes Keim.
Zweiter, Herr Johann Balthasar Walther.
Dritter, vacat.

Frei-

Freischule daselbst.

Knabenschullehrer, Ludwig Sprenger.
Mädchenschullehrer, Hr. Reinh. Jul. Sumpf.

Diöces Darmstadt.

Arheilgen, nebst den dahin gehörigen Mühlen, Ziegelhütten, Forsthäuser, u. dem Jagdschloß Kranichstein: Pfarrer, Hr. Gottl. L. Scriba.
Schulmeister, Hr. Johann Georg Michael.
Bessungen, nebst Jagdhaus am Böllenfallthor: Pfarrer, Hr. Joh. Phil. Wiener.
Schulmeister, Hr. Friedr. Wilh. Vigelius.
Eberstadt und die dazu gehörige Mühlen: Pfarrer, Hr. Johannes May.
Schulmeister, Hr. Johann Peter Dingeldei.
Eschollbrücken: Pfarrer Hr. J. H. Lindenborn.
Schulmeister, Hr. Joh. Justus Weber.
[Gräfenhausen, nebst einigen Mühlen: Pfarrer, Hr. Benjamin Ayrer.
Schulmeister, Hr. Federlin.
Schneppenhausen und 1 Mühle:] Schulmeister, Hr. Christian Heuß.
Griesheim: Pfarrer, Hr. Joh. Christ. Friedrich Grandhomme.
Knabenschullehrer, Hr. Joh. Konrad Schäfer.
Mädchenschullehrer, Hr. Joh. Nik. Hasselbaum.
Assistent, Hr. Georg Phil. Röhring.
Hahn und Eich: Pfarrer, Hr. Karl Julius Wagner, (siehe Pfungstadt.)
Schulmeister, Hr. Johann Georg Werner.
[Niederbeerbach, Malchen, Frankenstein und die zum Dorf gehörende Mühlen: Pfarrer, Hr. Phil. M. Scriba.
Schulmeister, Hr. Joh. Paul Elbert.
Adjunkt, Hr. Georg Paul Sebastian Gerlach.

Oberbeerbach, Schmalbeerbach, Stettbach und
einige Höfe:] Schulmeister, Hr. J. P. Maul.
Niederramstadt, Traisa, Waschenbach, nebst den
Mühlen: Pfarrer, Herr Henr. Justus Kaiser.
Schulmeister, Hr. Johann Hechler.
Pfungstadt und die dazu gehörende Mühlen: Pfarrer, Hr. Gotthilf Hieronymus Amelung.
Kaplan, Hr. Karl Jul. Wagner. (s. Hahn.)
Präceptor der Knaben, Hr. Friedrich Ludwig
Waur. Flick.
Präceptor der Mädchen, Hr. Johann Gangloff,
auch Organist.
Weiterstadt, Hof Gehaborn und Braunshard:
Pfarrer, H. Christ. Phil. Henrich Kaiser.
Schulmeister, Hr. Phil. Henr. Geißler.
[Wixhausen, nebst dem Hof Sensfelden und einige Mühlen: Pfarrer, Hr. Ludw. Fr. Baur.
Schulmeister, Hr. Johann Daniel Beck.
Erzhausen:] Schulmeister, Hr. Nik. Kuhlmann.

Diöces Dornberg.

Inspektor, Hr. Georg Sebastian Friedrich Schott,
Pfarrer zu Crumstadt.

Pfarrer und Schullehrer.

Biebesheim, Lusthausen - und Hospital - oder
Waldmühle: Pfarrer, Hr. Anton Dittmar.
Knabenschullehrer, Hr. Joh. Henrich Gangloff.
Mädchenschullehrer, Hr. Joh. Christ. Kölsch.
Crumstadt, Wasserbiblos, Gräbenbruch, Bruchmühle und Hospital Hofheim: Pfarrer,
(s. oben Inspektor.)
Präceptor, Hr. Johann Georg Neuenhagen.
Dornheim: Pfarrer, Hr. Ernst Ludwig Engel.
Präceptor, Hr. Christ. Phil. Walther.

[God-

[Goddelau: Pfarrer, Hr. Fr. Reinh. Rautenbusch.
Präceptor, Hr. Joh. Leonhard Heberer.
Erfelden:] Schulmeister, Hr. Joh. Konr. Vogel.
Leeheim, der Kammerhof, Knoblochsau- und
Plattenhaus und die 3 Eberbachische Höfe
Bensheim, Heina und Riedhausen: Pfarrer,
Hr. Karl Wilhelm Vietor.
Präceptor, Ludw. Phil. Ernst Mitzenius.
Stockstadt, Mühlwörtshof und einige Mühlen:
Pfarrer, Hr. Friedr. Christ. Grandhomme.
Schulmeister, Hr. Ernst Immanuel Grimm.
Wolfskehlen, Weilerhof und Ziegelhütte: Pfarrer, Hr. Johann Hektor Walther.
Schulmeister, Hr. Joh. Henrich Hornung.

Diöces Kelsterbach.

Inspektor, Hr. Georg Christoph Göbel, Pfarrer zu Nauheim.

Pfarrer und Schullehrer.

Egelsbach und eine Mühle: Pfarrer, Hr. Georg Karl Castritius.
Schulmeister, Hr. Johann Nikolaus Rüster.
Ginsheim: Pfarrer, Hr. Peter Lauer.
Schulmeister, Hr. Johann Henrich Werner.
Kelsterbach, nebst der Ziegelhütte und einigen Mühlen: Pfarrer, Hr. Ernst Ludw. Wilh. Vötk.
Schulmeister, Hr. Joh. Pet. Kaffeberger.
Langen, Koberstadt und einige Mühlen: Pfarrer, Hr. Ludwig Schneider.
Diakonus und Schullehrer, Hr. Joh. Christ. Theod. Göbel.
Schulmeister, Hr. Joh. Konrad Werner.
Mörfelden, Gundhof und eine Mühle: Pfarrer, Hr. Karl Ludwig Fabricius.
Schulmeister, Hr. Johannes Jungmann.

Nauheim und eine Mühle: Pfarrer, (siehe oben
 Inspektor.)
 Schulmeister, Hr. Johann Martin Metzler.
Waldorf: reform. Pfarrer, Herr Stephan Franz
 Fuchs, emer.
Assistent, Herr Peronne Roques.
Schullehrer, Herr Pierre Basset.

Diöces Lichtenberg.

Inspektor, Hr. J. Dav. Krämer, Konsistorialrath,
 Definitor u. Pfarrer zu Reinheim u. Ueberau.

Pfarrer und Schullehrer.

[Grosenbieberau und Hippelsbach: Pfarrer, Herr
 Phil. Gerl. Kröll.
 Diakonus und Präceptor, Hr. Philipp Peter
 Ayrer, auch Prediger zu Lichtenberg.
 Organist, Vorsänger und Glöckner, Herr Georg
 Schiemer.
Obernhausen, Kirnbach, Niederhausen, Lichten=
 berg, Nonnerod und Billings: Schulmeister,
 Hr. Joh. Ludwig Horr.
Rodau hält einen unbeständigen Winterschulmei=
 ster, Meßbach gleichfalls, Steinau desglei=
 chen, nebst den zu diesen Orten gehörenden
 Mühlen.]
Gundernhausen, nebst Höfen und Mühlen: Pfar=
 rer, Hr. Phil. Christ. Sartorius.
Schulmeister, Hr. Johann Christian Göbel.
Adjunkt, Hr. Johann Michael Göbel.
[Neunkirchen: Pfarrer, Hr. Christ. Friedr. Klein;
 es hält einen unständigen Schulmeister.
Brandau: Schulmeister, vacat.
Asterbshofen und Horhohl: Schulmeister, Herr
 Johann Ludwig Höhner.

Herchen=

Herchenrode: hält einen unständigen Lehrer.
Kleingumpen: Schulmeist. Hr. J. G. Glaser, emer.
Schulmeister, Hr. Johann Nikolaus Glaser.
Laudenau: Schulmeister, Hr. Joh. Theob. Glaser
Lützelbach: hält einen unständigen Schulmeister.
Reutsch: hält einen unständigen Lehrer.
Winterkasten:] Schulmeister, Hr. J. N. Bärtel.

Ausserdem halten sich auch in Ansehung der besondern Seelsorge die lutherischen Einwohner aus einigen Orten des kurpfälzischen Oberamts Lindenfels freiwillig zur Pfarrei Neunkirchen, welche aber ihre Kinder in die dasige reformirte Schulen schicken.

Neunkircher Presbyterium,
so unter dem jetzigen Pfarrer steht.

Kirchenvorsteher.

Herr Joh. Rausch, von Laudenau.
= Joh. Arras, von da.
= Joh. Adam Trautmann, von Kleingumpen, emeritus.
= Joh. Balz, von Herchenrode.
= Joh. Jakob Roßmann, von Hoxhohl.
= Joh. Adam Keil, von Winterkasten.
= Joh. Samuel Weber, von Brandau.
= Joh. Kirchbaum, von Winterkasten.
= Joh. Georg Seeger, von Brandau.
= Joh. Peter Bickelhaupt, von Allertshofen.
= Joh. Peter Müller, von Reutsch.
= Joh. Konrad Feigl, von Brandau.
= Joh. Peter von Stein, von Kleingumpen.
= Joh. Adam Roßmann, von Lützelbach.
= Joh. Balth. Kaffenberger, von Kleingumpen.
= Joh. Nik. von Stein, Kastenmeister.

Glöckner und Kirchendiener im ganzen Kirchspiel, Hr. Joh. Georg von Stein.

[Niedermodau: Pfarrer, Hr. Georg Ludw. Fröbel.
Schulmeister, Hr. Joh. Henrich Müller.
Obermodau: Schulmeister, vacat.
Ernsthofen: Schulmeister, Hr. Johann Hechler.
Aßbach: Schulmeister, Hr. Joh. Ludw. Weber.
Kleinbieberau, Webern und Rohrbach (die Lutheraner), nebst den zu diesen Orten gehörenden Höfen und Mühlen:] Schulmeister, Hr. Johann Henrich Döngel.

Ober=

[Oberramstadt, nebst dazu gehörenden Mühlen und dem Hof Obertraißa: Pfarrer, Hr. Johann Friedrich Scriba.

Präceptor, Hr. Philipp Henrich Lattermann.

Schulmeister, Hr. N. N. Berz.

Frankenhausen: Schulmeister, Hr. Andr. Bauer.

Wembach und Hahn (die Lutheraner), nebst der Teichmühle:] Schulmeister, Hr. J. L. Meyer

[Reinheim und Jübach, nebst 1 Mühle: Pfarrer: (s. oben Inspektor.)

Kaplan und Schullehrer, Hr. Joh. Schleines, Pfarrer zu Ueberau.

Ueberau:] Schulmeister, Hr. Johann Diehl.

Rohrbach, Wembach und Hahn: reformirter Pfarrer, Hr. Johann Philipp May.

Schulmeister, Hr. Benjamin Helaine.

Roßdorf, Leimenhaus, Fuchsenhütte und einige Mühlen: Pfarrer, Hr. Johann Georg Netz.

(Vor Zeiten waren Groszimmern, Habitzheim und Spachbrücken Filiale von Roßdorf.)

Präceptor, Hr. Georg Ernst Heberer.

Wersau, Bierbach, 1 Ziegelhütte und einige Mühlen: Pfarrer, Hr. Ernst Friedrich Wagner,

Schulmeister, Hr. Johann Konrad Dönges.

Diöces Rüsselsheim.

Inspektor, Hr. Georg Nikolaus Wiener, Pfarrer zu Grosgerau.

Pfarrer und Schullehrer.

Bauschheim: Pfarrer, Hr. Joh. Friedrich Merle, auch Diakonus zu Trebur.

Schulmeister, Hr. Johann Philipp Werner.

Bischofsheim am Main: Pfarrer, Hr. Friedrich Wilhelm Bichmann.

Schulmeister, Hr. Johann Philipp Opel.

Assistent, Hr. Phil. Christian Opel.

Büttel=

Büttelborn: Pfarrer, Hr. Georg Ludwig Textor.
Schulmeister, Hr. Wilhelm Christian Sahlfeld.
[Großgerau, Wogsdamm, Niklaspfort and Strasenmühle: Pfarrer, (s. oben Inspektor.)
Diakonus, Hr. G. L. Textor, (s. Büttelborn.)
Präceptor der Knaben, Hr. Joh. Vulpius.
Präceptor der Mädchen, Hr. N. N. Federlin.
Dornberg: hat keinen eigenen Schulmeister.
Wallerstätten, Rheinfelden und 1 Mühle: Mitprediger u. Präceptor, Hr. Joh. Georg Phil. Sell.
Bergkach: Schulmeister, Hr. Johannes Lochmann.
Kleingerau und einige Mühlen: Schulmeister, Hr. Philipp Wilhelm Opel.
Worfelden und einige Mühlen:] Schulmeister, Hr. Joh. Leonhard Ludwig.
Königstätten, nebst dem Forsthaus: Pfarrer, Hr. Philipp Friedrich Stuber.
Schulmeister, Hr. Johann Leonhard Simon.
Raunheim, nebst 1 Forsthaus und 1 Ziegelhütte: Pfarrer, Hr. Gottfried Henrich Ober.
Schulmeister, Hr Friedr. Balthasar Steinicke.
Rüsselsheim, Schönau und 1 Ziegelhütte: Pfarrer, Herr Joh. Christian Kärcher.
Präceptor, Herr Johann Philipp Hill.
Schulmeister der Mädchen und Organist, Hr. Johann Friedrich Dingeldei.
Trebur und die Rheinau: Pfarrer, Hr. L. Martin.
Diakonus, Hr. J. F. G. Merle, (s. Bauschheim.)
Präceptor der Knaben, Hr. Joh. Dan. Engel.
Schulmeister der Mädchen, Hr. Phil. Jak. Mahr.

Diöces Zwingenberg und Seeheim.

Inspektor, Hr. Christian Henrich Zimmermann, Pfarrer zu Bickenbach.

Pfarrer und Schullehrer.

Alspach: Pfarrer, Hr. J. Henr. Jakob Schwaner.
Schulmeister, Hr. Joh. Wilhelm Loos.

[Auer-

[Auerbach, nebst den dazu gehörenden Mühlen:
Pfarrer, Hr. Friedr. Zacharias Joß.
Præceptor und Lehrer der Knaben, Hr. Joh.
Peter Frank.
Schulmeister der Mädchen, Hr. Joh. Christoph
Gerlach.
Hochstätten, nebst den dazu gehörenden Mühlen:]
Schulmeister, Hr. Joh. Peter Büchler.
Hähnlein: Pfarrer, Hr. Fried. Karl Steuernagel.
Schulmeister, Hr. Johann Wilhelm Hechler.
Grosrohrheim und Jägersburg: Pfarrer, Herr
Eberhard Koch.
Knabenschullehrer, Hr. Joh. Friedr. Hechler.
Mädchenschullehrer, Hr. Konrad Stork.
[Schwanheim: Pfarrer, Hr. Ernst Henr. Jäger.
Schulmeister, Hr. Joh. Ernst Denner.
Groshausen: Schulmeister, Hr. J. V. Hasselbaum.
Langwaden: Schulmeister, Hr. Joh. Phil. Ruths.
Rodau:] Schulmeister, Hr. J. Mart. Rudolph.
Zwingenberg: Pfarrer, Hr. J. Jakob Heß.
Mitprediger und Præceptor, Hr. J. Pet. Frank.
Schulmeister der Mädchen, Hr. Adam Speyer.
Beedenkirchen, Wurzelbach und Staffel, nebst
einigen Mühlen: Pfarrer, Hr. Friedr. Dan.
Vollhard.
Schulmeister, Hr. Johann Philipp Schmitt.
Bickenbach und Hartenau, nebst dazu gehörenden Mühlen: Pfarrer, (s. oben Inspektor.)
Schulmeister, Hr. Johann Peter Loos.
Assistent, Hr. Friedr. August Loos.
[Jugenheim, nebst verschiednen Mühlen: Pfarrer,
Hr. Georg Karl Wilhelm Pistor.
Schulmeister, Hr. Georg Philipp Beck.
Balkhausen und Felsberg:] Schulmeister, Herr
Johann Christoph Jung.

See-

Seeheim, nebst verschiedenen Mühlen: Pfarrer, Hr. Friedrich Karl Krauß.
Schulmeister, Hr. Joh. Jakob Ganzert.

Diöces Braubach und Katzenellenbogen.

Inspektor, Hr. M. Johann Peter Snell, Pfarrer zu Dachsenhausen.

Pfarrer und Schullehrer.

Braubach, nebst Vestung Marxburg: Pfarrer, Hr. Johann Christian Röhling.
Diakonus und Schullerer, Hr. Franz Jakob Weisenbruch.
Kantor und Schullehrer, Hr. Joh. Fr. Hammes.
Kollektor, vacat.
Dachsenhausen, nebst den Höfen Hinterwald, Ober= und Niederfalkenborn und 2 Mühlen, Pfarrer, (s. oben Inspektor.)
Schulmeister, Hr. Philipp Justus Christfreund.
[Ems und Bad Ems: Pfarrer, Hr. Christ. Fried. Schetky.
Schulmeister, Hr. Friedr. Emilius Schneider.
Adjunkt, Hr. N. N. Schneider.
Kemmenau:] Interimsschulmeister, Herr Karl Christian Emmert.
Gemmerich, Pfarrer, Hr. Georg Friedr. Heß.
Schulmeister Hr. Johannes Sahlfeld.
Gutenacker: ist nach Kirdorf im Hessenkasselischen eingepfarrt.
[Klingelbach, Ebertshausen, Schelbusch, die F. Hessenkasselische Orte Ergershausen u. Herald, nebst den ritterschaftlichen Höfen Bleidenbach: Pfarrer, Hr. Ludwig Anton Wilhelm Sell.
Schulmeister, Hr. Philipp Peter Seibert.
Katzenellenbogen, Allendorf, Mittel= und Niederfischbach:] Präceptor, Hr. N. N. Thurn.

Ober=

Oberfischbach, nach Ackerbach im Fürstl. Hessenkasselischen eingepfarrt; Schulmeister, Hr. N. N. Roßwurm.
Schönborn und Schaufertser Hof: Pfarrer, Hr. Georg Wilhelm Christ. Bach.
Schulmeister, Hr. Johann Friedr. Groß.
Der Hof Beerbach ist ins Schaumburgische eingepfarrt.

Diöces Epstein.

Inspektor, vacat.

Pfarrer und Schullehrer.

[Breckenheim, nebst 2 Mühlen: Pfarrer, vacat.
Adjunkt, Hr. Johannes Meyer.
Schulmeister, Hr. Joh. Konrad Dönges.
Medenbach: Schulmeister, Hr. N. N. Dietz.
Wildsachsen:] Schulmeister, Hr. Ludwig Benack.
Delkenheim, nebst 2 Mühlen: Pfarrer, Hr. Joh. Ludwig Pilger.
Schulmeister, Hr. Karl August Kramer.
Diedenbergen: Pfarrer, Hr. Joh. Henr. Vogler.
Schulmeister, Hr. Johann Henrich Keim.
Epstein, Bauhof zum Heusel, Her. nmühle: Pfarrer, Hr. Johann Gottfried Winter.
Schullehrer, Hr. Johannes Schäfer.
Igstadt, nebst einer Ziegelhütte und einigen Mühlen: Pfarrer, Hr. Johann Daniel Frey.
Schullehrer, Hr. Johann Nikolaus Klöß.
Adjunkt, Hr. Philipp Jakob Klöß.
[Lorsbach, nebst 2 Mühlen: Pfarrer, Hr. Joh. Martin Reh.
Schullehrer, Hr. Johann Konrad Schäfer.
Langenhain:] Schullehrer, Hr. Joh. Peter Klöß.
Massenheim, nebst 2 Mühlen und einer Ziegelhütte: Pfarrer, Hr. Georg Daniel Justus Graul.
Schullehrer, Hr. Johann Martin Kpriß.

Norden=

Nordenstadt und Mechtilshausen: Pfarrer, Hr.
 Johann Henrich Stannarius.
 Schullehrer, Hr. Joh. Phil. Gottfr. Walther.
[Oberliederbach, Hausen vor der Sonn, nebst 3
 Mühlen: Pfarrer, Hr. Gottl. Christ. Keim.
 Schullehrer, Hr. Johann Ludwig Petermann.
Unterliederbach und 2 Mühlen:] Schullehrer,
 Hr. Johann Adam Reiß.
Wallau, nebst 2 Mühlen: Pfarrer, Hr. Johann
 Jakob Nieß.
 Landdiakonus, Hr. Jakob Fliedner.
 Schullehrer, Hr. Konrad Wilhelm Amelung.

Diöces Umstadt.

Pfarrer und Schullehrer.

[Umstadt: Oberpfarrer, Pfarrer zu Semd, Ri-
 chen und Raybach: Herr Johann Christian
 Scriba, Inspector der Diöces Schafheim.
 Zweiter Pfarrer, Hr. M. Franz Knös, auch
 Pfarrer zu Kleinumstadt und Amorbach.
 Mitprediger und erster Stadtpräceptor, Hr.
 Friedrich Bergmann, Vikarius zu Raybach.
 Zweiter Stadtpräceptor und Organist, Herr
 Johann Daniel Gangelöf.
 Dritter Stadtpräceptor und Glöckner, Herr
 Henrich Jakob Heusser.
Amorbach: Schullehrer, Hr. Karl. Friedr. Busch-
 baum.
Kleinumstadt: Schullehrer, Hr. Johann Valen-
 tin Erdmann.
Raybach: Schullehrer, Hr. Wilhelm Wolf.
Richen: Schullehrer, Herr Johannes Escher.
Semd:] Präceptor, Hr. Johannes Jung.
 Adjunkt, Hr. Henrich Kühn.
Großzimmern: Pfarrer, Hr. Karl. Phil. Gerner.
 Schulmeister, Hr. Joh. Nikolaus Fischer.

Diöces

Diöces Kurnbach.

Kurnbach: gemeinschaftlicher Pfarrer, Hr. Joh. Friedrich Bauser.

Gemeinschaftlicher Schullehrer, Herr Johann Martin Bodamer.

Residenz Darmstadt.

a) Polizeideputation.

Herr E. Ludw. Freiherr von Freudenberg, Generalmajor.
- Johann Jakob Brade, Regierungsrath.
- Johann Ludwig Martin, Kammerrath.
- Georg Friedrich Helfmann, Rath.
- Georg Henrich Lehr, Amtsverwalter.

Polizeiinspektor und Sekretär.

Herr Georg Christian Klunk.

Ausserdem:

Herr Joh. Phil. Schmitt, Rechner der Quartier- und Laternengelder, Rathsverwandter.
- Johann Friedrich Ortenburger, Rechner der Fürstl. Polizeikasse.

Polizeiwachtmeister, Herr Andreas Kraft.
Vier Polizeiknechte: Kern, Niederhöfer, Engel und Hahn.

Session ist Freitags Nachmittags.

b) Armendeputation.

Herr Ernst Ludwig Freiherr von Freudenberg, Generalmajor.

Herr

Herr Johann Jakob Brade, Regierungsrath.
 - Johann Ludwig Martin, Kammerrath.
 - Georg Henrich Lehr, Amtsverwalter.
Der die Woche habende Geistliche.
Herr Georg Christian Klunk, auch Inspektor und
 Sekretär.
Der zeitige Oberbürgermeister.
Herr Joh. Philipp Schmitt, Rathsverwandter.
 - Joh. Fried. Orttenburger, Rathsverwandter.
 - N. N. Zöppritz sen. als Deputirter der Bürgerschaft.

Rechner.

Herr Karl Wilh. Becker, Kamersekretär u. Kollektor.
Armenvogt: Nieder.

Session ist Freitags.

c) Zuchthausdeputation.

Herr Ernst Ludw. Freihr. v. Freudenberg, (s. oben.)
 - Johann Jakob Brade, Regierungsrath.
 - Johann Ludwig Martin, Kammerrath.
 - Georg Henrich Lehr.
Inspektor u. Sekretär, Hr. Georg Christ. Klunk.
Medikus, Hr. D. Ludw. Leonh. Bader, Hofmedikus.
Prediger, die beiden jüngsten Stadtpfarrer
 und sämtliche Kandidaten in der Stadt
 wechselsweise.
Verwalter, Herr Johann Georg Knecht.
Chirurgus, Herr Henrich Konrad Jahn.
Arbeitsmeister, Hr. Johann Georg Schoppach.
Zuchtmeister, Peter Luft.

d) Waisenhausdeputation.

Herr Hertel, Konsistorialrath.
 - Martin, Kammerrath.

Herr Klipstein, Kammerrath.
- Kyritz, Stadtpfarrer.
- Joh. Philipp Schmitt, Rathsverwandter.
- Joh Fried. Orttenburger, Rathsverwandter.
Waisenhausmedikus, Herr geh. Rath Hesse.
Adjunkt, Herr Hofrath Hesse.
Waisenhausverwalter, Herr Philipp Jung.
Faktor in der Fabrike, Herr Meyer.

e) Holzmagazindeputation.

Herr Joh. Ernst Kleinschmidt, geh. Kammerrath.
- J. C. Kekule, Kammerrath.
- Georg Wilhelm Panzerbieter, Kammerrath.
Sekretär, vacat.
Holzvogt, Herr Johann Adam Meyer.
Holzsetzer, Nikolaus Schmidt.

f) Stadthospital.

Hospitalmeister, Herr Johann Philipp Schmitt, Rathsverwandter.
- Joh. Val. Hessemer, Rathsverwandter.
Hospitalmedikus, Herr Hofrath Hesse, (s. oben.)
Hospitalchirurgus, Herr Joh. Friedr. Reichenbach.
Hospitalknecht, N. N. Rasch.

g) Magistrat, nebst dessen Dependenz.

Stadtschultheiß, Herr Georg Henrich Lehr, Amtsverwalter, (s. Amt Darmstadt.)
Stadtsyndikus, Herr Philipp Ludwig Schmitt.
Stadtschreiber, Herr Veit Philipp Lenz.
Rathsverwandte: Herr Joh. Justus Sparschneider, Feld- und Bauinspektor, Feldschätzer, Steinsetzer u. Pflastergelderheber.
- Joh. Philipp Schmitt, Steuerkouktor und Vorsteher des Waisenhauses.

Rathsverwandte: Herr Wilhelm Becker, Mehl-
waaginspektor.
- Joh. Valentin Hessemer, Accisinspektor.
- Johann Wilhelm Böhler, Steinsetzer.
- Johann Jakob Schwarz, Hausschätzer.
- Jakob Wilhelm Dambmann.
- Johann Friedrich Orttenburger, Vor-
steher des Waisenhauses.
- Hermann Schwefel.
- Ernst Gottlieb Christian Wiener.
- Joh. Adam Ensling, Schirmaufseher.
- Johannes Kopp.

Gemeine Vorsteher, Herr Melchior Emmel.
- - - Nikolaus Burger.
- - - Georg Reusner.
- - - Wilhelm Metzger.

Session ist Donnerstags.

Stadtphysikus, Herr Hofrath Hesse.
Stadtchirurgus, Herr Henrich Konrad Jahn.
Steinsetzer, Herr Melchior Emmel, auch Feld-
Centschöff und Feldschätzer.
- Johann Philipp Haas.
Marktmeister, Johann Wilhelm Krummel.
Rathsdiener, ebenderselbe.
Stadtwachtmeister, Herr Johann Daniel Wolf,
Stadthauptmann.
Stadtmehlwaagschreiber und Zöllner, Herr Peter
Jakob Seib, Zollverwalter.
Mehlwieger, Ernst Ludwig Klippel.
Fruchtmesser und Wieger, Ernst Genaspen.
Stadtförster, Hr. N. N. Netz.
Thurmmann, Hr. Wilhelm Mangold.
Stadtbrunnenmeister, Hr. Reinhard Sinnigsohn.
Stadtkontrolleur, Hr. Johann Friedrich Dechert.

H 2   Justiz-

Justiz = Kameral = und andre Dienerschaft in den Aemtern der Ober= und Niedergrafschaft Katzenellenbogen ꝛc.

Die bei den Oertern bemerkte Zahlen zeigen die Seelenzahl jedes Orts an.

Amt Darmstadt. (9832.)

(Amtstäge sind Mondtags und Freitags.)

Justizbediente.

Amtsverwalter, Herr Georg Henrich Lehr.
Amtssekretär, Herr Johann Henrich Hartig.
Amtschreibereiaccessist, Hr. Ph. L. Rhumbler.
Amtsdiener, Johann Friedrich Rabenau.

Kameralbediente.

Rentschreiber, Hr. Joh. Konrad Stürz, emer.
Rentmeister, Hr. Friedrich Römmich.
Rentschreiber, Hr. Henrich Siebert.
Trankſteuereinnehmer, Hr. Eberh. Theod. Schulz.
Zehendverwalter und herrschaftl. Fruchtkontrolleur, Hr. Ludwig Eberhard.
Zollbereiter, Hr. Joh. Paul Rückert, zu Bessungen.
   Adjunkt, = Joh. Georg Rückert, daselbst.
Fruchtmesser, Joh. Paul Heß.
Rentei= und Rentschreibereidiener, Joh. Leiser.

Darmstadt, nebst dazu gehörigen Mühlen, Höfen und Häusern ausser der Stadt, 6700.

Ausser der oben bei dieser Residenz verzeichneten Dienerschaft.

Postmeister, Herr Johann Georg Klees.
Zollverwalter, Herr Peter Jakob Seib.

Bessungen, nebst Forsthaus am Böllenfallthor, 772.
   Schultheiß, Kontrolleur und Scheuermeyer, Herr Kornelius Geyer.
   Zollverwalter, Herr Johann Konrad Heindel.

Cent

Cent Arheilgen. (3132.)

Marschkommissär und Centgraf, Herr Henrich Bernhard Eßwein, zu Arheilgen.

Arheilgen, die Au= Rücken= Schleif= und Leibgesmühle, die Rautenbuschische und Schneiderische Ziegelhütte, Kranichstein, das Forsthaus bei Messel und an der Dianenburg und 4 Fallthorhäuser, 1246. Schultheiß, Herr Peter Andres.

Zöllner, Hr. Wilhelm Benz.

Braunshard, inclusive des Prinzen Georg Karls Hof, 178. Schultheiß und Zöllner, Herr Ludwig Wesp.

Erzhausen 260. Schultheiß, Herr J. Ludw. Pohl.

Zöllner, Hr. Johann Peter Pohl.

Gräfenhausen, die Obermühle, die Fleischmühle und das Invalidenhaus, 514. Schultheiß, Herr Johann Konrad Reiz.

Zöllner, Hr. Henrich Schneider.

Schneppenhausen, nebst einer Mühle, 183. Schultheiß, Hr. N. N. Reiz.

Zöllner, Hr. N. Vöglein.

Weiterstadt 406. und Hof Gehaborn, 15. Schultheiß und Zöllner, Hr. Joh. Adam Becker.

Wixhausen, nebst dem Hof Sensfelden und der Kuchen= Ottilien= und Sensfeldermühle, 330. Schultheiß und Zöllner, Hr. Nik. Schnitspahn.

Amt Dornberg. (6101.)

(Amtstäge sind Mondtags und Samstags.)

Amtsverweser, Hr. Anselm Elwert, zu Dornberg.

Rentmeister, Hr. Karl Müller, zu Stockstadt.

Marschkommissär und Centgraf, Herr Karl Kuhnlein, daselbst.

Amtssekretär, Hr. J. Phil. Thurn, zu Dornberg.

Amtschirurgus, Hr. Konr. Grimm, zu Leeheim.
- - Franz Karl Sederer, zu Mörfelden.
Zollbereiter des Amts Dornberg und Rüssels-
heim, Hr. Gabriel Jawand, zu Grosgerau.
Amtsbote, Joh. Peter Vollhard, zu Dornberg.
Amtsdiener, Jost Bopp, daselbst.
Centknecht, Konrad Haas, zu Stockstadt.
Dornberg 81. Schultheiß, (s. Amtssekretär.)
Zöllner, Hr. Philipp Wagner.
Berakach 145. Schultheiß, Hr. Peter Pettmann.
Zöllner, Herr Johann Wendel Ackermann.
Biebesheim, Hof Lusthausen und die Wald= oder
Hospitalsmühle 876. Schultheiß, Hr. Jakob
Daniel Berges.
Zöllner, Hr. Valentin Zimmermann.
Scheuermeyer, Hr. Johannes Keller.
Büttelborn 535. Schultheiß, Hr. Ad. Sensfelder.
Zöllner, Hr. Johann Adam Schmitt.
Scheuermeyer, Hr. Peter Görlich.
Crumstadt, Hof Wasserbiblos, Gräbenbruchhof
und Bruchmühle, 790. Schultheiß, Herr
Georg Heil.
Zöllner, Hr. Christoph Heil.
Scheuermeyer, Hr. Leonhard Kern.
Dornheim und Riedhäuser Hof 756. Schultheiß,
Hr. Adam Kirchhöfer.
Kontrolleur u. Scheuermeyer, Hr. Wilh. Leußler.
Zöllner, Hr. Johannes Krumb.
Erfelden, der klösterlich Eberbachische Bensheimer
Hof, Knoblochsau und Plattenhaus, 471.
Schultheiß, Hr. Henrich Rupp.
Zöllner, Hr. Johannes Schad.
Goddelau 410. Hospital Hofheim 189. Schultheiß
und Zöllner, Hr. Jakob Müller.
Scheuermeyer, Hr. Joh. Rupp.

Leeheim, der klösterlich Eberbachische Hainer Hof, und der von Schrautenbachische Kammerhof, 678. Oberschultheiß, Hr. Christ. Theod. Ernst Kremling.
Zöllner und Scheuermeyer, Hr. Johannes Dörr.
Stockstadt, der Mühlwörtshof, die neue und Hahnlachmühle, 493. Schultheiß, Hr. Joh. Henrich Behrmann.
Zehendverwalter, Hr. Andreas Göbel.
Kontrolleur, Hr. Georg Daniel Grüning.
Zöllner und Scheuermeyer, Hr. Christoph Dörr.
Wolfskehlen, der Weilerhof und die Ziegelhütte, 677. Oberschultheiß und Kontrolleur, Hr. Joh. Friedrich Mangold.
Zöllner, Hr. Hartmann Schäfer.
Scheuermeyer, Hr. Henrich Phil. Schafner.

Amt Kelsterbach. (4195.)

Amtmann, Hr. Johann Friedrich Soldan, zu Mörfelden, Hofrath.
Rentmeister, Hr. Joh. Valent. Heim, zu Langen.
Centgraf und Amtssekretär, Hr. Wilh. Balth. Siebert, zu Mörfelden.
Amtschirurgus, Hr. Franz Karl Sederer, das.
 =   =   = Joh. Henrich Lehrbach, zu Langen.
Amtsdiener, Wilhelm May, zu Mörfelden.
Amtsbote, Balthasar Engel, daselbst.
Mörfelden, Gundhof und Fallthorhaus, nebst einer Mühle, 720. Schultheiß und Kontrolleur, Hr. Jakob Klink.
Geleitschreiber, Hr. Georg Wilhelm Apfel.
Speicherknecht und Acciser, Jakob Schafner.

Egelsbach und die Baierseichmühle, 802. Schultheiß, Hr. Georg Daniel Werner.
Speicherknecht, Kaspar Müller.
Acciser, Hr. Johannes Rüster.
 -    = Benedikt Werkmann.

Ginsheim 451. Schultheiß, Hr. Georg Philipp Reinheimer.
Kontrolleur, Hr. Johann Philipp Schneider.
Speicherknecht, Johann Philipp Kirschner.
Mötter, Adam Hoft.
Acciser, Hr. Philipp Traupel.
 -    = Peter Rauch.

Alt= und Neu=Kelsterbach, die Bonne= und Fayancemühle, die Ziegelhütte, 338. Schultheiß, Hr. Johann Adam Engel.
Kontrolleur, Hr. Joh. Philipp Treutel.
Acciser, Hr. Philipp Hart.
Speicherknecht, Gustav Althen.

Langen, nebst 6 Mühlen und Forsthaus Koberstadt, 1275. Schultheiß und Kontrolleur, Hr. Conrad Zängerle.
Geleitsschreiber u. Zöllner, Hr. F. W. Schneider.
Acciser, Hr. Georg Breidert.
Speicherknecht, Johannes Leyer.

Nauheim, nebst einer Mühle, 398. Schultheiß und Kontrolleur, Hr. Joh. Bernh. Diehl.
Speicherknecht, Johann Adam Ackermann.
Acciser, ebenderselbe.
 -    = Konrad Funk.

Walsdorf 215. Schultheiß, Hr. Wilhelm Emmel.
Acciser, Hr. Jean Pastor.
 -    = Jean Pierre Jordan.

Amt

Amt Lichtenberg. (9253.)

Justizbediente.

Amtmann, Herr Karl Ludwig Roose, zu Lich=
tenberg, Hofrath.
Amtsschreiber, Hr. J. E. Eichholz daselbst, Rath.
Amtschirurgus, Hr. Christ. Friedr. Schnepper,
    zu Großbieberau.
    = Johannes Büchner, zu Oberramstadt.
    = Jakob Karl Büchner, zu Reinheim.
Amtsdiener, Jost Melmer, zu Lichtenberg, emer.
    = Johannes Eisenbach.
Amtsbote, Georg Philipp Springauf.

Kameralbediente.

Rentmeister, Hr. L. Ph. Weiland, zu Lichtenberg.
Zollbereiter, Hr. Joh. Georg Schraut daselbst,
    Wegkommissär.
Zehendverwalter, Hr. Adam Elwert, Ober=
    schultheiß.
Kontrolleur, Hr. Johann Peter Boßler.
Adjunkt, Hr. Joh. Philipp Waasenmüller.
Kontrolleur der Kellerei Ernsthofen, Hr. Joh.
    Georg Philipp Bär.
Renteidiener und Fruchtmesser, Joh. Henrich
    Wittmann.
Adjunkt, Johann Friedrich Wittmann.

1) Gericht Lichtenberg. (308.)

Lichtenberg, Schloß und Burg, 155. Oberhau=
    sen 141. Kirnbach 12.

2) Cent Oberramstadt.

Marschkommissär und Centgraf, Hr. Johann
    Philipp Ludwig, zu Reinheim.
Centknecht, Ludwig Märker, zu Großbieberau.

a) Brandauer Reiswagen. (1326.)

Brandau 391. Neunkirchen 99. Allershofen 94. Hoxhohl 63. Herchenrod 60. Lützelbach 127. Ernsthofen 227. Neutsch 61. Kleinbieberau 149. Webern 55. Oberschultheiß, Hr. Georg Kuhlmann.

Brandau: Zöllner, Hr. Joh. Adam Weimar.
Neunkirchen: Zöllner, Hr. Joh. Georg Dingeldei.
Ernsthofen: Zöllner, Hr. Joh. Philipp Maul.
Neutsch: Zöllner, Hr. Johann Wendel Pritsch.
Allertshofen: Zöllner, Hr. Joh. Seeger.

b) Grosbieberauer Reiswagen. (1614.)

Grosbieberau, nebst Hartmanns= und Wetterods=mühle und dem neuen Dörfgen Hippelsbach 529. Schultheiß, Herr Johann Balz.
Zöllner, Herr Andreas Ruths.
Rodau, die 2 Schelhaas= und die Kraftsmühle, Hattenbach und Schuchmanns Hof, 181. Schultheiß, Hr. David Börsch.
Wersau, Bierbach, Klugen= und Friedrichsmüh=le, nebst 1 Ziegelhütte, 401. Centschultheiß, Hr. Johann Speckhard.
Zöllner, Hr. Georg Philipp Niebel.
Niedernhausen mit der Hordmannsmühle 181. Billings nebst Schröbels= und Rödersmühle 92. Meßbach 71. Nonrod 45, welche zusam=men die Gemeinde Waldhausen ausmachen. Schultheiß, Hr. Johann Georg Schanz.
Nonrod: Zöllner, Hr. Martin Weber.
Niedernhausen: Zöllner, Hr. Joh. Peter Röder.
Steinau, welches unter dem Gericht der kleinen Märker steht, 114.

Zu

Zu diesem Gericht der kleinen Märker gehören:
Herr Joh. Georg Dingeldei, von Neunkirchen.
= Joh. Jakob Beilstein, von Lützelbach.
= Joh. von Stein, von Neunkirchen.
= Joh. Nikolaus Röder, von da.
= Joh. Jakob Feigk, von Steinau.
= Joh. Jakob Roßmann, von Lützelbach.
= Joh. Philipp Roßmann, von da.

c) Oberramstädter Reiswagen. (2103.)

Oberramstadt, die 2 Breitwiesers- die Emichs- die 2 Rauen-Mühlen, die Mühle am hohen Rain, die Walkmühle, die 3 Schachenmühlen und der Eisenhammer 1081. Die teutschen Einwohner von Rohrbach 70. Hahn 14. Wembach, nebst der Wembacher Teichmühle, 129. Aßbach 146. Dilshofen 26. Obermodau und die Oberndörferische Mühle 148. Niedermodau, nebst dem von Schaumbergischen und Vollhardischen Hof und die Frankenbergische Mühle 338. Oberschultheiß, Hr. W. B. Hach, zu Oberramstadt.
Zöllner, Hr. Georg Philipp Vollhard.
Frankenhausen 151. Schultheiß und Zöllner, Hr. Johann Adam Poth.
Adjunkt, Hr. Johann Adam Poth.
Niedermodau: Zöllner, Hr. Joh. Adam Beck.

d) Der Reinheimer Reiswagen. (1173.)

Reinheim und Ueberau, Pöllnitzische Mühle, Pöllnitzisches Gut zu Jübach und Ueberau, die Dietermühle und Reinheimer Teich, 1173.
Zöllner, Hr. Joh. Konr. Keil, zu Reinheim.
= = Philipp Bauer, zu Ueberau.

Stadtmagiſtrat.

Stadtſchultheiß, Hr. Johann Philipp Ludwig, Marſchkommiſſär.
Stadtſchreiber, Hr. N. N. Meyer.

Rathsverwandte.

Herr Georg Nikolaus Ramgen, Centſchöff.
= Johann Nikolaus Blümel, Centſchöff.
= Johann Georg Ramgen.
= Johann Adolph Kopp.
= Johann Philipp Bauer.
= Georg Nikolaus Gerhard.
= Johann Georg Leinert.
= Georg Heinrich Bernius.
= Valentin Bauſch.
= Daniel Dillmann.
= Kaspar Knorr.

Stadtvorſteher.

Herr Johann Kilian, jun.
= Georg Henrich Klenk.
= Henrich Burkhard Hötzer.
Rathsdiener, Chriſtoph Michel.
Polizeidiener, Johann Konrad Würtgen.

Kirchenälteſte.

Herr Joh. Nik. Blümel, Kaſtenverwalter.
= Valentin Bauſch, Rathsverwandter.
= Daniel Dillmann, Rathsverwandter.
= Johann Georg Michel, in Ueberau.

e) Roßdorfer Reiswagen. (1495.)

Roßdorf, Naumanns- und Hombergshof, die Weis- und Krugmühle, die Forſthäuſer, Leimenhaus und Fuchſenhütte, 997. Gundernhauſen, nebſt dem Atzenheim- und von Nimptſchiſchen Hof und der Hundsmühle, 498.
Oberſchultheiß, Hr. Ludwig Friedrich Hach.
Zöllner, Hr. Johann Konrad Barth.

Gundernhausen: Zöllner, Hr. Johann Bernhard Dintelmann.

f) Außer diesen Reißwägen.

Rohrbach, 148. Wembach, 128. Hahn, 50, drei französische Kolonien. Schultheiß, Hr. Jean Lantelme.

Zöllner, Hr. Johann Konrad Daum.

Brensbach= und Niederkainsbacher Hof 568. Vogteischultheiß, Hr. Wilh. Andr. Lehr.

Großzimmern, (die diesseitige Vogteiunterthanen 340.) Vogteischultheiß, Hr. Joh. Held.

Semd.: Grävenschultheiß, Herr Joh. Seibert. Adjunkt, Hr. Peter Seibert.

(Wegen dieser 3 Orte siehe Oberamt Umstadt.)

Amt Pfungstadt. (6619.)

Amtsverwalter, Hr. Georg Ludwig Gottlieb Frey, zu Darmstadt.

Marschkommissär und Centgraf, Herr Friedrich Karl Christ. Welker, zu Pfungstadt.

Amtssekretär, Hr. Ludwig Wilhelm Friedrich Gebhard, zu Darmstadt.

Amtsdiener, Johann Friedrich Rabenau.

(Die Kameralbediente sind die nämliche, wie im Amt Darmstadt.)

Pfungstadt, wozu folgende Mühlen gehören: die Oberbrücken= Born= Fleisch= Stroh= Horters= Kirchen= Schmel= Hospitals= und neue Mühle, die Ober= und Unterkrappmühle und 4 Dehlenmühle, 1743. Schultheiß, Hr. Phil. Peter Crösmann.

Kontrolleur, Hr. Johann Ludwig Horlach.

Zöllner, Hr. Adam Hufnagel.

Eber-

Eberſtadt, nebſt der Eſcholl=Dorf=Roſen=Unter=
und Oberwieſen= Walk= Hochſchilds= Neu=
Roppen= Ockels=Nungeſſers= und 2 Oelmüh=
len, 960. Schultheiß, Hr. Georg Andreas
Dieter.
 Zöllner, Hr. Johann Georg Darmſtädter.
Eſchollbrücken 394. Schultheiß und Zöllner, Hr.
Johann Adam Kraft.
Griesheim 1510. Oberſchultheiß, Herr Georg
Valentin Keller.
 Zöllner und Acciſer, Hr. Ludw. Chriſtoph Habel.
Hahn 437. und Eich 76. Schultheiß und Zöllner,
Herr Johann Georg Cramer.
 Adjunkt, Hr. Johann Georg Cramer.
Niederbeerbach, Schloß Frankenſtein, die Eberts=
Reiſen= Walk= und eine Oelemühle, 360.
Schultheiß, Hr. Johann Ludwig Reiß.
 Adjunkt, Hr. Peter Reiß.
Niederramſtadt, die 3 Quicks=Brücken=Schnecken=
Spieſen= 2 Bruch= die Papier= die alte und
neue Bohlen= die Schleif= die 3 Mordachs=
und die Schachenmühle, 798. Oberſchultheiß,
Hr. Wilhelm Sparſchneider.
 Zöllner, Hr. Ludwig Geibel.
Traiſa und Obertraiſaer Hof 174. Schultheiß,
Herr Johann Wendel Spengler.
 Zöllner, Hr. Johann Henrich Mahr.
Waſchenbach und die Waiſenhausmühle 167.
 Schultheiß, Hr. Nikolaus Schneider.

Amt Rüſſelsheim. (6244.)
Juſtizbediente.

Amtmann, Hr. Reinh. Henrich Gerhardt, zu
Rüſſelsheim, Reg. Rath.

        Marſch=

Marschkommissär und Centgraf, Hr. Christian Dan. Metzler, zu Grosgerau.

Marschkommissariatsassistent, Hr. Friedr. Daniel Metzler, daselbst.

Amtssekretär, Hr. N. N. Rang, zu Rüsselsheim.

Amtsdiener, Jakob Sittmann, einer.
= Philipp Jann.

Amtsbote, Johann Adam Kraft, das.

Kameralbediente.

Rentmeister, Hr. Johann Georg Müller, zu Grosgerau, Kammerrath.

Zollbereiter, Hr. Gabriel Jawand, das.

Rüsselsheim, Hof Schönau und 1 Ziegelhütte, 1010.
Salzinspektor, Hr. Georg Rühl.
Oberschultheiß, Hr. Joh. Peter Henning.
Zöllner, Hr. Johann Philipp Dambmann.
Acciser, Hr. Jakob Hummel.
=   = Peter Jung.
Kontrolleur, Hr. Jakob Hummel.
Fruchtmötter, Konrad Dambmann.

Bauschheim 322. Schultheiß und Zöllner, Herr Johann Adam Wiesenecker.
Acciser, Hr. Philipp Grein.

Bischofsheim am Main 468. Schultheiß, Acciser und Zöllner, Hr. Philipp Wiesenecker.
Zweiter Acciser, Hr. Wilhelm Schad.

Grosgerau, nebst den Forsthäusern, Wogsbamm Niklaspfort und der Strasenmühle, 1458.
Posthalter, Hr. Johann Peter Klees.
Medikus, Hr. D. Johann Wilhelm Wolf.
Amts- und Stadtchirurgus, Hr. Dan. Köbel.
Zunftprotokollist, Hr. Joh. Wilhelm Frey.
Adjunkt, Hr. Friedrich Balthasar Frey.

Zollverwalter, Hr. Johann Philipp Lochmann.
Gegenschreiber, Hr. Philipp Wolf.
Scheuermeyer,, Hr. Friedrich Ewald.
Acciser, Hr. Nikolaus Grüling.

Stadtmagistrat.

Stadtschultheiß, Hr. C. D. Metzler. (s. oben.)
Stadtschreiber, Hr. Peter Marx, Steuerrath.

Rathsverwandte.

Herr Johann Philipp Hirsch.
= Jakob Daniel Frey.
= Peter Engeroff.
= Johannes Ewald.
= Nikolaus Gütlich.
= Philipp Adam Stier.
= Johannes Bambach.
= Johann Philipp Lochmann.
= Philipp Daniel Engeroff.
= Valentin Hirsch.
= Johann Philipp Güttlich.
= Johann Philipp Vollhard.
Rathsdiener, N. Klink.

Kirchenseniores.

Herr Johannes Nikolaus Kuhlmann.
= Johann Balthasar Engeroff.
= Johann Wilhelm Steising.
= Johann Peter Moeß.
= Johann Philipp Schmidt sen.

Kleingerau, die Eichs= und Knoppsmühle, 349.
 Schultheiß, Scheuermeyer und Acciser, Hr.
 Georg Jakob Lipp.
Zöllner, Hr. Johann Henrich Lipp.

Königs=

Königstädten, nebst Forsthaus in daßgem Wald,
454. Schultheiß, Hr. Andreas Bayer.
Scheuermeyer, Hr. Philipp Schleudt.
Acciser, Hr. Jakob Bärsch.

Raunheim, Forsthaus im Markwald und 1 Ziegelhütte, 303. Schultheiß und Acciser, Hr. Daum.
Zöllner, Hr. Adam Gerlach.
Zoll- und Accisvisitator, Hr. Johann Henrich Schneider.
Trebur, nebst der von Wallbrunnischen Rheinau, 1052. Schultheiß und Scheuermeyer, Hr. Friedrich Mers.
Zöllner, Hr. Joh. Kaspar Hoffmann.
Acciser, Hr. Jakob Pettmann.
  · · Anton Roth.

Wallerstätten, Hof Rheinfelden und Erbleihmühle, 461. Schultheiß und Zöllner, Hr. Johannes Ruckelshausen.
Scheuermeyer, Hr. Peter Gerhard.
Acciser, Hr. Philipp Scherer.

Dorfelden, die Ober- und Unterneumühle und Ruppmühle, 367. Oberschultheiß u. Scheuermeyer, Hr. Johannes Klink.
Zöllner und Acciser, Hr. Henrich Bender.

Mönchsbruch, wobei eine Mühle, 30. Grabenknecht, Andreas Löfler.

Geinsheim (welches ausländisch ist): Herrschaftlicher Wiesenwärter über die sogenannte Wächterstadt, Anton Dieter.
Adjunkt, Daniel Dieter.

Wiesenthal 6.

J   Amt

Amt Seeheim. (2354.)

Amtmann und Rentmeister, Hr. Ludw. Pistor, zu Seeheim.

Marschkommissär und Centgraf, (s. Zwingenberg.)

Zollbereiter, Hr. Henrich Herpel, zu Seeheim

Amtsdiener, Henrich Schäfer, daselbst.

Centknecht, Michael Rebenich, das.

Seeheim, nebst 4 Inn- und 1 Aussenmühle, 686. Schultheiß und Kontrolleur, Hr. Adam Herpel. Zöllner und Herrschaftl. Brunnenwärter, Hr. Jost Schulmeyer.

Hauskiefer, Philipp Pistorius.

Balkhausen und Felsburg 150. Staffel 40. Schultheiß, Hr. Johann Philipp Rühl.

Beedenkirchen 162. und Wurzelbach, nebst 1 Mahl- und 1 Schneidemühle, 50. Schultheiß, Hr. Johann Georg Hechler.

Bickenbach, nebst 1 Inn- und Aussenmühle, 467. Hartenau 46. Schultheiß und Zöllner, Hr. Johannes Herpel.

Jugenheim, nebst 5 Aussen- und 5 Innmühlen, 336. Schultheiß und Zöllner, Hr. Christoph Schüßler.

Zollbereiter, Hr. Andreas Görisch.

Malchen 103. Schultheiß und Zöllner, Hr. Joh. Georg Herling.

Oberbeerbach, nebst 2 Bauernhöfen im Steigert. und 1 dergleichen im Klingen, 187. Schnalberbach 42. und Stettbach 85. Schultheiß, Hr. Adam Peter.

Bieberwoogsaufseher, Hr. Adam Elwert, zu Niederbeerbach, Oberschultheiß.

Amt Zwingenberg und Jägersburg. (4822.)

Justizbediente.

Amtmann, Herr Wilhelm Ernst Bender, zu Zwingenberg, Rath.
Marschkommissär, Centgraf und Stadtschultheiß, Hr. Felix Georg Gräcmann, daselbst.
Assistent, Hr. N. Gräcmann, daselbst.
Amts- und Stadtschreiber, Hr. Johann Justus Sickenius, daselbst.
Assistent, Hr. Philipp Helfrich Sickenius.
Amts- und Renteidiener, Jak. Schmitt, das.
Centknecht, Johannes Müller, das.
Amtsbote, Philipp Göbel, das.

Kameralbediente.

Rentmeister, Hr. Franz. Friedr. Königer, zu Jägersburg, wirklicher Kammerrath.
Zollbereiter, Hr. Georg Pritsch, zu Auerbach,
— Joh. Georg Schneider, zu Großhausen.

Zwingenberg 994.

Stadtmedikus, Hr. Dr. Georg Christian Utendörfer, Hofrath.
Chirurgus, Hr. Georg Scheld.
Kontrolleur, Hr. Jakob Kienz.
Gegenkontrolleur, Hr. N. N. Girsch.
Kelterschreiber, Hr. Johannes Keil.
Herrschaftlicher Kiefer, Hr. Johannes Anthes.
Zöllner, Hr. Ludwig Anthes.

Stadtmagistrat.

Stadtschultheiß, (s. oben.)
Stadtschreiber, (s. oben.)

Rathsverwandte.

Herr G. K. Stillgebauer, Centschöff u. Acciser.
- Johann Jakob Hechler, Acciser.
- Jakob Wilhelm Riebel.
- Johann Daniel Eßwein.
- Johann Friedrich Ost.
- Johann Georg Becker.
- Johann Peter Kiessel.
- Peter Lindenstruth.
- Johannes Anthes.
- Jakob Kienz.

Rathsdiener, Johannes Keil.

Kirchenseniores.

Herr Johann Jakob Hechler.
- Johannes Anthes.

Alspach 374. Schultheiß, Zöllner und Acciser, Herr Johann Thomas Glock.

Auerbach, nebst 10 Mühlen, 958. Schultheiß, Hr. Christian Kraus.
  Badmedikus, Herr Dr. Georg Christian Utendörfer, zu Zwingenberg, Hofrath.
  Brunnenmeister, Hr. N. N. Schmidt.
  Alleeaufseher, Hr. Christian Elgerth.
  Hühnervogt, Hr. Adam Semmler.
  Wingertsmeister, Hr. Tobias Brückmann.
  Kelterschreiber, Hr. Christian Kraus.
  Zöllner, Hr. Peter Hölzel.

Groshausen, 379. Schultheiß und Zollbereiter, Hr. Johann Georg Schneider.
  Zöllner, Hr. Johann Peter Ahl.

Grosrohrheim 921. Schultheiß, Hr. H. W. Kayser.
  Gefällerheber, Jakob Weil.
  Zöllner, Hr. Georg Mohr.

Hähn=

Hähnlein 533. Schultheiß und Zöllner, Hr. Daniel Réchel.

Hochstätten, nebst 1 Inn- und 1 Aussenmühle 127. Schultheiß, Hr. Johann Valentin Hechler.

Jägersburg, Amt- Forst- und Hofhaus 53. Scheuermeyer, Hr. Valentin Halkenhäuser.

Langwaden 149. Schultheiß und Zöllner, Herr Johann Ludwig Hölzel.

Schwanheim 334. Schultheiß, Hr. J. Nik. Olf. Adjunkt, Hr. Jakob Alheim.
Zöllner, Hr. Johann Henrich Ritzert.

Niedergrafschaft Katzenellenbogen.
Amt Braubach. (1508.)

Amtmann und Rentmeister, Herr J. P. Kekule, zu Braubach, Hofrath.
Amtsphysikus, Hr. Dr. Brückmann, daselbst, Regierungsrath.
Amtsschreiber und Kellerinspektor, Hr. Johann Ludw. Friedr, Frohwein, Amtsverweser das.
Amtsdiener und Emser Amtsbott, W. Beutner.
Amtsboten, Johann Georg Brühl.
— Karl Hofmann.

Braubach, nebst einigen Mühlen und der Festung Marxburg, 956. Kontrolleur des herrschaftl. Speichers und Salmenschultheiß, Hr. Joh. Friedrich Menges.
Kontrolleur des herrschaftlichen Weinkellers und der Accise, wie auch Zoll- und Acciseninspektor, Hr. N. N. Hart.
Trankſteuereinnehmer und Acciser, Hr. Georg Christian Frohwein.

Hubenschultheiß, auch Stadt, und Amtschirurgus, Hr. Henrich Philipp Fischer.
Herrschaftl. Kiefer, Joh. Wilhelm Vogt.
Herrschaftl. Fruchtmesser, P. C. Eschenbrenner.
Adjunkt, Johann Georg Eschenbrenner.

Magistrat.

Stadtschultheiß, Stadt- und Gerichtsschreiber, Herr Johann Christian Lynker.

Rathsverwandte.

Herr Henrich Philipp Fischer.
 - Johann Friedrich Menges.
 - Johannes Arzbächer.
 - Henrich Philipp Vogt.
 - Johann Wilh. Arzbächer, Bürgermeister.
 - Georg Christian Frohwein.
 - Georg Philipp Schütz.
 - Henrich Martin Arzbächer.
 - Friedrich Balthasar Flick.
 - Johann Georg Kloß.
 - Johann Wilhelm Pfadler.

Rathsdiener, Philipp Jakob Geller.

Dachsenhausen, nebst 3 Höfen, Ober- und Niederfalkenborn und Hinterwald, 358. Schultheiß und Zöllner, Hr. Johann David Schäfer.

Gemmerich 194. Schultheiß und Zöllner, Herr Georg Philipp Uhlmann.

Bray (im Kur-Trierischen): Hubenschultheiß, Johannes Müller.

Miehlen (im Nassau-Weilburgischen): Hubenschultheiß, Hr. Johann Henrich Ackermann.

Ahense (im Kur-Köllnischen): Hubenschultheiß, Hr. Johann Jakob Altenhöfer.

Saltzig

Salzig (im Kur=Trierischen): Hubenschultheiß, Hr. Anton Spitz.

Vogtei Ems. (888.)
(Mit Nassau=Dietz gemeinschaftlich.)

Diesseitige Fürstl. Bediente.
Die Justiz und Rechtei verwaltet von diesseits der Beamte zu Braubach.

Ems, der Flecken 588. das Bad 178. das Dorf Kemmenau 122. Hof= und Badmedikus, Physikus der Aemter Braubach und Katzenellenbogen, Hr. Dr. Carl. Philipp Brückmann, Regierungsrath zu Braubach.

Badverwalter, Herr Georg August Schapper, Hofkammerrath.

Hof= und Badapotheker, Herr Hans Georg Momberger.

Entrepreneur des Assembleesaals, Herr Peter Nikolaus Huyn.

Gemeinschaftliche Bediente.
Amtsschreiber, Hr. Henrich Christian Schneider.

Oberschultheiß und Bergzehendenschreiber, Hr. Hans Weiprecht Frieß.

Trankstenereinnehmer und Acciser, Hr. Johann Philipp Metzger.

Badchirurgus, Herr Friedrich Daniel Rupp.

Hoforgelbauer, Herr Christian Ernst Schöler.

Amtsdiener, Georg Daniel Rosenbach.

Armenpfleger, Nikolaus Erdmann.

Horchheim (im Kurtrierischen): Hubenschultheiß und Hofmann, Hr. Johann Winterich.

Kelterinspektor, Herr Hans Weiprecht Frieß, Oberschultheiß zu Ems.

Amt Katzenellenbogen. (1833.)

Amtmann und Rentmeister, Hr. Ernst Christ. Wilh. Hensing, zu Katzenellenbogen.
Amtsadvokat, Herr Henrich Jakob Neuper das.
Zollbereiter, Hr. Karl Bach.
Salzfaktor, Hr. Friedrich Neuper.
Amtsdiener, Phil. Henrich Kümbel.
Amtsbote, Ludwig Türk.

Katzenellenbogen, die Flecken-Grund-Hunden- und Itzhäuser Mühle 593. Schultheiß und Kirchenrechnungsführer, Herr Georg Henrich Thorn.

Zöllner, Herr H. J. Neuper, Amtsadvokat.

Gerichtsschöffen.

Herr Andreas Härtling.
  = Johann Jakob Thurn.
  = Wilhelm Lind.
  = Philipp Adam Meffert.
  = Wilhelm Strack.
  = Andreas Hauser.
  = Georg Phil. Justi.

Kirchenälteste.

Herr Andreas Hartling.
  = Wilhelm Lind.
  = Friedrich Gödtgen.
  = J. H. Bauer.
  = Johannes Hund.
  = Andreas Egert.
  = Johann Georg Wöll.
  = Emmerich Schweizer.
  = J. P. Hofmann.
  = J. G. Neidhöfer.
  = Henrich Wöll.

Herr

* Johann Melchior Hofmann.
* Christoph Strack.
* Georg Friedr. Röhmer.

Fleckenvorsteher, Hr. Friedr. Justi.
   =   =   = Johann Daubinger.
   =   =   = Henrich Reusch.

Interims-Armenpfleger, Hr. Fridr. Gödtgen.
Fruchtmesser, (s. Amtsdiener.)
Polizeidiener, Peter Bernhard.

Allendorf 185. Vorsteher und Bürgermeister, Hr. Philipp Henrich Schnell.
Zöllner, Hr. Johannes Grebert.

Ebertshausen 71. Amtsvorsteher, Hr. Joh. Henr. Bauer.
Bürgermeister, Hr. Henr. Jakob Pulch.

Gutenacker und die Justische Mühle in der Rupbach 132. Schultheiß, Hr. Jakob Schwarz.
Bürgermeister, Hr. Georg Philipp Wolf.
Feldgeschworner, Hr. Joh. Philipp Hoffmann.

Oberfischbach 125. Vorsteher, Hr. Phil. Jakob Emmel.
Zöllner, Hr. N. N. Schweitzer.
Feldgeschworner, Hr. Emmerich Schweitzer.

Mittelfischbach 44. Bürgermeister, Herr Johann Christoph Strack.

Niederfischbach, Hof Bleidebach und Haarmühle, 99 auch zu Mittel- und Oberfischbach: Schultheiß, vacat.
Bürgermeister, Hr. Georg Phil. Zorn.

Schönborn, der von Boosische Hof, Hof Schaufert und Hof Beerbach, nebst der Stammelsmühle, 340. Schultheiß und Zöllner, Herr Joh. Wilh. Kramb.
Ortsvorsteher und Bürgermeister, Herr Joh. Henr. Hofmann.

Klingelbach, von Lißische Erbbestandsmühle und Hof Schelbusch, 244.
Ortsvorsteher, Hr. Georg Phil. Justi.
Zöllner, Hr. Johann Henrich Schwarz.
Bürgermeister, Hr. Hans Jakob Ninck.

Samtzollbediente zu St. Goar.

Zouschreiber, Hr. Karl Friedrich Zipf.
Nachschreiber, Herr Gottfried Peter Volpert.
Beseher, Herr Justus Henrich Baake.
Nachgänger, Herr Anton Kimpel.
Zollknecht, Andreas Blum.

Herrschaft Epstein,
oder
Amt Wallau. (4861.)

Justizbediente.

Amtmann, Herr Johann Karl Schenk, zu Wallau, Amtsrath.
Marschkommissär und Amtsschultheiß, Hr. F. A. Cramer daselbst, Emeritus.
Marschkommissär und Amtsschultheiß, Herr Henrich Christ. Cramer daselbst.
Amts- und Gerichtsschreiber, Herr Theodor Höfer, auch Kontrolleur bei der Rentei das.
Amtsphysikus, Herr D. Georg Christian Bonnhardt.
Amtschirurgus, Herr Henrich Wilh. Hafner.
Amtsdiener, Jakob Krell das.
Amtsbote, Jakob Häußer das.

Kameral-

Kameralbediente.

Rentmeister, Herr Ernst Ludwig Metzler, zu Delkenheim.

Zollbereiter, Herr Johann Georg Rink, zu Wallau.

Wallau, nebst 2 Mühlen, 570. Schultheiß, Johann Franz Fein.

Zöllner, Herr Johann Georg Rink, (siehe Zollbereiter.)

Herrschaftlicher Kiefer, Herr Johann Georg Kahl.

Breckenheim, nebst 2 Mühlen, 550. Schultheiß, Herr Johann Reinhard Stein.

Zöllner, Herr Peter Bormann.

Delkenheim, nebst 2 Mühlen, 414. Schultheiß und Scheuermeyer, Herr Johann Henrich Koch.

Zöllner, Herr Johannes Schildgen.

Diedenbergen 469. Schultheiß, Hr. Georg Kaspar Kahl.

Zöllner, Herr Johann Franz Weber.

Igstadt, nebst der Ober- und Untermühle und Ziegelhütte, 410. Schultheiß und Zöllner, Herr Johann Konrad Hennemann.

Langenhain 349. Schultheiß, Herr Johann Karl Becker.

Zöllner, Herr Johann Christoph Becker.

Lorsbach, nebst 2 Mühlen 227. Schultheiß und Scheuermeyer, Herr Joh. Christian Aul.

Zöllner, Herr Johann Anton Schneider.

Massenheim, nebst 2 Mühlen, 357. Schultheiß und Scheuermeyer, Herr Johann Georg Kleber.

Zöllner, Herr Johann Konrad Köhler.

Medenbach 260. Schultheiß, Herr Johann Konrad Noll.
Adjunkt, Herr Henrich Peter Noll.
Zöllner, Herr Lorenz Becht.
Nordenstadt 485. Hof Mechtilshausen 35. Schultheiß und Zöllner, Herr Georg Henrich Heller.
Hof Mechtilshausen: Zöllner, Herr Joh. Adolph Pflug.
Oberliederbach, nebst 3 Mühlen und dem Hof Hausen vor der Sonn, 275. Schultheiß und Zöllner, Herr Johann Nikolaus Pfeiffer.
Hofhausen: Zöllner, Herr Johann Lorenz Willich.
Unterliederbach, mit 2 Mühlen, 262. Schultheiß, Zöllner und Scheuermeyer, Herr Johann Jakob Fischer.
Wildsachsen 192. Schultheiß, Zöllner u. Scheuermeyer, Herr Johann Philipp Mahr.

Kellerei Epstein.

(Mit Kurmainz gemeinschaftlich.)

Amtskeller, Herr Ernst Ludwig Metzler, Rentmeister zu Delkenheim; entscheidet gemeinschaftlich mit dem kurmainzischen Beamten, die Appellation gehet von ihm gemeinschaftlich an die Aemter Wallau und Höchst.
Epstein, Bauhof zum Heusel und Herrnmühle: gemeinschaftlicher Schultheiß, Herr Ludwig Reiff.
Zöllner, Herr Gottfried Hirschmann.

Oberamt Umstadt.

(Mit Kurpfalz gemeinschaftlich.)

Justiz- und Medizinalbediente daselbst.
Amtmann, Hr. Dr. Peter Christian Dietz, Regierungsrath.

Amtsphysikus, Hr. N. N. Hofmann, Hofrath.
Amtsschreiber, Hr. Johann Friedrich Wachter, Rath.
Amts= und Centchirurgus, Hr. Johann Henrich Engau.
Amtsdiener, Adam Mangold.
Adjunkt, Johann Martin Merk.
Gemeinschaftlicher Amtsdiener, J. Henr. Klein.
Adjunkt, Georg Adam Klein.
Amtsbote Johannes Dieterich.
Beibote, Ludwig Dieterich.

Kameralbediente.

Rentmeister, Hr. Ludwig Friedrich Handwerk.
Gemeinschaftlicher Zollverwaltereiverweser Hr. Peter Kapeller.
Rentereikontrolleur, Hr. Joh. Jak. Emmerich.
Adjunkt, Hr. Johann Daniel Bingel.
Gemeinschaftlicher Zehendschreiber, Hr. Johann Georg Gebhard.

Umstadt, nebst den ausser der Stadt gelegenen 3 Obernwiesen= 2 Rauwiesen= 1 Esel= ein Burkhards= und 2 Lohmühlen.
Gemeinschaftlicher Zöllner, Hr. Johann Martin Lanz.
Herrschaftlicher Kiefer, Herr Georg Heinrich Emmerich.
Speicherknecht und Fruchtmesser, Jakob Ellenberger.
Scheuerknecht, Johann Nikolaus Sälzer.
Fruchtauszehnder, Adam Mangold.
= = = Johannes Dieterich.
= = = Gottfried Frieß.
= = = Ludwig Dieterich.

Stadt=

Stadtrath.

Stadtschultheiß, vacat.
Stadtrentmeister, Herr Kapeller.
Stadtschreiber,   =   Lanz.

Rathsverwandte.

Herr Johann Adam Dintelmann.
  = Johann Martin Magsaamen.
  = Johann Georg Bernhard Ganß.
  = Johann Heinrich Pfalzgraf.
  = Johann Adam May.
  = Johann Philipp Weber.
  = Johann Emmerich.
  = Bartholom. Seiß.
Rathsdiener, Johann Peter Umstädter.
Amorbach und Dorndieler Hof: gemeinschaftlicher Schultheiß, Hr. Joh. Philipp Weyerich.
Brensbach, nebst 1 Aussenmühle: gemeinschaftlicher Centschultheiß, Herr Wilhelm Adam Lehr.
Großzimmern und die Schneemühle 1684. gemeinschaftlicher Centschultheiß, Herr Henrich Dieterich.
  Fürstlich hessischer Vogteischultheiß, Hr. Johannes Held.
Habitzheim u. Tannenmühle: Centschultheiß vacat.
Kleinumstadt, Häuser und Grenkerhof und eine Schleifmühle: gemeinschaftlicher Schultheiß und Leibzinsmeister, Hr. Joh. Jak. Wamser.
  Gemeinschaftlicher Gerichtsschreiber, Herr Johann Henrich Heil.
Nieder-Reinspach: gemeinschaftlicher Centschultheiß, Herr Johann Ludwig Haschert.

Kay=

Raybach, nebst 1 Mahl- und 1 Schleifmühle: gemeinschaftl. Centschultheiß, vacat.
Gemeinschaftlicher Leibzinsmeister und Interimsschultheiß, Herr Veit Wenzel.

Richen, nebst dem Hof Breitwiesen und der Lützelforstmühle: gemeinschaftl. Schultheiß, Hr. Johann Adam Wolf.
Gemeinschaftl. Gerichtsschreiber, Hr. Johannes Escher.

Semd, nebst Hasen- und Forstmühle, 808. gemeinschaftl. Schultheiß und Leibzinsmeister, Hr. Heinrich Georg.
Gemeinschaftl. Gerichtsschreiber und Fürstl. Heßischer Gravenschultheiß, Hr. Johannes Seibert.
Adjunkt, Hr. Johann Heinrich Seibert.

Spachbrücken und Dilshof: gemeinschaftl. Centschultheiß, Hr. Anton Meyer.

Zeilhard: gemeinschaftl. Centschultheiß, Hr. Joh. Nikolaus Meyer.

Vogtei Kürnbach.

(Mit Wirtemberg gemeinschaftlich.)

Amtmann, Herr Jakob Ludwig Hallwachs, Hofrath.

Amtsbote, Samuel Jllg.

Kürnbach, 2 Drittel Heßisch, nebst 2 Heßischen Mühlen, 713. Schultheiß, vacat.
Herrschaftlicher Kiefer, Fruchtmesser und Wingertsmeister, Hr. Samuel Friedrich Herzog.
Gemeinschaftl. Zöllner, Hr. Johannes Häuser.

Gemein

Gemeinschaftlicher Magistrat.

Besteht aus 12 Richtern, welche von beiden Herrschaften gesetzt werden. Die 6 Hessischen Richter sind:

Herr Samuel Friedr. Herzog, Schultheiß und Amtsverwalter.
- = Christoph Müller.
- = Peter Grahm.
- = Philipp Andreas Brand.
- = Leonhard Hamman.
- = Wilhelm Daut.

Gemeinschaftlicher Gerichtsschreiber, Hr. Joh. Martin Bodamer.

Gemeinschaftlicher Gerichts- und Amtsdiener, Jakob Haas.

Noch besitzt das Hochfürstl. Haus Hessen-Darmstadt im Kanton Kreichgau, theils ganz, theils zum Theil folgende Lehensschlösser und Dörfer: Dhüren, Hofenheim, Menzingen, Michelfeld, Münchzell, Ravensberg, Talheim und das Kirchlehn Euchtersheim.

III. Kollegia und Anstalten, welche sich blos über das Oberfürstenthum Hessen erstrecken.

Regierung zu Giesen.

Direktor.

Herr Ludwig Adolph Christian von Grollmann, geheimer Regierungsrath.

Regierungsräthe.

Herr Adolph Ludwig Grollmann, geheimer Regierungsrath.
- Georg Friedrich Sues, Oberamtsverwalter.
- L. J. Friedrich Christoph Buff.
- D. Johann Georg Adolphi.
- Friedr. Wilh. Christ. Kasim. Sal. von Buri.
- Johann Friedrich Christian Benner.
- Johann Philipp Wilhelm von Krug.
- D. Christian Franz Koch.
- Johann Andreas Philipp Schwabe.

Assessoren.

Herr Georg Karl Philipp Heß.
- Friedrich Christian Freiherr von Gärtner.

Sekretärs.

Herr Karl Wilhelm Langsdorf, Archivrath.
- Philipp Karl Elwert.
- Johann Christoph Oßwald.
- Joh. Georg Fr. Faber, auch Botenmeister.
- Henrich Christian Löber.

Acces-

Accessisten.

Herr Friedrich Jakob Diez, Regierungssekretär.
  = N. N. Lotz.
  = Ernst Elwert.
  = Johann Wilhelm Fuhr.
  = Georg Philipp Lind.
  = Wilhelm Theodor Nieß.
  = Wilhelm Heß.

Registratoren.

Herr Georg Ludwig Wittich, Sekretär.
  = Wilhelm Hast.

Accessisten.

Herr Friedrich Jakob Diez.
  = Joh. Ernst Breidenstein.

Kanzellisten.

Herr Johann Gerhard Günther.
  = Johann Ludwig Eckstein.
  = Johann Wilhelm Fuhr.
  = Joh. Ernst Breidenstein.
  = Joh. Ludw. Scheffer, Supernumerar.

Accessisten.

Herr Georg Philipp Lind, (s. oben.)
  = Joh. Melchior Lampus.

Kanzleipedellen.

Samuel Schmutzler.
Daniel Becker.

(Die Sessionen sind Sommers Montags, Donnerstags und Samstags von 8 bis 12, und Winters Montags, Mittwochs, Donnerstags und Samstags von 9 bis 12 Uhr.)

Kanzlei

Kanzleibuchdrucker.

Herr Joh. Christ. Schröders, Wittwe und Söhne.

Kanzleibuchbinder.

Herr Daniel Hartmann Gerste.

Advokaten und Prokuratoren.

Herr Philipp Wilhelm Henrich Schott, sen.
= Lukas Christian Jakob Hert.
= Karl Gerhard Rittershausen, Hofrath.
= Joh. Friedr. Hartmann Balser, Reg. Rath.
= D. Gottlieb Wilhelm Liebknecht, sen.
= Friedrich Remigius Christoph Schott, jun.
= Peter Wilhelm Wießner.
= Johannes Eckstein.
= Ludwig Christian Teuthorn.
= Christoph Balthasar Münch, peinl. Richter.
= Johann Walter Sack.
= Jakob Oeser.
= Georg Wilhelm Friedrich Liebknecht, jun.
= Georg Karl Ernst Neubauer.
= Ernst Ludwig Rüdiger.
= Phil. Gottl. Chr. Leußler, Kammerkonsulent.
= Georg Andreas Rumpf.
= Johann Christian Follenius.
= Georg Friedrich Müller, Auditeur.
= J. C. G. J. Engelbach.
= Karl Elwert.
= Georg Peter Mannberger.
= Friedrich Broß.
= D. Karl Wilhelm Sundheim.

Herr Friedrich Karl Georg Krug.
- N. N. Schulz.
- Henrich Sues.
- Ludwig Minnigerode.

Immatrikulirte Notarien.

Herr Joh. Hartmuth Bierau, zu Geißnidda.
- N. N. Schirmer, zu Giesen.
- N. N. Gönner, zu Bromskirchen.
- Karl Salomon Nöll, zu Giesen.
- Christ. Friedr. Wilh. Held, zu Wetzlar.
- Joh. Melchior Lampus, zu Giesen.

Regierungsdepositendeputation.

Zwei Fürstl. Regierungsräthe und ein Sekretär

Peinliches Gericht zu Giesen.
(Fürstl. Regierung untergeordnet.)

Peinlicher Richter.

Herr Christoph Balthasar Münch.

Assessoren.

Herr Fr. Remigius Christ. Schott, jun., auch Aktuar.
- Karl Elwert.

Blutschöff.

Herr Johann Tasche.

Fiskal.

Herr Johann Ludwig Christian Rays.

Defen=

Defensoren.

Herr Peter Wilhelm Wießner.
- Jakob Oeser.
- Johann Christian Jollenius.
- Friedrich Broß.
- D. Karl Sundheim, Defensor extraordinar.

Rechner der Kasse und Direktor des Zuchthauses.

Herr Johann Wilhelm Fuhr.

Stockhausprediger.

Herr Joh. Friedr. Christian Buff, Stadtpfarrer.

Stockhausmedikus.

Herr D. N. N. Worthmann.

Stockhauschirurgus.

Herr Johann Konrad Keller.

Gerichtsdiener.

Johann Henrich Neeb.

Stockhausverwalter.

Herr Johann Henrich Zimmermann.

Scharfrichter: vacat.

Wasenmeister.

Peter Nord.

Consistorium zu Giesen,
nebst dessen Dependenz.

Direktor.

Herr Ludwig Adolph Christian von Grollmann, geheimer Regierungsrath.

Konsistorialräthe.

Herr D. Johann Georg Bechthold, erster Superintendent und Oberpfarrer.
- Johann Friedrich Christian Schulz, Superintendent und erster Burgprediger.
- Just. Balth. Müller, Superintendent und erster Stadtpfarrer.
- L. J. Friedrich Christoph Buff. (s. Regier.)
- F. W. C. K. S. von Buri. (s. Regier.)

Sekretärs.

(Siehe bei Fürstl. Regierung zu Giesen.)

Registratoren.

Herr Christian Moritz Diehl, Regierungssekretär.
- Ernst Friedrich Fink, Rezeptor der Sportulnkasse.

Botenmeister, Kanzellisten und Pedellen.

(Siehe bei Fürstl. Regierung zu Giesen.)
(Die Sessionen sind Dienstags und Freitags.)

Advocat bei den milden Stiftungen.

Herr Jakob Oeser. (s. Regierung.)

Kirchenkastenrevisor.

Herr Phil. Gottl. Christ. Leußler.

Revisor der Rechnungen der milden Stiftungen und Rendant der allgemeinen geistlichen Wittwenkasse.

Herr Friedr. Gottfried Balser.

Definitorium.

Herr D. Joh. Georg Bechthold, Superintendent.
- Joh. Christ. Friedr. Schulz, Superintendent.
- Just. Balth. Müller, Supperintendent.
- W. F. Hetzel, geheimer Regierungsrath.
- Christian Palmer Professor der Theologie und Stadtprediger.

Examinirte Kandidaten.

Herr Karl Friedrich Liebknecht, aus der Herrschaft Itter.
- Ph. Georg Chr. Bichmann, von Battenfeld.
- Karl Friedrich Wichterich, von Böhl.
- Wilhelm Wolf, von Giesen.
- Ludwig Wilh. Steinberger, von Herchhain.
- Karl Friedrich Stuckrad, von Hofgarten.
- Joh. Wilh. Ludw. Möbius, von Eichelsdorf.
- Joh. Ernst Christ. Schmitt, von Busenborn.
- Christoph Ludwig Leun, von Langgöns.
- Joh. Peter Koch, von Ostheim.
- Johann Wilh. Scriba von Königsberg.
- Joh. Christ. Schmidtborn, von Biedenkopf.
- Heinr. Christoph Schwarz, von Bingenheim.
- Ludwig Magnus von Stumpertenrode.
- August Friedrich Klingenhöfer, von Biedenkopf.

Inspektion über den geistlichen Landkasten.

Fürstl. Kommissarius und Direktor, Herr von Grollmann, Regierungsdirektor.

Herr Bechthold, Superintendent.

Von Seiten des Prälatenstandes, Herr Johann Christoph Koch, geh. Rath und Kanzler.

Von Seiten der Ritterschaft, Herr Friedrich von Nordeck zu Rabenau.

Von Seiten der Landschaft, Johann Seipp.

Oekonomus und Rechner, Herr Friedrich Gottfried Balser.

Pedell, Johann Daniel Balser, zu Giesen.

Sämtliche Prediger und Schullehrer des Oberfürstenthums Hessen.

Superindentur der Konvente Giesen, Butzbach, Echzell, Nidda, Schotten.

Superintendent.

Herr D. Johann Georg Bechtold.

Konvent Giesen.

Stadtkirche zu Giesen.

Oberpfarrer, Hr. J. G. Bechtold, Superintendent.
Stadtpfarrer, Herr J. Balth. Müller, Superint.
  *   *   = J. Friedr. Christ. Buff.
Pfarrer, Hr. Christ. Palmer, Profes. Theologie.
Opfermann und Glöckner, Johann Krailing.

Burgkirche daselbst.

Burgpfarrer, Herr Superintendent Schulz.
  *   *   = Joh. Friedr. Christ. Buff.
Organist, Herr N. N. Hoß.
Opfermann, N. N. Petri.

Katholische Kirche.

Prediger, Herr Carl Basilides de laBroisse.

Pädagog daselbst.

(S Universität.)

Stadtschule daselbst.

Erster Lehrer, Herr Harttmann Samuel Koch.
Zweiter vacat.
Dritter Lehrer und Organist, Hr. Christian Henrich Rink.
Kantor, Herr N. N. Leo, Musikdirektor.
Erster Mädchenlehrer, Hr. N. N. Euler.
Zweiter *   *   = N. N. Scherer.
Armenschulmeister, Herr Johann Andreas Keil.

Hütten=

Hüttenberger Seniorat.

Senior, Herr Christian Friedrich Lindenmeyer, Pastor zu Grosenlinden.
[Grosenlinden, (s. Senior.)
  Diakonus, Hr. N. N. Degen, auch Pfarrer zu Allendorf.
  Schullehrer, Hr. Johann Henrich Peppler.
Kleinlinden: Schullehrer, Hr. Justus Frank.
Allendorf:] Schullehrer, Hr. Jakob Hinkelmann.
[Hausen: Pfarrer, Hr. N. N. Waldeck.
  Schullehrer, Hr. Joh. Jost Muth.
Annerod: Schullehrer, Hr. Joh. Ludw. Schäfer.
Heuchelheim: Pfarrer, Hr. Joh. Conr. Zimmer.
  Schullehrer, Hr. Johann Georg Rumpf.
Kirchgöns: Pfarrer, Hr. Georg Henr. Chr. Burk.
  Schullehrer, Hr. Joh. Conrad Sommerlad.
Langöns: Pfarrer, Hr. Johannes Sell.
  Schullehrer, Hr. Hieronimus Fritsche.
Leihgestern: Pfarrer, Hr. Joh. Henr. Weichard.
  Schullehrer, Hr. Johann Muth.
Polgöns: Pfarrer, Hr. Phil. Moritz Bichmann.
  Schullehrer, Hr. Georg Wilhelm Panz.
  Adjunkt, Hr. Ludwig Panz.
[Rodheim und die Bieber: Pfarrer, Hr. Felix Christian Georgi.
  Schullehrer, Hr. Johann Karl Marx.
  Opfermann und Glöckner, N. N. Lupp.
  Adjunkt, N. N. Lupp.
Fellingshausen:] Schullehrer, Hr. J. G. Paulus.
[Watzenborn und Steinberg: Pfarrer, Hr. Henrich Georg Nebel.
  Adjunkt, Hr. Christoph Andreas Eckhard.
  Schullehrer, Hr. Georg Andreas Sommerlad.
Garbenteich:] Schullehrer, N. N. Höchst.

Seniorat des Buseckerthals.

Senior, Hr. Joh. Wilhelm Dechert, Pfarrer zu Grosenbuseck.

[Altenbuseck: Pfarrer, Hr. N. N. Otto.
Schullehrer, Hr. Georg Justus Weimar.
Trohe: Schullehrer, ebenderselbe.
Burkardsfelden: Schullehrer, Hr. J. K. Walther.
Beuern: Pfarrer, Hr. Johannes Waldschmitt.
Schullehrer, Hr. N. N. Bang.
[Grosenbuseck: Pfarrer, (s. Senior.)
Schullehrer, Hr. N. N. Bauer.
Oppenrod:] Schullehrer N. N. Rabenau.
[Kirchberg: Pfarrer, Hr. Henr. Dietr. Gebhard.
Assistent, Hr. N. N. Gebhard.
Lollar, Unter= und Oberheibertshausen: Schullehrer, Hr. Johann Georg Broß.
Stauffenberg, Friedelshausen, Daubringen und Ruttershausen: Schullehrer, Hr. Joh. Bang.
Maynzlar:] Schullehrer, Hr. Joh. Myll.
Reißkirchen: Pfarrer, Hr. A. Daniel Diefenbach.
Schullehrer, Hr. Joh. Kaspar Stein.
[Rödchen: Pfarrer, Hr. Johann Friedr. Brück.
Schullehrer, Hr. Johann Henrich Schlapp.
Albach:] Schullehrer, Hr. Benjamin Nikolai.
Steinbach und Schiffenberg: Pfarrer, Hr. J. W. Becker.
Schullehrer, Hr. Johann Balthasar Wagner.
Assistent, Hr. Konrad Karl Wagner.
Wieseck: Pfarrer, Hr. Joh. Kaspar Göbel.
Assistent, Hr. Magnus Jung.
Schullehrer, Hr. Philipp Henrich Sommerlad.
Der Hof Badenburg ist zum Fürstl. Weilburgischen Ort Mismar eingepfarrt.
[Winnerod und Berkrod:] Pfarrer, Hr. Henrich Christoph Bergen.
Schullehrer, Hr. Christian Wilhelm Koch.

Konvent Butzbach.

Inspektor, Hr. Johann Konrad Spamer, Pfarrer zu Butzbach.

Pfarrer und Schullehrer.

Butzbach: Erster Pfarrer, (s. Inspektor.)
  Zweiter Stadt= auch Pfarrer an der dasigen Hospitalkirche zu St. Wendel, Hr. Karl Phil. Mich. Snell.
  Rektor, Hr. Ludwig Friedrich Münch.
  Konrektor, Hr. Joh. Adam Weyland.
  Kantor und Organist, Hr. Joh. Wilh. Zeuner.
  Erster Mädchenlehrer, Hr. Joh. Ludw. Müller.
  Zweiter = = = Henrich Schäfer.
[Hochweisel: Pfarrer, Hr. Joh. Karl. Dan. Heß.
  Schullehrer, Hr. Johannes Müller.
Weiperfelden] Schullehrer, Hr. J. Ph. Graulich.
Langenhain und Ziegenberg: Pfarrer, Hr. Wilh. Ludwig Weisgerber.
  Schullehrer, Hr. Joh. Konrad Sommerlad.
[Münster: Pfarrer, Hr. Joh. Laurenz Schnabel.
  Schullehrer, Hr. Johann Georg Wettmann.
Bodenrod: Schullehrer, Hr. Joh. Christ. Fröhlich.
Feuerbach: Schullehrer, Hr. Joh. Adam Belzing.
Maybach:] Schullehrer, Hr. Johannes Roth.
Niederroßbach und Greifenklau, Pfarrer, Herr N. N. Selzam.
  Schullehrer, Hr. Johann Thomas Blum.
Oberroßbach: Pfarrer, Hr. Christ. Sim. Runkel.
  Diakonus und Schullehrer, Hr. Joh. Thomas Schmitt.
  Schullehrer und Organist, Hr. J. Henr. Sohl.
Ostheim: Pfarrer, Hr. Johann Christoph Koch.
  Schullehrer, Hr. Johann Henrich Sommerlad.

Gemeinschaftliches Amt Cleeberg.

Cleeberg: Pfarrer und Schullehrer, Hr. Ludwig Großmann.

Brandoberndorf: Pfarrer, Hr. J. Dietr. Busch. Schullehrer, Hr. Christ. Balthasar Köhler.

Obercleen: Pfarrer, Hr. Eberhard Rumpf. Schullehrer, Hr. Johann Peter Streuber.

Ebergöns: Pfarrer, Hr. Joh. Christ. Reinh. Lujn. Schullehrer, Hr. Anton Köhler.

Konvent Echzel.

Inspektor, Hr. D. Henr. Daniel Müller, Pfarrer zu Echzell und Bettenau.

Pfarrer und Schullehrer.

Berstadt: Pfarrer, Hr. Ludwig Müller. Diakonus und Schullehrer, Hr. Joh. Schmitt. Kastenmeister, Hr. Johann Henrich Wolf.

Bingenheim und Bilgesheimermühle: Pfarrer, Hr. Johann Friedrich Soldan, emer. Pfarrer, Hr. Ludwig Christoph Rullmann. Schullehrer, Hr. Johann Philipp Schmitt. Kastenmeister, Hr. Eberhard Wildbrand.

[Dauernheim, Oberdauernheim und Schleifelden: Pfarrer, Hr. Phil. Henr. Balth. Vogt. Diakonus und Schullehrer, Hr. J. H. Eckhard. Schullehrer, Hr. Joh. Georg Berndhäusel. Kastenmeister, Hr. Johann Georg Walter.

Blofelden:] Schullehrer, Hr. Joh. Henr. Lemp.

[Echzell: Erster Pfarrer, (s. Inspektor.) Zweiter Pfarrer, Hr. Christian Aug. Amend. Rektor, Hr. Philipp Anton Wagner. Konrektor, Hr. Johann Christoph Eberhard. Knabenlehrer, Hr. Georg Christian Eberhard. Mädchen=

Mädchenlehrer, Hr. Konrad Christ. Eberhard.
Kastenmeister, Hr. J. G. Rotenberger, Ober-
zollbereiter.
Bisses: Schullehrer, Hr. Karl Ludwig Nikolai.
Kastenmeister, Hr. Johann Konrad Klippert.
Gettenau:] Schüllehrer, Hr. Chr. H. Pfnorr.
Kastenmeister, Hr. Johann Konrad Reiz.
Leidhecken: Pfarrer, Hr. Ph. Theoph. Brodreich.
Schullehrer, Hr. Johann Ludwig Preusch.
Kastenmeister, Hr. Konrad Uhl.

Konvent Nidda.

Inspektor, Herr Alexander Chr. Ludw. Schunke, Oberpfarrer zu Nidda.
Ordinirter Freiprediger im Konvent: Hr. Joh. Reuning, zu Nidda.

Pfarrer und Schullehrer.

[Nidda, Kohden, Michelnau, Salzhausen, die Krötenburgermühle, die Ziegel- u. Schweins-hütte in der Harp, sodann das neue Wirths-haus und die Papiermühle bei Unterschmit-ten: Oberpfarrer, (s. Inspektor.)
Zweiter Stadtpfarrer, Hr. Ernst Em. Victor.
Rektor, Hr. Georg Friederich Ernst Stein.
Konrektor, Hr. Joh. Ludw. Gustav Wedekind.
Freiprediger, (s. oben.)
Präceptor, Hr. Ernst Ludwig Zöll.
Unterschmitten:] Schullehrer, Hr. J. P. Wirth.
Effolderbach, mit Stollberg-Gedern gemeinschaft-lich: Pfarrer, welcher zu Ranstadt im Fürstl. Stollberg-Gederischen wohnt, Hr. Adam Karl Thomin.
Schullehrer, Hr. Johann Guntermann.
[Eichelsdorf: Pfarrer, Hr. J. L. B. Möbius.
Schullehrer, Hr. Christ. Suppes.
Oberschmitten:] Schullehrer, Hr. J. Hofmann.

Geisnidda: Pfarrer und Senior des Konvents, Hr. Johann Henrich Cramer.
Schullehrer, Hr. Georg Arnold Reinhard.
Langd: Pfarrer, Hr. Ernst Friedr. Steinberger.
Schullehrer, Hr. Johannes Spamer.
Adjunkt, Hr. J. H. Spamer.
Lißberg und die breite Heide, vulgo Rumpelsburg: Pfarrer, Hr. Philipp Jakob Koch.
Schullehrer, Hr. Weigand Wittich.
Adjunkt, Hr. Johann Konrad Wittich.
[Oberwiddersheim, Unterwiddersheim, Hauser- und Schwalheimer Hof und Mühle: Pfarrer, Hr. Daniel Jakob Friedrich Rullmann.
Ordinirter Mitprediger und Schullehrer, Hr. J. P. Höfelt.
Organist und Schullehrer, Hr. J. K. Landgráf.
Borsdorf:] Schullehrer, Hr. Johannes Bechtold.
[Rodheim, Rabertshausen, die Weisenmühle, der Ringelshäuser und Graßer Hof, der Glaub-zahl: Pfarrer, Hr. D. Fr. Giebelhausen.
Schullehrer, Hr. Johann Adolph Belzer.
Steinheim:] Schullehrer, Hr. J. H. Triebert.
[Schwickardshausen und Steinkauten: Pfarrer, Hr. Joh. Jakob Henrich Stockhausen.
Schullehrer, Hr. Philipp Henrich Lampes.
Adjunkt, Hr. Georg Philipp Lampes.
Eckardsborn: Schullehrer, Hr. Konrad Henkel.
Bobenhausen und Bellmuth:] Schullehrer, Herr Johannes Faber.
[Ulfa: Pfarrer, Hr. Georg Philipp Scriba.
Schullehrer, Hr. Joh. Henrich Wilhelm Tham.
Adjunkt, Hr. Georg Friedrich Sehrd, Præceptor litteratus.
Stornfels:] Schullehrer, Hr. J. H. Sang.
[Wallernhausen, Finkerloch, Jchelhausen, Streithayn, Biberberg: Pfarrer, Hr. J. G. Gombel.
Schullehrer, Hr. Ludw. Georg Nikol. Löber.

Fauer-

Jauerbach, Schullehrer, Hr. Joh. M. Seum.
Glashütten: Schullehrer, Hr. J. Melch. Geist.
Oberlaiß:] Schullehrer, Hr. Joh. Leuthäuser.

Konvent Schotten.

Inspektor, Herr H. E. Th. Limpert, Pfarrer zu Schotten.

Pfarrer und Schullehrer.

[Schotten und Kiliansherberge: Oberpfarrer, (s. Inspektor.)
 Zweiter Stadtpfarrer, auch Pfarrer zu Rainrod und Rüdingshain, Hr. J. G. Diefenbach.
 Rektor, Hr. Christian Spamer.
 Konrektor, Hr. Johannes Becker.
 Kantor und Lehrer der Mädchen, Hr. Johann B. Köhler.
 Glöckner, Johann Henrich Merz.
Betzenrod: Schullehrer, Hr. Joh. Konrad Vogt.
Götzen: Schullehrer, Hr. Niklas Fritzges.
Michelbach: Schullehrer, Hr. J. C. Seipel.
Rainrod: Schullehrer, Hr. J. Peter Edelmann.
Rüdingshain:] Schullehrer, Hr. J. Konr. Schul.
Breungeshain: Pfarrer, Hr. Joh. Tob. Raab.
 Schullehrer, Hr. Johann Rötzel.
 Adjunkt, Hr. Friedrich Wilhelm Rötzel.
[Burkhards: Pfarrer, Hr. K. J. F. Schuchard.
 Schullehrer, Hr. Johann Ludwig Köhler.
Kaulstos:] Schullehrer, Hr. Joh. Valent. Loos.
Busenborn: Pfarrer und Schullehrer, Hr. Georg Phil. Röder.
 Vorsänger, Johannes Schuchhard.
[Crainfeld: Pfarrer, Hr. L. H. W. Rübsaamen.
 Schullehrer, Hr. Henrich Jakob Weiß.
Bermuthshain: Schullehrer, Hr. J. B. Hornung.
 Adjunkt, Hr. Johann Henrich Hornung.

Grebenhain:] Schullehrer, Hr. Joh. Schaub.
Eschenrod: Pfarrer, Hr. Karl. Friedr. Eberwein.
 Schullehrer, Hr. Johann Conrad Ußmann.
[Herchenhain: Pfarrer, Hr. Fr. E Hennemann.
 Schullehrer, Hr. Johannes Rözel.
Hartmannshain: Schullehrer, Hr. J. J. Blöser.
Eichenhausen:] Schullehrer, Hr. H. Leyer.
Ilbeshausen: Pfarrer, Hr. Georg Ludwig Löber.
 Schullehrer, Hr. Johann Gebhard Fuchs.
 Adjunkt, Hr. Johann Gebhard Fuchs.
[Wingertshausen: (die Grundmühle bei Eichels-
 dorf und Zwiefalten im Amt Nidda,) Pfar-
 rer, Hr. Adam Albert Dippel.
 Assistent, Hr. Joh. Henr. Scriba.
 Schullehrer, Hr. Georg Balthasar Jung.
Eichelsachsen:] Schullehrer, Hr. D. J. Rözel.

Superindentur der Konvente Battenberg, Biedenkopf, Gladenbach, Itter, Königsberg und des Amts Allendorf.

Superintendent.

Hr. Justus Balthasar Müller.
 Unmittelbar zu dieser Superintendur und
  zu keinem Konvent gehören:
Allendorf an der Lumda: Pfarrer, Hr. G. Chr.
 Wilhelm Bichmann.
 Rektor, Hr. Ludwig Christ. Friedrich Bierau.
 Zweiter Lehrer, Hr. J. Amend, auch Glöckner.
[Londorf und Allertshausen: Pfarrer, Hr. Christ.
 Theod. Strack.
 Schullehrer, Hr. Henrich Groh.
Geilshausen: Schullehrer, Hr. W. Konrad Helm.
Klimbach: Schullehrer, Hr. Joachim Rabenau.
Kesselbach: Schullehrer, Hr. Joh. Wilh. Komb.
Rüdingshausen: Schullehrer, Hr. J. J. Kulberla.

Adenhausen: Schullehrer, Hr. Johannes Simeon.
Weitershain:] Schullehrer, Hr. J. Henr. Löchel.

Konvent Battenberg.

Inspektor, Herr Friedrich Wilhelm Bichmann, Pfarrer zu Battenfeld.

Pfarrer und Schullehrer.

[Battenberg, die Kröge, sonst auch neu Jägersdorf oder Ludwigsdorf und der Eisenhammer an der Au: Pfarrer, Hr. N. N. Buff.
Schullehrer, Hr. Johann Paul Koch.
Leisa: Schullehrer, Hr. Johann Volz.
Holzhausen:] Schullehrer, Hr. Johannes Zissel.
Adjunkt, Hr. Johann Jost Zissel.
[Battenfeld und Oberstädt: Pfarrer, (s. Inspektor.)
Schullehrer, Hr. Georg Neuschäfer.
Allendorf: Schullehrer, Hr. August. Christ Seip.
Adjunkt, Hr. Johann Daniel Seip.
Rennertehausen: Schullehrer, Hr. Joh. Christ. Amend.
Berghofen:] Schullehrer, Hr. Joh. Paul Koch.
Adjunkt, Hr. Johann Heinrich Koch.
Bromskirchen, Elbrichhausen, Pfütze, Dexbach: Pfarrer, Herr Johannes Lauer.
Assistent, Hr. Johann Georg Müller.
Schullehrer, Hr. Jakob Rumpf.
Adjunkt, Hr. Johann Georg Rumpf.
[Dodenau, Geisenberg, Kleidelburg, Ohell, Seibelsbach, Binsenbach, Burbach, Burgfell: Pfarrer, Herr Friedrich Günther Schneider.
Schullehrer, Hr. Philipp Christian Göbel.
Reddighausen:] Schullehrer, Hr. J. A. Grosse.
[Fronhausen: Pfarrer, Hr. J. C. Beisenherz.
Schullehrer, Hr. Johannes Michel.

Ober=

Oberasphe: Schullehrer, Hr. Johann Nikolaus
  Mog.
Eifa:] Schullehrer, Hr. Johannes Briel.
Hatzfeld, Lindenhof, Rhode oder Röddchen, Vie-
  bighausen: Pfarrer, Hr. Konrad Schaum.
  Schulrektor: Hr. Christian August Heldmann.

Konvent Biedenkopf.

Inspektor, Hr. G. M. Staudinger, Pfarrer zu
  Biedenkopf.

Pfarrer und Schullehrer.

Biedenkopf, die Erlenmühle und Ludwigshütte:
  Pfarrer, (siehe Inspektor.)
  Rektor ordinatus, Hr. Joh. Wilh. Dornseif.
  Konrektor, Hr. Clermont.
  Schullehrer, Hr. Emanuel Braun.
Buchenau und Elmshausen: Pfarrer, Hr. Joh.
  Georg Stark.
  Schullehrer, Hr. Jakob Jeude.
[Dautphe: Pfarrer, Hr. Philipp Karl Fischer.
  Schullehrer, Hr. Philipp Balthasar Wagner.
  Adjunkt, Hr. Johannes Wagner.
Silberg: Schullehrer, Hr. Joh. Ludw. Einloft.
Hommertshausen: Schullehrer, Hr. Joh. Wei-
  gand Schmitt.
Mornshausen: und Amelose, nebst eine Mühle:
  Schullehrer, Hr. Johann Tönges.
Herzhausen: Schullehrer, Hr. Johannes Wege.
Friedensdorf, die Neu= und Ortmühle: Schul-
  lehrer, Hr. Johann Wagner, (s. oben.)
Allendorf: Schullehrer, Hr. J. M. Balser.
[Dexbach: Pfarrer, Hr. F. H. Christ. Schwarz.
  Schullehrer, Hr. Anton Michel.
Engelbach:] Schullehrer, Hr. Anton Schmitt.
                                    [Eckels-

[Eckelshausen und Katzenbach: Pfarrer, Hr. J. C. Dornseif.
Assistent, Christoph Ludwig Dornseif.
Schullehrer, Hr. Johann Wilhelm Prätorius.
Combach: Schullehrer, Hr. Johann Jost Bamberger.
Wolfsgruben: Schullehrer, Hr. Johann Jost Werner.
Katzenbach:] die 4 Landsiedeln lassen ihre Kinder durch den zeitigen Schäfer informiren, müssen aber solche von Ostern bis Martini nach Eckelshausen in die Schule schicken.
[Holzhausen: Pfarrer, Hr. Georg Martin.
Schullehrer, Hr. Johann Wagner.
Damshausen:] Schullehrer, vacat.
Interimsschullehrer, Hr. Joh. Weigand. Weg.

Konvent Gladenbach.

Inspektor, Hr. Johann Wilhelm Christlieb Hüffel, Pfarrer zu Gladenbach).

Pfarrer und Schullehrer.

[Gladenbach: Pfarrer, (siehe Inspektor.)
Zweiter Pfarrer und Diakonus, Hr. Friedrich Kasimir Seibel.
Rektor, Hr. Stephan Christoph Stauzenbach.
Schullehrer, Hr. Johannes Cramer.
Mornshausen: Schullehrer, Hr. Anton Jaide.
Erdhausen: Schullehrer, Hr. Philipp Christian Müller.
Weidenhausen: Schullehrer: Hr. Joh. Wagner.
Römershausen: Schullehrer, Hr. Johann Wilhelm Stauß.
Rachelshausen: Schullehrer, Hr. Werner Franz.
Runzhausen: Schullehrer, Hr. Johann Ludwig Leonhard.

Belnhausen: Schullehrer, Hr. Johann Stöcker.
Sinkershausen: Schullehrer, Hr. Heinrich Friebertshäuser.
Fronhausen: Schullehrer, Hr. Johannes Schmitt.
Diedenshausen: Schullehrer, Hr. Hartmann Friebertshäuser.
Friebertshausen: Schullehrer, Hr. Joh. Daniel Leonhard.
Rüchenbach: Schullehrer, Hr. Johannes Orth.
Ammenhausen: Schullehrer, (s. Gladenbach.)
Kelnbach:] Schullehrer, Hr. Joh. Philipp Franz.
[Hartenrod: Pfarrer, Hr. Ernst Ludw. Th. Göbel, Schullehrer, Hr. Friedr. Roth.
Günterod und Schlierbach: Schullehrer, Herr N. N. Schäfer.
Bottenhorn: Schullehrer, Hr. Adam Bick.
  Adjunkt, Hr. Johannes Bick.
Endbach: Schullehrer, Hr. H. Henr. Hartmann.
Wommelshausen, Dernbach und Hülshof:] Schullehrer, Hr. Karl Bick.
[Lixfeld: Pfarrer, Hr. Beisenherz.
  Schullehrer, Hr Johannes Hermann.
Frechenbach:] Schullehrer, Hr. J. Jak Weigel.
[Breidenbach: Pfarrer, Hr. Henr. Christ. Bergen.
  Zweiter Pfarrer und Diakonus, Hr. Henrich Wilhelm Krbll.
  Schullehrer und Organist, Hr. Joh. Christian Klein.
Wolzhausen: Schullehrer, Hr. J. Theod. Klein.
Quodshausen: Schullehrer, Hr. Joh. Becker.
Niederhörle: Schullehrer, Hr. Joh. Peter Becker.
Achenbach: Schullehrer, Hr. Joh. Henr. Wagner.
  Adjunkt, Hr. N. N. Seipel.
Oberndieden: Schullehrer, Hr. J. Henr. Wagner.
Niederndieden: Schullehrer, Hr. Johann Georg Krug.

Kleingladenbach: Schullehrer, Hr. Joh. Wagner.
  Adjunkt, Hr. Joh. Jakob Wagner.
Wissenbach: Schullehrer, Hr. Johannes Klein.
Breidenstein:] Schullehrer, Hr. J. D. Achenbach.
[Obereisenhausen: Pfarrer, Hr. J. U Schäfer.
  Schullehrer, Hr. Henrich Theiß.
Gönnern: Schullehrer, Hr. Johann Botterweck.
Niedereisenhausen: Schullehrer, Hr. Johannes
  Schupner.
Steinperf:] Schullehrer, Hr. Johann Heinrich
  Stöcker.
[Oberhörle: Pfarrer, Hr. Georg Karl Degen.
  Schullehrer: Hr. Johann Henrich Klein.
Roth:] Schullehrer, Hr. Joh. Jost Blöcher.
Simmersbach: Pfarrer, Hr. N. N. Welker.
  Schullehrer, Hr. Johann Ludwig Klein.
Wallau und Bellingshausen: Pfarrer, Hr. Joh.
  Christoph Rau.
  Schullehrer, Hr. Johann Georg Meuscher.
Wiesenbach: Schullehrer, Hr. Adam Weigel.

Konvent Itter.

Inspektor, Herr Friedrich Heinrich Alexander
  Frank, Pfarrer zu Voehl.

Pfarrer und Schullehrer.

[Eimelrod und Emminghausen: Pfarrer, Herr
  Johann Christian Karl Koch.
  Schullehrer, Hr. Johann Jost Diez.
Deißfeld:] Sullehrer, Hr. Dittmar Erbe.
Höringshausen: Pfarrer, Hr. Philipp Christian
  Soldan.
Schullehrer, vacat.

[Kirch-

[Kirchlotheim, Schmittlotheim und Herbshausen: Pfarrer, Hr. G. C. Weitershausen.
Schullehrer, Hr. Johann Dietz.
Buchenberg: Schullehrer, Hr. Johann Schäfer.
Herzhausen: Schullehrer, Hr. Christoph Zölzer.
Altenlotheim:] Schullehrer, Hr. J. L. Möbus.
Obernburg, Lauterbach, Thalitter und Dorfitter:
Pfarrer, Hr. Georg Friedrich Liebknecht.
Assistent, Hr. Carl Friedrich Liebknecht.
Schullehrer, Hr. Wilhelm Cronenburg.
Assistent, Hr. Wilhelm Cronenburg.
Oberwerba: Pfarrer, Hr. Johannes Lynker.
Schullehrer, Hr. Johann Georg Geldmacher.
Bergfreiheit zu Thalitter: Bergprediger, Herr
Georg Ludwig Klingelhöfer.
Kantor, Hr. Johann Wilhelm Geldmacher.
[Voehl: Pfarrer, Hr. A. Frank, (s. Inspektor.)
Diakonus, Hr. Joh. Lynker, (s. Oberwerba.)
Schullehrer, Hr. Johann Peter Heß.
Marienhagen: Schullehrer, Hr. Joh. Lud. Müller.
Ahsell: Schullehrer, Hr. Christoph Mizze.
Basdorf:] Schullehrer, Hr. Joh. Henr. Lamm.
Niederorke ist nach Viermünde im Hessenkasselischen
eingepfarrt.

Konvent Königsberg.

Inspektor, Herr Johannes Bär, Pfarrer zu Königsberg.

Pfarrer und Schullehrer.

[Altenkirchen*: Pfarrer, Hr. Joh. Christ. Tobias
Röder.
Schullehrer, Hr. Johann Balthasar Becker.
Bischofen: Schullehrer, Hr. Joh. Peter Lang.
Oberlemp*: Schullehrer, Hr. Johann Martin
Schleuning.

Mudersbach*: Schullehrer, Hr. Johann Jakob
  Köpge.
Blasbach*: Pfarrer, vacat.
  Schullehrer, Hr. Johann David Valentin.
[Erda*: Pfarrer, Hr. Henrich Ludw. Cellarius.
  Schullehrer, Hr. Joh. Ernst. Christ. Griesbach.
Wilsbach:] Schullehrer: Herr Johann Adam
  Steinmüller.
[Crumbach: Pfarrer, Hr. Joh. Ernst Christian
  Köster.
  Schullehrer, Hr. Henrich Wilhelm Lepper.
Frankenbach:] Schullehrer, Hr. Johann Henrich
  Groh.
Hermannstein: Pfarrer, Hr. Joh. Friedr. Görz.
  Schullehrer, Hr. Johannes Köhrig.
[Königsberg: Pfarrer, (s. Inspektor.)
  Adjunkt, Hr. Gottlieb Christian Bär.
  Kaplan und Schullehrer, Hr. Johann Henrich
  Kasimir Müller.
  Organist, Hr. Friedrich Wilhelm Schneebecker.
Altstädten*:] Schullehrer, Hr. Johann Henrich
  Valentin.
[Niederweidbach: Pfarrer, Hr. Franz August
  Friedrich Wilhelm Feuerbach.
  Schullehrer, Hr. Johann Kaspar Schaub.
Oberweidbach: Schullehrer, Hr. Johannes Korb.
Rosbach: Schullehrer, Hr. Joh. Henrich Struv.
[Waldgirmes und die Höfe Haina: Pfarrer, Hr.
  Waltr. Ludwig Werner.
  Schullehrer, Hr. Johann Konrad Fink.
Nauenheim:] Schullehrer, Hr. Johann Georg
  Schwarz.

L 4   Supe=

---

* Die bemerkte Orte gehören übrigens zur Grafschaft
  Hohensolms=Lich.

Superintendur der Konvente Alsfeld, Grünberg und Kirdorf.

Superintendent.

Herr Johann Christian Friedrich Schulz, (s. Universität Giesen.)

Konvent Alsfeld.

Inspektor, Herr Johann Ludwig Wilhelm Vietor.

Pfarrer und Schullehrer.

[Alsfeld und Höllhof: Pfarrer an der Walburgiskirche, (s. Inspektor.)
Diakonus und Prediger in der Dreifaltigkeitskirche, Hr. Christoph Wilhelm Schmitt, auch Pfarrer zu Leusel.
Mitprediger und Rektor der lateinischen Schule, Hr. N. N. Curtmann.
Konrektor, Hr. N. N. Wolf.
Präceptor, Hr. Georg Wilhelm Abbt.
Mädchenschullehrer, Hr. Johann Georg Kurz.
Leusel: Schullehrer, Hr. Johannes Bernges.
Reiberterode:] Schullehrer, Hr. Johann Jakob Specht.
Altenburg und der Finkenhof: Pfarrer Hr. Friedr. Soldan.
Schullehrer, Hr. Georg Christoph Meinhard.
Organist, Hr. Johann Peter Schlitt.
[Billertshausen und Gethürms: Pfarrer, Herr Karl Friedrich Venator.
Schullehrer, Hr. Johann Henrich Cramer.
Heimertshausen: Schullehrer, Hr. Abel Köhler.
Zelle:] Schullehrer, Hr. Andreas Wolf.
Brauerswend: Pfarrer, Hr. J. Christ. Clermont.
Schullehrer, Hr. Johann Ernst Bonacker.
Adjunkt, Hr. Johann Kaspar Post.

Renzendorf: (s. Brauerswend.)
[Eudorf und Dotzelrod: Pfarrer, Hr. Friedrich
   Thudichum.
   Schullehrer, Hr. Johannes Fischer.
Elbenrod und Grausenberg:] Schullehrer, Herr
   Johann Konrad Höcker.
[Grebenau, Eulersdorf, Merles, Reimenrod und
   Wallersdorf: Pfarrer, Hr. J. G. K. Welker.
   Rektor, Hr. Friedrich Christoph Welker.
   Organist, Hr. Johann Georg Jungblut.
Bieben:] Schullehrer, Hr. Johann Georg Dämer.
   Adjunkt, Hr. Georg Friedrich Dämer.
[Heidelbach und Greifenhainerhof: Pfarrer, Herr
   David Jakob Schmitt.
   Schullehrer, Hr. Herrmann Küster.
Schwabenrode, Münchleusel, Kleinhof u. Mühle:
   Schullehrer, Hr. Johann Henrich Kimbel.
Fischbach:] Schullehrer, Hr. Joh. Henr. Ling.
[Hopfgarten und Melchersgrund: Pfarrer, Herr
   Georg Konrad Daniel Stückrad.
   Schullehrer, Hr. Johann Lange.
Rainrod: Schullehrer, Hr. Johannes Susemühl.
Hergersdorf: Schullehrer, Hr. Andreas Peter.
Ober= und Untersorg: Schullehrer, Hr. Aßmann.
Vaderode:] Schullehrer, Hr. Ludwig Roth.
[Oberbreidenbach: Pfarrer, Hr. Philipp Daniel
   Amend.
   Schullehrer, Hr. Johann Martin Merschrod.
Storndorf: Schullehrer, Hr. J. Henr. Gemmer.
Strebendorf: Schullehrer, Hr. Joh. Pet. Wenzel.
[Romrod und Jägersthal: Pfarrer, Hr. Joh.
   Justus Reiz.
   Kaplan und Präceptor, Hr. Johann Friedrich
      Wilhelm Becker.
Oberroth und Liederbach: Schullehrer, Hr. Joh.
   Peter Zinßer.

Nieder=

Niederbreidenbach:] Schullehrer, Hr. Phil. Lerch.
[Schwarz: Pfarrer, Hr. Konrad Spamer.
  Schullehrer, Hr. Johann Sterz.
Eifa:] Schullehrer, Hr. Joh. Justus Spiegel.
Udenhausen: Pfarrer, Hr. N. N. Cranz.
  Schullehrer, Hr. Johann Friedrich Kühn.
Folgende v. Riedeselische Pfarreien sind eximirt:
Angersbach, Rudlos und Hof Saßen: Pfarrer,
  Hr. Joh. Wilh. Dieffenbach.
[Mahr und Wernges:] Pfarrer, Hr. Johann
  Henr. Arnold.
[Wallenrod und Reuters:] Pfarrer, Hr. Friedr.
  Wilh. Hoffmann.
[Wehrt, Heblos und Rinnlos:] sind nach Lauterbach eingepfarrt.

Konvent Grünberg.

Inspektor, Hr. Christian Helfrich Ebel, Pfarrer zu Grünberg.

Pfarrer und Schullehrer.

[Grünberg: Erster Stadtpfarrer, (s. Inspektor.)
  Zweiter, Hr. Johann Reiber.
  Diakonus und Rektor, Hr. N. N. Wolfram.
  Konrektor, Hr. Karl. Ludwig Seim.
  Präceptor, Hr. Johann Henrich Männchen.
  Opfermann, N. N. Fuchs.
Lehnheim: Schullehrer, Hr. Joh. Peter Simon.
Stangenrode:] Schullehrer, Hr. Johann Schulz.
[Bobenhausen, Petershainerhof u. Ruppelmühle:
  Pfarrer, Hr. Friedrich Christ. Otto Birau.
  Schullehrer, Hr. Johann Henrich Rau.
  Assistent, Hr. Georg Philipp Rau.
Heckersdorf: Schullehrer, Hr. Konrad Wolf.
Kölzenhain: Schullehrer, Hr. Joh. Balth. Jost.
  Adjunkt, Hr. Joh. Konrad Jost.
Oberseibertenrode: Schullehrer, Hr. J. K. Völsing.

Wohn-

Wohnfelden: Schullehrer, Hr. K. Momberger.
Feldkröken:] Schullehrer, Hr. Johann Henrich Schneider.
[Burggemünden, Sorg: Pfarrer, Hr. Philipp Konrad Placidus Frank.
　Schullehrer, Hr. Joh. Rühl.
Bleiderode: Schullehrer, Hr. J. Just. Ritter.
Meiches: Pfarrer, Hr. Konr. Daniel Römhild.
　Schullehrer, Hr. Johannes Musch.
Ermerode: Pfarrer und Präcepter, Hr. Christ. Reinhard Münch.
[Felda, Kleinfelda und Scheunhausen: Pfarrer, Hr. Joh. Christ. Jerem. Strack.
　Schullehrer, Hr. Johann Martin Stein.
Restrich: Schullehrer, Hr. Joh. Peter Weigand.
Windhausen:] Schullehrer, Hr. Ludw. Hofmann.
[Merlau, Kirschgarten: Pfarrer, Hr. Johannes Vigelius.
　Schullehrer, Hr. Joh. Christoph Hammel.
Flensungen, Ilsdorf, Stockhausen: Schullehrer, Hr. Joh. Jost Groh.
Weickershain:] Schullehrer, Hr. J. C. Schmitt.
[Niedergemünden: Pfarrer, Hr. N. N. Münch.
　Schullehrer, Hr. Johannes Horst.
　Adjunkt, Hr. N. N. Kratz.
Elpenrod: Schullehrer, Hr. Johannes Müller.
　Adjunkt, Hr. Johann Konrad Fischer.
Hainbach: Schullehrer, Hr. J. A. Hachenberg.
Otterbach:] Schullehrer, Hr. Johannes Nagel.
　Adjunkt, Hr. N. N. Nagel.
[Niederohmen, Kleinlumd, Königsfassen, Windhain, Obergrubenbach: Pfarrer, Hr. C. F. Leining.
　Schullehrer, Hr. Johannes Enders.
Bernsfelden: Schullehrer, Hr. Johann Henrich Hill.

Atzenhain: Schullehrer, Hr. H. C. Schnabel.
Wettsassen:] Schullehrer, Hr. Karl Krauß.
[Queckborn: Pfarrer, Hr. Joh. Moritz Soldan.
   Schullehrer, Hr. Johann Ludwig Faber.
   Assistent, Hr. Joh. Ludw. Schlopp.
Lauter und die Bing: Schullehrer, Hr. Johann
   Henrich Habicht.
[Sellnrod: Pfarrer, Hr. Christ. David Köhler.
   Schullehrer, Hr. Johann Henrich Müller.
Altenhain:] Schullehrer, Hr. Joh. Konrad Ort.
[Stumpertenrod: Pfarrer, Hr. Ludw. Magnus.
   Schullehrer, Hr. Otto Rieb.
Röddingen: Schullehrer, Hr. Johann Henrich
   Stedenroth.
Helpershain:] Schullehrer, Hr. Johann Christ.
   Martin.
   Adjunkt, Hr. Johannes Hedderich.
Ulrichstein, Langwasser, Selgen - und Sieg-
   mundshäuser Hof: Pfarrer, Hr. Christian
   Gerhard Rupp.
   Schullehrer, Hr. Johann Christian Keil.
[Wirberg, Göbelnrod, Reinhardshain: Pfar-
   rer, Hr. Joh. Daniel Bernbeck.
   Schullehrer, Hr. Johannes Greb.
Beltershain: Schullehrer, Hr. Johann Jost.
   Simon.
Groslumda: Schullehrer, Hr. Johann Peter
   Müller.
Veitsberg, Lindenstruth, Saasen, Bollnbach:
   Schullehrer, Hr. Johann Konrad Bock.
Haarbach:] Schullehrer, Hr. Johannes Becker.
   Assistent, Hr. Joh. Ludwig Prätorius.
Folgende von Riedeselische Pfarreien sind eximirt:
[Engelrod, Eichelhain, Eichenrod, Hörgenau,
   Lanzenhain, Repgeshain: Pfarrer, Hr. Joh.
   Fr. Bindewald.

[Frisch)=

[Frischborn, Eisenbach, Pfitzenrod, Eickendorf, Aumenrod:] Pfarrer, Hr. Fr. Karl Vockerod.
Hopfmannsfeld und Dirlammen: Pfarrer, Hr. Kaspar Rockel.
[Oberohmen, Ruppertenrod, Unterseibertenrod und Zeilbach:] Pfarrer, Hr. J. Chr. Schmidt.
Großeichen und Kleineichen: Pfarrer, Hr. Joh. Karl Müller.

Konvent Kirdorf.

Inspektor, Herr Johannes Diehl, auch Pfarrer zu Obercleen.

Pfarrer und Schullehrer.

[Bernsburg und Grubenmühle: Pfarrer, Herr Justus Jakob Cramer.
  Assistent, Hr. Henrich Adam Cramer.
  Schullehrer, Hr. Johann Christian Erb.
Arnshain:] Schullehrer, Hr. Joh. Henr. Ludw. Enders.
[Ehringshausen und Oberndorf: Pfarrer, Herr Johann Melchior Wahl.
  Schullehrer, Hr. Johann Martin Mill.
  Assistent, Hr. Johann Seim.
Rülfenrod:] Schullehrer, Hr. Lorenz Keller.
Homburg an der Ohm, Upperthausen und Waltershausen: Pfarrer, Hr. G. F. L. M. Möller.
  Diakonus und Rektor, Hr. Karl Sal. Lotze.
  Mädchenschullehrer, Hr. G. C. Schleunig.
Kirdorf und die Aumühle: Pfarrer, Hr. Christoph Karl Venator.
  Diakonus, Hr. Johann Andreas Kann.
  Rektor, Hr. Friedrich Sebast. Scheffer.
  Mädchenschullehrer, Hr. Joh. Jakob Stritter.
[Lehrbach: Pfarrer, Hr. Joh. Konrad Schäfer.
  Schullehrer, Hr. Christoph Gompf.
Erbenhausen:] Schullehrer, Hr. Nik. Schneider.
  Adjunkt, Hr. Johann Henrich Schneider.

[Maul-

[Maulbach: Pfarrer, Hr. Georg Ludwig Christ. Cellarius.
 Schullehrer, Hr. Johannes Schaaf.
Appenrode: Schullehrer, Hr. Joh. Schneider.
Dannerode:] Schullehrer, Hr. J. Georg Küster.
Obercleen: Pfarrer, (s. Inspektor.)
 Schullehrer, Hr. Johann Valentin Schaaf.
 Adjunkt, Hr. Johann Konrad Schaaf.
[Oberosleiden und Gontershausen: Pfarrer, Hr. Georg Friedrich Kasimir Strack, emer.
 Pfarrer, Hr. Henr. Friedr. Phil. Christ. Welker.
 Rektor, Hr. Johann Wilhelm Stein.
Bußfeld: Schullehrer, Hr. Joh. Henr. Schäfer.
Deckenbach und Hoingen: Schullehrer, Hr. Ludwig Michel.
Haarhausen: Schullehrer, Hr. Johann Henrich Michel.
Niederosleiden: Schullehrer, Hr. J. M. Zink.
Schadenbach:] Schullehrer, Hr. J. R. Becker.
[Wahlen: Pfarrer, Hr. Joh. Nik. Köhler.
 Schullehrer, Hr. Johann Henrich Köhler.
Gleimenhain:] Schullehrer, Hr. Simon Fischer.

Samtrevisionsgericht,

(welches wechselsweis 6 Jahr zu Giesen und 6 Jahr zu Marburg gehalten wird.)

Revisionsräthe.

Herr A. L. Grolmann, geh. Reg. Rath zu Giesen.
 (Von Seiten Hessendarmstadt.)
 » D. Karl Wilh. Robert, Professor zu Marburg.
  (Von Seiten Hessenkassel.)

Sekretär.
Herr Karl Wilh. Langsdorf, Archivrath zu Giesen.

Scribenten.
Herr Johann Gerhard Günther, Regierungskanzellist zu Giesen.
- Joh. Nikol. Christ. Köhler, Regierungsregistrator zu Giesen.

Pedellen.
Daniel Daniel, zu Giesen.
Johann Nikolaus Amrhein, zu Marburg.

Advokaten und Prokuratoren.
Herr Ludwig Christian Teuthorn,
- Christoph Balthasar Münch, } zu Giesen.
- Phil. Gottl. Christ. Leußler,
- Christ. Friedr. Jungk,
- Lt. Joh. Henr. Büding,
- Franz Pfau, } zu Marburg.
- Ferdin. Ludw. Bißcamp,
- Georg Henrich Wepler,

Samthofgericht zu Marburg.

Hofrichter.
Herr Karl Ludwig August von Schollen, Obervorsteher zu Malsfeld.

Hofgerichtsräthe.
Herr Georg Ludwig Motz, Oberappellationsgerichtsrath zu Kassel.
- Friedr. Wilh. Christ. Kasim. Sal. von Buri, Regierungsrath zu Giesen.

Herr

Herr Ludwig Friedrich von Wallbrunn, Oberappellationsgerichtsrath zu Darmstadt.
- Gustav Levin Christian Hombergk zu Vach, Regierungsrath zu Kassel.

Sekretärs.
Herr Lt. Joh. Justus Rabe, Rath zu Marburg.
- Johann Konrad Bauer, Substitut allda.

Scribent und Pedell.
Herr Johann Nikolaus Amrhein, zu Marburg.
- Joh. Christ. Amrhein, dessen Gehülfe allda.

Bote.
Konrad Meister, daselbst.

Prokuratoren und Advokaten.
Herr Lt. Johann Henrich Wiederhold, Hofrath.
- D. Jakob Friedrich Victor.
- Lt. Johann Henrich Bücking.
- Ferdinand Ludwig Biscamp.
- Johann Henrich Metz.
- Georg Henrich Wepler.

Stadt Giesen.

a) Polizei- und Armendeputation.
Direktor.
Herr L. J. Friedrich Christian Buff, Regierungsrath.

Deputirte.
Herr D. August Friedr. Wilh. Crome, Reg. Rath.
- Georg Friedrich Sues, Regierungsrath.

Herr

Herr Joh. Friedr. Hartm. Balser, Regierungs- und Polizeirath.
- Johann Ludwig Christian Rayß, Oberschultheiß.

Der zeitige Bürgermeister zu Giesen.

Herr Georg Andreas Rumpf, Reg. Advokat und Stadtschreiber, als Aktuar.

Polizeidiener.

Johann Balthasar Löber.

Bei der Armendeputation ist ausserdem:

Herr Superintendent Bechtold, sodann ein Kirchensenior.

b). Quartierkommission.

Herr Georg Friedrich Sues, Regierungsrath.

c) Stadtmagistrat, nebst andern bürgerl. in Stadtbedienungen stehenden Personen.

Oberschultheiß, Herr Johann Ludwig Christian Rayß.

Stadtsyndikus, Hr. Joh. Friedr. Hartm. Balser, Regierungsrath, zugleich Administrator der Stadtschuldentilgungskasse.

Stadtschreiber, Herr Georg Adam Rumpf, Regierungsadvokat.

Rathschöffen.

Herr Johann Justus Schieffer, Kirchenältester.
= Johann Philipp Magnus, Kirchenältester und ständiger Beedinspektor.

Herr Johannes Seip, Kirchenältester und ständiger Waldmärker.
- Daniel Vogt.
- Philipp Balthasar Vetzberger, Fleischschätzer.
- Georg Moritz Schmitt.
- Joh. Tasche, auch peinlicher Gerichtsschöff und Kirchenältester.
- Johann Philipp Busch, Stadtkapitain.
- Johann Wilhelm Hast.
- Friedrich Helfrich Kempf.
- Valentin Flett.
- Jakob Melchior Wörmser.

Vorsteher.

Ein Unterbürgermeister, so alle Jahre aus der Bürgerschaft erwählt wi. d.

Zwei Vorsteher, werden alle drei Jahre aus der Bürgerschaft erwählt.

Rathsdiener.

Andreas Konrad Neeb, auch Marktmeister.
Johann Daniel Balser.

Kirchenälteste ausser oben benannten.

Herr Johann Konrad Eckstein.
- Valentin Flett.
- Johann Balthasar Koch.
- Johann Jakob Schmitt.
- Johann Christoph Frech.
- Johann Seipp, jun.

Stadtkapitain, Herr Johann Wilhelm Diez.
= = = Christian Wilh. Fillmann.
Feldgeschworner, Herr J. P. Löber, auch Kastenmeister.

Feld-

Feldgeschworner, Herr Johann Andreas Stohr.
 =   =   = Philipp Konrad Magnus.
 =   =   = Johannes König.
Stadtphyſikus, Hr. D. Philipp David Buſch, Hofrath.
Stadtchirurgus, Hr. Ludw. Rudolph Borngäſſer.

Juſtiz = Kameral = und andere Dienerſchaft in den Aemtern des Oberfürſtenthums Heſſen.

Oberamt Gieſen. (15,360.)

a) Stadt = Juſtiz = Oberamt.

Oberamtsverwalter, Hr. Georg Friedr. Sues, Regierungsrath, zugleich Reſervatbeamter im Buſeckerthal.
Oberſchultheiß, Hr. Joh. Ludw. Chriſt. Rayß.
Oberamtsdiener, Andreas Löber.

b) Land = Juſtiz = Oberamt.

Oberamtsverwalter, (ſ. oben.)
Landphyſikus, Herr D. Ernſt Schwabe.
Oberamtsſekretär, Herr Georg Daniel Lynker.
Amtsſchultheiß, Herr Chriſt. Gottl. Gravelius, Amtsverweſer.
Landchirurgus, Herr Johann Konrad Keller.
Amtsdiener, Johannes Dittmar.
 =   =   Johannes Weyand.
 =   =   N. Engelmann.

Renteibediente.

Amtskeller und Tranksteuereinnehmer, Herr Georg von Schmalcalder, Hofrath.
Gegenschreiber und Zehendverwalter, Herr Johann Philipp Nikolaus Krach.
Renteidiener und Zehendknecht, Joh. Georg Decker.
Zollbereiter, Herr Johann Gerhard Tasche.
= = = Johann Mannberger.
= = = Johann Melchior Eckstein.
= = = Konrad Meyer.

Giesen, das Militär und die Studenten nicht mitgerechnet, 3959.
Beständer der Briefpost, Herr Friedrich Broß, Regierungsadvokat.
= = Herr N. N. Nebel.
Postmeister der fahrenden Post, Herr Philipp Henrich Kempf.
Adjunkt, Hr. Johannes Kempf.
Zollverwalter, Hr. Friedrich Rumpf.
Wollenwieger, Hr. Moriz Höpfner.
Acciser, Hr. Christian Balthasar Busch.
Fruchtmesser u. Scheuerknecht, Joh. Christ. Thor.

Grosenlinden, nebst 3 Mühlen, 662. Stadtschultheiß, Herr Georg Müller.

Oberrath.

Herr Philipp Hardt, Kirchensenior.
= Johann Georg Menges, Kirchensenior.
= Georg Ludwig Velten.
= Johann Jost Lang, jun.
= Johannes Schaum, Stadtschreiber.
= Johannes Keßler, Kirchensenior.
= Ludwig Menges.

Unter-

Unterrath.

Herr Johann Jost Best.
 = Johannes Luh.
 = Ludwig Müller.
 = Johannes Schmitt.
 = Philipp Kramer.
 = Philipp Magnus.

Kirchensenioren auſſer obigen.

Herr Johannes Velten, sen., auch Kastenmeister.
 = Henrich Wegner.

Stadtschreiber und Zöllner, Hr. N. N. Schaum.
Rathsdiener, Christian Luh.

Stauffenberg, Hof Friedelshausen und Lahnmühle, 474. Stadtschultheiß, Hr. Johann Georg Jung.
Stadtschreiber und Organist, Hr. Joh. Bang.
Zöllner, Hr. Friedrich Jung.

Oberrath.

Herr Johann Georg Jung, Stadtschultheiß.
 = Johannes Heybertshausen.
 = Johann Konrad Zecher.
 = Johann Dietrich Decker.
 = Johann Kaspar Runk.
 = Johannes Sommer.
 = Johann Magnus Schwalb.

Unterrath.

Derselbe wechselt jährlich ab und bestehet aus einem Unterbürgermeister und drei Gliedern, welche aus der Bürgerschaft gewählt werden.
Rathsdiener, Johannes Kramer.

Kirchensenioren.

Herr Johann Henrich Heybertshausen.
 = Johann Peter Braun.

Feldgeschworne und Steinsetzer.

Herr Johannes Sommer, (s. oben.)
= Johann Henrich Hoppert.

a) Gericht Lollar.

Lollar, die Höfe Unter- und Oberheibertshausen, nebst der Holzmühle, 544. Schultheiß und Zöllner, Hr. Joh. Melchior Klinkel.

Maynzlar 398. Schultheiß, Hr. Hans Gerhard Müller.

Zöllner, Hr. Johann Kaspar Roth.

Ruttershausen und Kirchberg, 272. Schultheiß, Herr Johann Henrich Schwarz.

Zöllner, Hr. Georg Konrad Geißler.

Daubringen 292. Schultheiß, Hr. M. Weymar.

Zöllner, Hr. Wilhelm Hämmerle.

Trohe 128. Schultheiß und Zöllner, Hr. Joh. Georg Loth.

Wieseck und Badenburger Hof 940. Schultheiß, Hr. Melchior Monck.

Zöllner, Hr. Balthasar Römer.

b) Gericht Steinbach.

Steinbach 545. Schultheiß, Hr. Adam Gerhard.

Zöllner, Hr. Konrad Gerhard.

Garbenteich 382. Schultheiß, Hr. Jakob Hinterländer.

Zöllner, Hr. Jakob Kissel.

Watzenborn 421. und Steinberg 235. Gerichtsschultheiß, Hr. Jakob Schmand.

Zöllner, Hr. Johann Adam Hauser.

Steinberg: Zöllner, Hr. Johann Georg Hinkeler.

c) Gericht Heuchelheim.

Heuchelheim, nebst 2 Mühlen, 855. Schultheiß, Hr. Philipp Krailing.

Zöllner, Hr. Johannes Hartmann.

Fellingshausen, nebst den Einwohnern auf der
halben Biber, 353. Schultheiß, Hr. Ludwig
Schäfer.
Zöllner, Hr. Andreas Gerlach.
Kleinlinden, nebst von Wredischen Hof, 281.
Schultheiß, Hr. Johannes Jung.
Zöllner, Hr. Ludwig Spengler.
Rodheim, die halbe Biber, die Schmitterhofs-
und Amtmannsmühle, 571. Schultheiß, Hr.
Konrad Jung.
Zöllner, Hr. Georg Wagner.
Kalkmesser bei Rodheim: Zöllner, Hr. Johann
Georg Bechlinger.
d) Buseckerthal: Reservat- und Vogteischultheiß,
auch Zollbereiter, Hr. Konrad Meyer, zu
Grosenbuseck.

Zöllner des Buseckerthals.

Albach 253. Hr. Johannes Schäfer.
Altenbuseck 734. Hr. Georg Eberhard Hofmann.
Beuern 644. Hr. Joh. Tobias Schomber.
Bersrod 241. Hr. Johannes Lindenstruth.
Burkhardsfelden 386. Hr. Joh. Henrich Albach.
Grosenbuseck 1062. Hr. Johannes Körber.
Oppenrod 156. Hr. Joh. Friedrich Balser.
Reißkirchen 304. Hr. Joh. Ludwig Becker.
Rödchen 268. Hr. Johann Jakob Bello ff.

Amt Allendorf an der Lumda. (3604.)

Amtmann und Rentmeister, wie auch Reservat-
beamte im Gericht Londorf, Herr Valentin
Balthasar Euler.
Amts- und Stadtphysikus, Herr D. Ernst
Schwabe, Professor der Medizin in Giesen.
Kontrolleur und Amtsdiener, Konrad Caspar.

Allendorf an der Lumda 975. Stadtschreiber, Herr Elias Konrad Strecker.

Stadtchirurgus, Hr. Georg Henrich Schurz.
Zöllner, Hr. Anton Amend.
Acciser, Hr. Johann Adam Lotz.
Kastenmeister, Hr. Joh. Henrich Rothenberger.
Polizeiknecht, Johann Balthasar Lotz.

Oberrath.

Herr Johannes Lenzel, Secondlieutenant.
- Johannes Reinhard, Stadthauptmann.
- Johann Anton Dellwig.
- Konrad Henrich Franz.
- Ludwig Dern.
- Johann Christoph Wagner.

Der Unterrath wechselt jährlich ab, besteht aus einem Unterbürgermeister und 4 Gliedern, welche aus der gemeinen Bürgerschaft gewählt werden.

Rathsdiener, Johannes Reinhard.

Kirchenälteste.

Herr Johann Henrich Reinhard.
- Friedrich Fritz.
- Konrad Keil, sen.
- Johann Hißrich.
- Christoph Saleck.
- Johannes Bergen, sen.

Feldgeschworne und Steinsetzer.

Herr Johann Henrich Reinhard.
- Christoph Bach.
- Johannes Wagner.

Zöllner des Londorfer Gerichts.

Londorf 506, Herr Ludwig Becker.
Kesselbach 277. Hr. Konrad Schaaf.
Odenhausen 273. Hr. Johannes Magel.
Geilshausen 339. Hr. Joh. Jost. Müller.
Weitershain 422. Hr. Joh. Henrich Theiß.
Rüdingshausen 494. Hr. Johannes Deicker.
Allertshausen 169. Hr. Johannes Nachtigall.
Klimbach 149. Hr. Peter Magel.

Amt Alsfeld, welches die Aemter Alsfeld und Romrod und das Gericht Kirdorf begreift.

Amt Alsfeld. (17,597.)

Amtmann, zugleich Reservatbeamte in der Cent Lauterbach und zu Angerod Herr Johann Georg Hallwachs, zu Alsfeld, Reg. Rath.
Amts= und Stadtphysikus, Herr D. Franz Christoph Merk daselbst, Hofrath.
Physikatsadjunkt, Hr. D. N. N. Stoll.
Amtsadvokat, Hr. Karl Diefenbach, Reg. Sekretär.
Oberkastenkollektor, Herr Joh. Christ. Welker, Landkommissär.
Oberamtsdiener, Johannes Krug.

Amt Alsfeld. (6062.)

Marschkommissär, Rentmeister, Stadt= und Amtsschultheiß, Hr. Johann Georg Bender, Rath.
Adjunkt, Hr. Christian Wilhelm Böhm, Amtsverweser.

Gerichtsschreiber, Herr Johann Ludwig Adolph Reiz, Regierungssekretär.

Adjunkt, Hr. Christoph Ernst Reiz.

Alsfeld, nebst 8 Innmühlen, dem Schützenrainer= und Höllhof, 2836.

Posthalter, Hr. Johann Lorenz Knieriem.

Adjunkt, Hr. Johann Friedrich Knieriem.

Zollverwalter, Hr. Johann Henrich Haaß.

Waisenhauskollektor, Hr. Johannes Bücking.

Chirurgus juratus, Hr. Christoph Michel.

Wollenwieger, Hr. Johann Peter Zöger.

Oberzehendknecht, Accisschreiber und Fruchtmesser, Johann Georg Martin.

Policeidiener und Accisaufseher, Johannes Müller.

Magistrat.

Stadtschultheiß, Syndikus und Stadtschreiber, Hr. Karl Diefenbach, (s. oben.)

Schöffen.

Herr Georg Dietrich Keck.
- Johann Lorenz Knieriem, Posthalter.
- Johann Henrich Urstädt.
- Johann Georg Kopp.
- Johann Melchior Ploch.
- Johann Jakob Koch.
- Georg Dietrich Weber.
- Johannes Löchel.
- Johann Henrich Gontrum.
- Hartmann Paul Curtmann.
- Johann Georg Lotz.

Der Bürgermeister wird alle Jahre auf H. 3 König von den Zünften in der Hauptkirche gewählt.

Bürgerliche Beisitzer.

Herr Werner Jungblut, Bau- und Unterbürgermeister.
 = Elias Hartmann, Weinmeister.
 = Joh. Hartmann Lenth, Testamentar und Armenkassenverwalter.
 = Joh. Georg Kemmer, Schätzer.

NB. alle Jahre gehen die 2 älteste ab und werden 2 neue von der Bürgerschaft erwählt.

Rathsdiener, Leonhard Hanitsch.
  Von dem Stadtrügegericht wird ans Oberamt appellirt.

Kirchenälteste.

Herr Friedrich Knieriem.
 = Johann Henrich Knieriem.
 = Johannes Bücking.
 = Werner Jungblut.

Stadt- und Landgericht.

Amtsschultheiß und Gerichtschreiber, (s. oben.)

Schöffen.

Herr Johann Dietrich Haberkorn.
 = Johann Herrmann Stroh.
 = Johann Henrich Decher.
 = Johann Georg Specht.
 = Henrich Lerch.
 = Johann Henrich Knieriem.
 = Johann Henrich Keidel.
 = Johann Henrich Lang.
 = Johann Jakob Groh.
 = Johannes Bücking.
 = Johann Henrich Schmidt.
 = Curt Henrich Schmidt.

Vom Landgericht wird ans Oberamt appellirt.

Alten-

Altenburg, der Finkenhof, Schmitthof, Vieh-
    hof, Schützenhof, 2 von Riedeselische Höfe
    und 1 Mühle, 302. Schultheiß, Herr Joh.
    Georg Herbst.
Zöllner, Hr. Henrich Keidel.
Brauerschwend, nebst 1 Ziegelhütte und Oelen-
    mühle und Schützenhof, 435. Amtsschul-
    theiß, (s. oben.)
Schultheiß und Zöllner, Hr. Andreas Hammel.

Schöffen des Landgerichts.

Herr Johann Eckhard Ruppel, von Schwarz.
 =   Johannes Menz, von Renzendorf.
 =   Joh. Henr. Geißler, von Brauerschwend.
 =   Johannes Weizel, daselbst.
 =   Johann Konrad Schmitt, von Renzendorf.
 =   Jerem. Grünewald, von Brauerschwend.
 =   Johann Georg Georg, von Rainrod.
 =   Johannes Römer, daselbst.
 =   Johann Henrich Noll, aus Schwarz.
 =   Johann Peter Hebermehl, daselbst.
 =   Johann Hermann Wegfahrt, das.
 =   Johannes Popert, von Rainrod.

Vom Landgericht wird ans Oberamt appellirt.

Eifa und 2 Mühlen 379. Schultheiß, Hr. Joh.
    Hermann Stroh.
Zöllner, Hr. Johann Henrich Dörr.
Elbenrod, nebst 1 Mühle und Höfe, 224. Schul-
    theiß, Hr. Johann Henrich Leihmann.
Zöllner, Hr. Hans Henrich Caspar.
Eudorf 302. Doßelrod, bestehend aus dem Burg
    Rothenhaus und von Langwerthischen Hof, 30.
    Amtsvorsteher, Hr. Johannes Gerhard.
                                        Schul-

Schultheiß, Hr. Johann Henrich Zulauf.
Zöllner, Hr. Johann Henrich Geissel.
Fischbach 65. Schultheiß und Zöllner, Hr. Joh. Henrich Heumüller.
Heidelbach, der Greifenhainer- und Weizenhof, nebst 1 Mühle, 243. Schultheiß, Hr. Johannes Fink.
Zöllner, Hr. Johann Georg Specht.
Münchleusel und der Kleinhof, nebst 1 Mühle, 76. Schultheiß, Hr. Lorenz Jung.
Zöllner, Hr. Johann Henrich Meß.
Reinrod und 1 Mühle 317. Schultheiß, Herr Georg Georg.
Zöllner, Hr. Joh. Henrich Stiehler.
Reibertenrod 99. Schultheiß, vacat.
Zöllner, Hr. Johann Jost Schmitt.
Renzendorf, nebst 2 Mühlen, 96. Amtsvorsteher, Hr. Johannes Menz.
Zöllner, Hr. Joseph Menz.
Schwabenrod 156. Zöllner, Herr Johann Henrich Meß.
Schwarz und 3 Mühlen 502. Schultheiß, vacat.
Zöllner, Hr. Johannes Noll.

Amt Romrod. (4761.)

Marschkommissär, Rentmeister, Amts- und Stadtschultheiß, Hr. Henr. Friedrich Christ. Leußler.
Zollbereiter, Hr. N. N. Marquard, zu Storndorf.
Amtsdiener, Andreas Kraft.
Romrod, Eich-Lipp- und Herrnmühle, nebst Jagdschloß zum Jägerthal 843.
Zöllner, Hr. Johann Michael Böcking.
Zehendaufseher, Fruchtmesser und Acciser, Hr. Henrich Ludwig Böcking.

Magistrat.

Stadtschultheiß, (siehe oben.)
Stadtschreiber und Stadtchirurgus, Hr. Joh. Ernst Schwedler.

Rathsverwandte.

Herr Joh. Konr. Rau, Bürgermeister.
= Joh. Konrad Kraußmüller.
= Johann Peter Decher.
= Ludwig Dozert.
= Ludwig Peter.
= Johann Henrich Enders.

Beisitzer.

Herr Ludwig Merkel.
= Konrad Richtberg.
Stadtbaumeister, Hr. Johann Rau.
Rathsdiener, Werner Dörner.

Kirchenälteste.

Herr Johann Kaspar Graulich.
= Johannes Ploch.
= Walther Rohrgas.
= Valentin Ploch.

Landgericht.

Amtsschultheiß, (siehe oben.)
Gerichtsschreiber, Hr. J. C. A. Reiz, Regierungssekretär zu Alsfeld.
Adjunkt, Hr. Christian Ernst Reiz, das.

Schöffen.

Herr Joh. Konr. Kraußmüller, ⎱ zu Romrod.
= Johann Henrich Enders, ⎰
= Konr. Kraußmüller, zu Niederbreidenbach.
= Johann Schmitt, zu Oberbreidenbach.

Herr

Herr J. C. Schaaf, zu Zelle.
- Joh. Henr. Gontrum, zu Billertshausen.
- Abel Kaspar, zu Heimertshausen.
- Johannes Krug, zu Leusel.
- Johann Sehrt, zu Badenrod.
- Johann Jost Eckstein, zu Hopfgarten.
- Johannes Aßmann, zu Hergersdorf.
- Johannes Eisländer, zu Strebendorf.

Von da wird ans Oberamt appellirt.

Billertshausen, das Gethürms und 2 Mühlen, 185. Ortsvorsteher, wird jährlich von der Gemeinde gewählt.

Zöllner, Hr. Johann Henrich Gontrum.

Heimertshausen 318. Schultheiß und Zöllner Hr. Abel Kaspar.

Hergersdorf, nebst 1 Mühle, 139. Vorsteher, wird jährlich von der Gemeinde gewählt.

Zöllner, Hr. Konrad Zulauf.

Hopfgarten und Hof Melchersgrund 242. Schultheiß und Zöllner, Hr. Joh. Jost Eckstein.

Leusel und 1 Mühle 380. Amtsvorsteher, Hr. Johann Georg Krug.

Schultheiß und Zöllner, Hr. Johannes Krug.

Liederbach, Oberroth und Hof Gilsa 231. Schultheiß und Zöllner, Hr. J. H. Ploch.

Niederbreidenbach 173. Schultheiß, Hr. Konrad Kraußmüller.

Zöllner, Hr. Johann Henrich Scheerer.

Oberbreidenbach und 1 Mühle 475. Schultheiß, Hr. Johann Schmitt.

Zöllner, Hr. Johann Sartorius.

Obersorg und 1 Mühle 162. Schultheiß, vacat.

Zöllner, Hr. Johannes Helm, jun.

Strebendorf, nebst 2 Mühlen 239. Schultheiß, Hr. Johann Eisländer.

Zöllner, Hr. Georg Adam Schmitt.

Badenrod und die Hofmühle 352. Schultheiß,
 Hr. Johann Henrich Kreuter.
Zöllner, Hr. Friedrich Jörg.
Untersorg, 1 Mahl- und 1 Oehlmühle, nebst dem
 Scheiffelhof 87. Schultheiß, Hr. Johann
 Henrich Luchs.
Zöllner, Hr. Johann Kaspar Eckstein.
Zelle, der Steineshof, die Steines- und 1 Inn-
 mühle 578. Schultheiß und Zöllner, Hr.
 Johann Konrad Schaaf.

Amt (vulgo Eusergericht) Kirdorf. (3249.)

Marschkommissär, Amts- und Stadtschultheiß,
 Hr. F. P. Seiler, Amtsverweser.
Gerichts- und Stadtschreiber, auch Organist,
 Hr. Johann Georg Düring.
Zollbereiter, Hr. Johann Christ. Ellenberger.
Adjunkt, Hr. Joh. Christ. Ellenberger.
Amtsdiener, Johannes Häuser.
Kirdorf, die Spitzen-Au- und Grenzmühle 917.
Zöllner, Hr. Joh. Andr. Gottwerth.
Wollenwieger, Balthasar Schmitt.

Magistrat.

Stadtschultheiß und Stadtschreiber, (s. oben.)

Rathsverwandte.

Herr Johann Balthasar Schmitt.
 = Johann Georg Jost, Bürgermeister.
 = Friedrich Gottfried Rullmann.
 = Joh. Andreas Gottwerth.
 = Joh. Gerhard Schäfer.
 = Johann Konrad Stumpf.
Rathsdiener, Johann Henr. Hahn.

Stadt-

Stadtvierer.

Herr Johann Konrad Pfeiffer.
= Johann Bräuer.
= Bernhard Stumpf.
= Johann Konrad Schleuch.
= Johann Konrad Muth, Baumeister.

Kirchenälteste.

Herr Johannes Bechtold.
= Johannes Stumpf, jun.
= Johannes Falkenheiner.
= Johann Georg Giller, sen.
= Johann Georg Nau.
= Konstantin Roth.

Kastenmeister, Herr Joh. Gerhard Schmitt.

Arnshain, Damshof und Damsmühle, 402. Schultheiß, Hr. Johann Henrich Diez, sen.
Zöllner, Hr. Lorenz Merlau.

Bernsburg, die Welsch= Bocks= und Gruben= mühle, 259. der Schultheißen=Dienst wird durch den Gerichtsschöffen versehen.
Zöllner, Hr. Johann Henrich Schäfer.

Erbenhausen und 1 Mühle 261. Schultheiß und Gerichtsvorsteher, Hr. J. C. Becker.
Zöllner, Hr. Johann Jost Georg.

Gleimenhain und die Odermühle 187. Schultheiß Hr. Johannes Sommer.
Zöllner, Joh. Hermann Schott.

Lehrbach, nebst a) dem von Schenkischen Schmötts= hof und Mühle, b) den beiden von Lehrbachi= schen Höfen, c) dem Retschenhäuser Hof und Mühle, d) der Weißmühle, e) der Teich= Mühle, 241. Schultheiß und Zöllner, Hr. Johannes Stumpf.

Obercleen, die Klobergs=Werners=Kaspers= und Ramberger Mühle 651. Schultheiß, Hr. Johann Jakob Enders.
Zöllner, Hr. Joh. Oppertshausen.

Wah=

Wahlen und Forsthaus, 331. Der Schultheißen=
dienst, wird durch den Gerichtsschöffen ver=
sehen.

Zöllner, Hr. Johann Konrad Meß.

Landgericht.

Amtsschultheiß und Gerichtsschreiber, (s. oben.)

Schöffen.

Herr Konrad Werner, von Obercleen.
- Martin Stroh, von Lehrbach.
- Joh. Konrad Becker, von Erbenhausen.
- Johann Kaspar Grein, von Arnshain.
- Johann Hahnstein, von Bernsburg.
- Johann Jost Rades, sen., von Wahlen.

Von da wird ans Oberamt appellirt.

Gericht Angerod, ein einzelner Ort, 347.

Acciser, Hr. Joh. Konrad Bork.

Zu der Cent Lauterbach gehören: Angersbach
991. Mahr 796. Wallerod 604. Reuters
138. Hebloß 174. Rimloß 58. Werth 417.
Der halbe Ort Rudloß, Hof Saßen und
verschiedene einzeln liegende Mühlen.

Amt Battenberg. (6142)

Amtmann, Herr E. P. H. Buff, zu Battenberg.
Amtsphysikus, Herr D. Fr. J. Chr. Rainer das.
Adjunkt, Herr Johann Jakob Neuschäfer das.
Rentmeister und Stadtschreiber, Hr. G. W.
Engel daselbst.
Amtsschultheiß und Gerichtsschreiber, Hr. Ernst
Justus Staudinger, das.
Amtsfiskal, Hr. Philipp Henrich Gönner, zu
Bromskirchen, Kammersekretär.
Amtschirurgus, Hr. H. M. Dennof zu Bat=
tenberg.
Landknecht, Christian Forster.
Amtsdiener, Konrad Kramer.

Bat=

Battenberg, die Stadt= und Fühlnhäuſer Mühle, neu Jägersdorf oder Kröge, oder neu Ludwigsdorf, der Eiſenhammer auf der Au, 779.

Zehendverwalter, Hr. Juſtus Neuſchäfer.

Kontrolleur und Zöllner, Hr. Johann Philipp Hofmann.

Polizeiknecht, Anton Rieſe.

Magiſtrat.

Stadtſchreiber, (ſiehe oben.)

Rathsverwandte.

Herr Georg Martin Bienhaus.
- Konrad Schmitt, auch Kirchenſenior.
- Daniel Siebott.
- Matthäus Schmitt.
- Friedrich Koch.

Kirchenſenioren.

Herr Henrich Henkel.
- Konrad Seip.
- Hermann Bibighäuſer.

Eiſenhammer: Zöllner, Herr Gegenſchreiber Rhode.

Allendorf, die Kämmers= und Allendorfer Mühe und Kolonie Oſterfeld, 460. Schultheiß und Zöllner, Hr. Johannes Groß.

Battenfeld 393. Schultheiß und Amtsvorſteher, Hr. Johann Henrich Koch).

Zöllner, Hr. Johann Konrad Gondolff.

Berghofen 279. Schultheiß, Hr. Johann Briel.

Zöllner, Hr. Jakob Strieder.

Bromskirchen, Ober= und Unter=Linſphermühle, Pfütze oder neu Ludwigsdorf, Darloch, Hof Seibelsbach, Forſthaus Elbrighauſen, 787. Schultheiß und Zöllner, Hr. Johann Daniel Müller.

Dodenau, die Rees=Papier= und Dodenauer Mühle, die Höfe Burghöll, Burbach, Geisenberg, Binsenbach, Ohell, das Forsthaus Kleidelburg, 643. Schultheiß, Hr. Jakob Müller.

Zöllner, Hr. Johannes Innacker.

Auf der Reesmühle: Zöllner, Hr. Johann Jost Biebig.

Eifa, nebst Mühle, 192. Schultheiß, Hr. Joh. Jost Briel.

Zöllner, Hr. Johann Henrich Henkel.

Fronhausen, nebst Mühle, 248. Schultheiß und Kontrolleur, Hr. Johannes Henkel.

Zöllner, Hr. Ludwig Moof.

Hatzfeld, der Eisenhammer, die Angelbachs= und Hatzfelder Mühle, die Höfe Rohda (oder Rödgen), Bibighausen und Lindenhof, 743. Stadtschreiber und Kontrolleur, Hr. Johann Christoph Eckhard.

Zöllner, Hr. Johann Jakob Rapp.

Rathsverwandte.

Herr Christian Pabst.
 = Georg Zelle.
 = Kaspar Specht.

Kirchenälteste.

Herr Henrich Fritz.
 = Johannes Bözel.
 = Johann Konrad Pfeil.
 = Johann Wilhelm Freitag.

Holzhausen, Ober= Unter= und Eisenbachsmühle, 294. Schultheiß, Hr. Johannes Briel.

Zöllner, Hr. Christian Manckel.

Leisa 274. Schultheiß, Hr. Henrich Hirth.

Zöllner, Hr. Henrich Paulus.

Ober=

Oberasphe, nebst 1 Mühle, 246. Schultheiß,
  Hr. Hermann Hallenberger.
Zöllner, Hr. Johannes Heiner.
Reddighausen 312. Schultheiß, Herr Johann
  Konrad Veit.
Zöllner, Hr. Johann Kaspar Groß.
Rennertehausen und Mühle 492. Schultheiß,
  Kontrolleur, Land = und Brückenzöllner, Hr.
  Johannes Jakobi.
Kontrolleur, Hr. Johann Paul Becker.
Adjunkt, Hr. Johann Arnold.
  Nota. Das Bürgermeisteramt versicht zugleich jeder
  Schultheiß.

Amt Biedenkopf. (5961.)

Amtmann und Rentmeister, Hr. J. C. Klingel-
  höfer zu Biedenkopf, Reg. Rath, emer.
Amtmann und Rentmeister, Hr Joh. Karl Fr.
  Klingelhöfer das.
Amtschreiber, Hr. Friedr. Ernst Jäger das.
Physikus der Dorfschaften diesseits der Lahn,
  Hr. D. Fr. J. Ch. Rainer zu Battenberg.
Physikus der Dorfschaften jenseits der Lahn, vac.
Physikatschirurgus, Hr. Joh. Georg Großmann.
Zoll = und Zehendinspektor, auch Gegenschrei-
  ber, Hr. Konrad Ludwig Walther.
Biedenkopf, nebst der Ludwigshütte, der Ober-
  Unter = und Erlenmühle, der Walkmühle und
  verschiedenen Lohmühlen u. Gerbereien 2536.
Zöllner, Hr. Jost Barthel Breidenstein.

Magistrat.

Stadtschreiber, Hr. Justus Reinhard Walther.

Rathsverwandte.

Herr Johann Philipp Wagner.
  =   Ludwig Wilhelm Bast.

Herr Egidius Brühl.
- Emanuel Heinzerling.
- Johann Ludwig Wild.
- Joh. Wilh. Heinzerling, Bürgermeister.
- Joh. Jost Voigt.
- Andreas Werner.

Kirchenälteste.

Herr Matthäus Werner.
- Johann Henrich Zimmermann.
- Philipp Burkhard Einlof.
- Jost Alexander Plack.
- Johann Georg Unverzagt.
- Johann Kraft Kolbe.

Ludwigshütte: Zöllner, Hr. Joh. Georg Plack.

Gericht Dautphe.

Allendorf 170. Schultheiß, Hr. Joh. Jost Burgk.
Zöllner, Hr. Johannes Achenbach, auch Amts=
vorsteher.
Buchenau, die Ober= und Untermühle und der
Hof Elmshausen, 354. Schultheiß, Hr.
Weigand Balser.
Zöllner, Hr. Joh. Jost Kraft.
Combach, nebst der Altmühle, 190. Schultheiß,
Hr. Andreas Happel.
Zöllner, Hr. Johann Jost Happel.
Damshausen, 179. Schultheiß, Hr. Hans Kon=
rad Burgk.
Zöllner, Hr. Konrad Varnschlag.
Dautphe 245. Schultheiß, Hr. Johannes Bam=
berger.
Zöllner, Hr. Johannes Gerlach.
Eckelshausen 219. Schultheiß, Hr. Johannes
Engelbach, auch Gerichtsschöff.
Zöllner, Hr. Johannes Werner.

Frie=

Friedensdorf, die Neu-Ort- und Schmelzmühle, 252. Schultheiß und Amtsvorsteher, Herr Konrad Nassauer.
Zöllner, Hr. Johann Debus Orthmüller.
Herzhausen 221. Schultheiß und Gerichtsschöff, Hr. Joh. Wege, sen.
Zöllner, Hr. Johannes Wege.
Hommertshausen 197. Schultheiß, Hr. Ludwig Wege, auch Gerichtsschöff.
Zöllner, Hr. Johannes Bamberger.
Holzhausen und 1 Mühle 427. Schultheiß, Hr. Johann Georg Weigand.
Zöllner, Hr. Michael Lotz.
Mornshausen, Oberndorf u. Amelose, nebst 1 Mühle, 201 Schultheiß, Hr. Joh. Jakob Junker.
Zöllner Hr. Johannes Lenz
Amelose: Zöllner, Hr. Jost Heck.
Silberg 157. Schultheiß, Hr. Joh. Wagner.
Zöllner, Hr. Johann Jost Heck.
Wolfsgruben 113. Schultheiß und Zöllner, Hr. Johann Georg Roth.

Gericht Dexbach.

Dexbach, nebst der Ober- und Untermühle, 279. Schultheiß, Hr. Joh. Jost. Wirth.
Zöllner, Hr. Johannes Damm.
Engelbach, nebst 1 Mühle, 221. Schultheiß, Hr. Anton Damm, auch Gerichtsschöff.
Zöllner, Hr. Jakob Schmitt.

Amt Bingenheim. (4431.)

Amtmann und Rentmeister, Hr. Georg Friedr. Zuehl, Regierungsrath zu Bingenheim.
Amtsschultheiß und Amtsschreiber, Hr. Karl Philipp Lindt daselbst.
Amtsbote, Johann Lorenz Kriegk daselbst.
Amtsdiener, Johann Henrich Repp.

Oberzollbereiter, Hr. Johann Georg Rothen=
berger, zu Echzell.
Zehendverwalter, Hr. Johann Kaspar Scheib,
zu Bingenheim.
Amtsphysikus, (siehe Nidda.)
Amtschirurgus, Hr. Wilhelm Ludwig Schrage,
zu Echzell.
Bingenheim, nebst der Bilgesheimer Mühle. 512.
Kontrolleur und Scheuermeyer, Hr. Joh. Henr.
Müller.
Zöllner und Acciser, Hr. Joh. Henr. Müller.
Fruchtmesser Johannes Lohfink.
Berstadt, nebst der Schwalheimer Mühle, 730.
Gerichtsschultheiß, Hr. Johann Peter Zinn.
Posthalter, Hr. Johann Justus Naumann.
Zöllner, Hr. Franz Naumann.
Acciser, Hr. Joh. Henrich Schäfer.
Bisses 270. Schultheiß und Zöllner, Hr. Johann
Naumann.
Blofelden 195. Unterschultheiß, Hr. Joh. Wolf.
Schultheiß=Adjunkt, Hr. Joh. Henrich Wolf.
Zöllner und Acciser, Hr. Joh. Henrich Nikolai.
Dauernheim, Hof Schleyfeld, Oberdauernheim
und das Jagdhaus, 768. Gerichtsschultheiß,
Hr. Ludwig Daniel Hyll.
Zöllner und Acciser, Hr. Johannes März.
Echzell 1213. Oberschultheiß, Hr. Karl Friedrich
Rullmann.
Gerichtsschreiber, Hr. Johann Jakob Werner.
Zöllner und Acciser, Hr. Joh. Henrich Roos.
Settenau 419. Oberschultheiß, Hr. Karl Friedrich
Rullmann.
Zöllner und Acciser, Hr. Joh. Henrich Muth.
Leydhecken 324. Schultheiß, Hr. Johannes Stelz.
Zöllner, Hr. Johann Henrich Bach.-

Amt Blankenstein, nebst Grund Breidenbach. (10,366.)

a) Amt Blankenstein.

Justizamt.

Amtmann und Amtsschultheiß, Hr. Phil. Henrich Krebs, zu Gladenbach.
Adjunkt, Hr. Georg Theod. Krebs, Amtsassessor.
Amtsphysikus, vacat.
Amtssekretär, Hr. Pilipp Henrich Krebs, jun.
Amtschirurgus, vacat.
Amtsdiener, Anton Heck.

Renteiamt.

Rentmeister, Hr. W. F. Hermanni, zu Gladenbach.
Zehendverwalter und Kontrolleur, Hr. Johann Friedrich Karl Sommerlad.
Fruchtmesser, Hr. Johann Georg Grebe.
Renteidiener, Johannes Meyer.

Land- und Rügengericht.

Amtmann und Amtsschultheiß, Hr. Phil. Henrich Krebs, (siehe oben.)
Gerichtschreiber, Hr. Philipp Henrich Krebs.
Nebst 12 Schöffen.

> Nota. Dieses Gericht hält auch alle 7 Jahr unterm Vorsitz des Fürstl. Amtmanns mit Zuziehung 12 der ältesten Schöffen aus dem Grund Breidenbach das sogenannte 7jährige Gericht bei Obereisenhausen unterm freien Himmel, bei welchem alle die Fürstl. Leibeigne gestraft werden, die eine ungenossene, d. i. adeliche Leibeigne, geheurathet haben.

Untergericht.

Gladenbach, ein Marktflecken, nebst 1 Mühle, 799.
Schultheiß, Hr. Johann Rüffel.

Ammenhausen 63. Schultheiß, Hr. Johannes Bender.
Bellnhausen 109. Schultheiß und Zöllner, Hr. Jost Barth.
Diedenhausen, nebst 2 Mühlen, 117. Schultheiß u. Zöllner, Hr. Johannes Friebertshäuser.
Erdhausen, nebst 6 Mühlen, 208. Schultheiß, Hr. Hans Jakob Rink.
Zöllner, Hr. Johann Jakob Hof.
Friebershausen und 2 Mühlen 96. Schultheiß und Zöllner, Hr. Joh. Jakob Ruppert.
Fronhausen und 1 Mühle 137. Schultheiß und Zöllner, Hr. Georg Jakobi.
Kehlnbach 73. Schultheiß, Hr. Georg Happel.
Mornshausen, nebst 4 Mühlen, 313. Schultheiß und Zöllner, Hr. Johann Georg Burgk.
Rachelshausen 66. Schultheiß und Zöllner, Hr. Jakob Heuser.
Römershausen 201. Schultheiß und Zöllner, Hr. Johann Jost Lang.
Rüchenbach 119. Schultheiß, Hr. Johann Jost Becker.
Zöllner, Hr. Johann Georg Leinenweber.
Runzhausen 218. Schultheiß, Hr. Joh. Hof.
Zöllner, Hr. Werner Hof.
Sinkershausen und 2 Mühlen 185. Schultheiß und Zöllner, Hr. Johannes Burck.
Weidenhausen, nebst 5 Mühlen, 336. Schultheiß, Hr. Johann Jost Müller.
Zöllner, Hr. Peter Thomas.

Obergericht.

Bottenhorn, nebst 1 Mühle, 385. Dernbach 66. Schultheiß, Hr. Johann Jakob Herrmann.
Zöllner, Hr. Adam Debus.
Crumbach 190. Schultheiß und Zöllner, Hr. Johann Peter Wagner.

Endbach und 4 Mühlen 284. Schultheiß, Hr.
Jost Müller.
Zöllner, Hr. Johann Jakob Happel.
Günterod 272. Schultheiß und Zöllner, Hr.
Jakob Müller.
Hartenrod, nebst 2 Mühlen, 441. Schultheiß
und Zöllner, Hr. Johann Jakob Rink.
Hülshof, welcher aus 4 Erbleihhöfen besteht,
die zusammen eine besondere Gemeinde aus=
machen.
Schlierbach 113. Schultheiß und Zöllner, Hr.
Jakob Stoll.
Wommelshausen, nebst 3 Mühlen, 290. Schul-
theiß und Zöllner, Hr. Joh. Ludwig Thomas.

b) Grund Breidenbach.

Justizunteramt, (von dem ans Oberamt zu Gla-
denbach und Hochadeliche Mitgerichtsherrn
in gemeinschaftlichen Sachen appellirt wird.)
Amtsschultheiß, Hr. Joh. Christ. Fried. Schulz.
Adelicher Gerichtsschultheiß, Hr. N. N. Gröll.
Gemeinschaftlicher Gerichtschreiber, Hr. Henr.
Christ. Bergen.
Assistent, Hr. N. N. Bergen.
Amtsdiener, Johannes Schmitt, emerit.
Adjunkt, Bernhard Roth.
Nota. Im Grund Breidenbach sind 5 Gerichte an de-
nen mit Schwabacher Schrift gedruckten Orten,
wozu die ihnen nachstehende nicht distinguirte
Orte gehören.
Breidenbach und Hof Roßbach, nebst 2 Müh-
len, 475. Schultheiß, Hr. Joh. Henr. Grebe.
Zöllner, Hr. Johannes Grebe.
Achenbach und 1 Mühle 218. Schultheiß, Hr.
Johannes Schmitt.
Zöllner, Hr. Johann Henrich Wagner.

Kleinglabenbach, nebst 1 Mühle, 177. Schultheiß, Hr. Johann Henrich Meyer.
Zöllner, Hr. Joh. Jost Wagner.
Niederdieden und 2 Mühlen 215. Schultheiß, Hr. Johannes Schmitt.
Zöllner, Hr. Johannes Reitz.
Niederhörle, nebst 1 Mühle, 129. Schultheiß, Hr. Johann Henrich Plitt.
Zöllner, Hr. Adam Schmitt.
Oberdieden und 2 Mühlen 205. Schultheiß und Zöllner, Hr. Adam Thomas.
Quotshausen, nebst 3 Mühlen, 124. Schultheiß, Hr. Johannes Grebe.
Zöllner, Hr. Johannes Simbel.
Wallau, Hof Billingshausen, nebst 1 Mahl= und 1 Papiermühle, 582. Schultheiß, Hr. Johann Henrich Achenbach.
Zöllner, Hr. Jakob Welsch.
Weiffenbach 188. Schultheiß, Hr. Johann Ludwig Blecher.
Zöllner, Hr. Johann Ludwig Blecher.
Wiesenbach, nebst 1 Mühle, 181. Schultheiß und Zöllner, Hr. Johannes Kunkel.
Wolzhausen und 1 Mühle 344. Schultheiß, Hr. Adam Reitz.
Zöllner, Hr. Johannes Schwarz.
Lixfeld, nebst 2 Mühlen, 286. Schultheiß, Hr. Johann Jakob Bilsing.
Zöllner, Hr. Johannes Schneider.
Frechenhausen und 2 Mühlen 174. Schultheiß, Hr. Johannes Hansmann.
Gönnern, nebst 3 Mühlen, 284. Schultheiß, Hr. Johann Sänger.
Zöllner, Hr. Johann Bilsing.

Ober=

Oberhörle und 1 Mühle 230. Schultheiß, Hr.
Adam Metzler.

Zöllner, Hr. Adam Schmitt.

Simmersbach, nebst 2 Mühlen, 323. Schultheiß,
Hr. Johann Jakob Reh.

Zöllner, Hr. Johann Reh.

Obereisenhausen und 2 Mühlen 174. Schultheiß,
Hr. Johannes Welsch.

Zöllner, Hr. Johannes Pitzer.

Niedereisenhausen, nebst 2 Mühlen, 281. Schultheiß, Hr. Johannes Lenz.

Zöllner, Hr. Johannes Becker.

Steinperf und 2 Mühlen 195. Schultheiß, Hr.
Henrich Pitzer.

Zöllner, Hr. Adam Theiß.

Roth, nebst 1 Mühle, 261. Schultheiß und
Zöllner, Hr. Johann Jost Blöcher.

Breidenstein, nebst 1 Mühle, 205. hat Stadtgerechtigkeit und ein aus 6 Schöffen bestehendes Gericht, davon der ältere Bürgermeister das Schultheißenamt versieht.

Zöllner, Hr. Johann Henrich Schmitt.

Nota. Zu Oberhörle ist noch ein besonderes Gericht mit 12 Schöffen, Vogtgericht und Vogtschöffen genannt.

Amt Burggemünden. (2083.)

Amtmann und Rentmeister, Herr Georg
Teuthorn, zu Burggemünden.

Amtsphysikus, (siehe Grünberg.)

Amts= und Gerichtsschreiber, Herr Johann
Philipp Menges.

Adjunkt, Herr Johann Peter Baumann.

Amtsdiener, Johannes Graulich.

Zollbereiter, Hr. Kaspar Justus Kraus.

Renteikontrolleur, Hr. Johann Ruckelshausen.

Burggemünden, Hof Sorg und 1 Mühle, 368.
Schultheiß, Hr. Johann Jost Sam.
Zöllner und Acciser, Hr. Johann Henrich Kaspari.

Bleidenrod 254. Schultheiß und Zöllner, Hr. Nikolaus Lein.

Elpenrod 396. Schultheiß, Hr. Kasp. Schlosser.
Zöllner, Hr. Urias Nikolaus Fischer.

Ermenrod, Schelnhausen, Herrnhof, Dorfmühle, Seifenmühle, 362. Schultheiß, Hr. Konrad Musch.
Zöllner, Hr. Johannes Weil.
Acciser, Hr. N. N. Kraus.

Hainbach 210. Schultheiß, Hr. Adam Kratz.
Zöllner, Hr. Johannes Berg.

Niedergemünden, die Dorfmühle und die Kauflaibs- oder Däknetsmühle, 391. Schultheiß und Zöllner, Hr. Johannes Bünding.

Otterbach 102. Schultheiß, Hr. Val. Schmitt.
Zöllner, Hr. Johannes Becker.

Amt Butzbach und Philippseck. (5157.)

Amtmann, Rentmeister und zugleich Reservatbeamte zu Langenhain und Ziegenberg, Herr Joh. Ludw. Salom. Meyer, zu Butzbach.
Marschkommissär, Amtssekretär und Tranksteuereinnehmer, Hr. J. Henr. Hisserich das.
Amtsadvokat, Hr. Georg Henrich Heß.
Amtsdiener, N. N. Bilay.
Amts- und Stadtphysikus, Hr. D. Christian Reinhard Liebknecht.
Amts- und Stadtchirurgus, vacat.
Zollbereiter, Hr. Johann Henrich Rumpf.

Butz-

Butzbach 2042. Posthalter, Hr. Ludwig Klees.
Dessen Verwalter, Hr. Lust.
Zollverwalter und Geleitschreiber, Hr. K. Heß.
Kontrolleur, Hr. Andreas Marguth.
Acciser, Hr. Christoph Lesch.

Magistrat.

Stadtsyndikus und Stadtschreiber, Hr. Georg Karl Christ. Balser, Hofrath.

Aelterer Rath.

Herr Johannes Seipel.
 = Johannes Kuhl.
 = Johannes Winter.
 = Balthasar Wießler.
 = Johann Henrich Müller.
 = Nikolaus Grüninger.
 = Johannes Grüninger.
 = Friedrich Trapp.
 = Johannes Heil.

Jüngerer Rath.

Herr Jakob Wilhelm Rumpf.
 = Christoph Heil.
 = Johann Jost Groß.
 = Jakob Kuchel.
 = Bernhard Rumpf.
 = Philipp Moritz Bender.
 = Johannes Steinhäuser.
 = Johann Georg Heinemann.

Rathsdiener, Friedrich Philipp Feldmann.

Kirchenälteste.

Herr Jakob Heil.
 = Wilhelm Braubach.
 = Adam Winter.
 = Friedrich Junghans.
 = Georg Ludwig Zahn.

Herr Christoph Kuchel.
 = Wilhelm Müller.
 = Christoph Rübsaamen.
 = Adam Rübsaamen.

Bodenrod 162. Schultheiß und Acciser, Herr Johann Peter Wissich.
 Zöllner, Hr. Christoph Hofmann.

Feuerbach 559. Schultheiß und Zollbereiter, Hr. Paul Möckel.
 Zöllner, Hr. Andreas Schneider.
 Acciser, Hr. Johannes Dieter.
 = = Hermann Schmitt.

Hochweisel 634. Schultheiß, Hr. Joh. Möckel.
 Zöllner, Hr. Nikolaus Anschicks.
 Acciser, Hr. Johann Konrad Schild.
 = = Johann Peter Diehl.

Maybach 244. Schultheiß u. Acciser, Hr. J. Weisel.
 Zöllner, Hr. Johann Georg Philips.

Münster 261. Schultheiß, Hr. Joh. Hofmann.
 Zöllner, Hr. Christoph Anschicks.
 Herrschaftl. Weingärtner, Hr. Andr. Wittmann.
 Acciser, Hr. Johann Jakob Meub.
 = = Konrad Philips.

Ostheim 462. Schultheiß und Zöllner, Hr. Joh. Konrad Schneider.
 Adjunkt, Hr. Matthäus Schneider.
 Zollbereiter, Hr. Andreas Schneider.
 Acciser, Hr. Wilhelm Mohr.
 = = Konrad Philips.

Weiperfelden 130. Schultheiß, Zöllner und Acciser, Hr. Anton Bruch.

Ziegenberg 131. Zöllner, Hr. Jakob Sommerlad.
 Acciser, Hr. Johann Henrich Möckel.

Langenhain 532. Zöllner, Hr. Phil. Sommerlad.
 Acciser, (siehe Ziegenberg.)

Amt

Amt Cleeberg. (1509.)

(Ist mit Weilburg gemeinschaftlich.)

Amtmann und Rentmeister, Herr Ludw. Anselm Liebknecht, zu Cleeberg.
Amtssekretär, Hr. Gottl. Konr. Steinberger.
Amtsdiener, Konrad Jung.
Amtsbote, Johannes Schäfer.
Brandoberndorf 542. Gerichtsschultheiß, Herr Konrad Hartmannshenn.
Schultheiß, Hr. Johann Konrad Wetzer.
Adjunkt, Hr. Konrad Wetzer.
Cleeberg 408. Schultheiß, Hr. Peter Höhn.
Kontrolleur, Hr. Johann Jakob Quack.
Adjunkt, Hr. Henrich Quack.
Ebergöns 280. Schultheiß, Hr. Konrad Glaum.
Zöllner, Hr. Balthasar Schneider.
Obercleen 309. Schultheiß, Hr. Melchior Frech.

Amt Grebenau. (1610.)

Amtmann und Rentmeister, Hr. Georg Ludw. Klingelhöfer, zu Grebenau.
Adjunkt, Hr. Friedrich Ludwig Klingelhöfer, Amtsassessor.
Amts- und Stadtschreiber, Hr. Jakob Balth. Rüdiger, daselbst.
Amtsphysikus, (s. Alsfeld.)
Amtschirurgus, Hr. Jakob Simon.
Amtsdiener, Johann Henrich Allendorf.
Amtsbote, Johann Henrich Einwächter.
Zollvisitator, Johann Henrich Thamer.
Grebenau, nebst 3 Mühlen, 667. Kontrolleur, Tranksteuereinnehmer und Acciser, Hr. Joh. Georg Jungblut.
Zöllner, Hr. Johann Allendorf.

Magistrat.

Stadtschreiber, (s. oben.)
Stadtrath und Schöffen beim Landgericht.
Herr Johann Henrich Hedderich.
  = Johannes Allendorf.
  = Konrad Lippert.
  = Johannes Mog.
  = Johann Henrich Jäger.
  = Johann Henrich Schnarr.
Nebst zween Beisitzern aus der Bürgerschaft.
Beisitzer.
Herr Friedrich Kalbfleisch.
  = Jakob Adolf.
Es sind ausserdem noch 6 Schöffen des Landgerichts.
Raths= und Gerichtsdiener, J. Henr. Allendorf.
Kirchenälteste.
Herr Jakob Schnarr.
  = Kraft Schwärzel.

Bieben, nebst 2 Mühlen, 208. Merles und Hof, nebst 1 Mühle, 30. Schultheiß, Hr. Johannes Grünewald.
Zöllner, Hr. Johann Georg Hainbach.
Eulersdorf, nebst 1 Mühle, 97. Schultheiß, Hr. Johann Georg Kalbfleisch.
Zöllner, Hr. Johannes Hedderich.
Reimenrod 129. Schultheiß, Hr. Joh. Georg Kalbfleisch.
Zöllner, Hr. Johannes Hedderich.
Udenhausen, nebst 2 Mühlen, 272. Schultheiß, Hr. Johannes Rähn.
Zöllner, Hr. Johannes Kreuzer.
Wallerdorf, nebst 3 Mühlen, 207. Schultheiß, Hr. Johann Jakob Wilker.
Zöllner, Hr. Konrad Hölscher.

Amt

Amt Grünberg. (10,812.)

Amtmann, Hr. Ludwig Christian von Schmalcalder, zu Grünberg, Hofrath; zugleich Reservatjustizbeamter im Gericht Oberohmen und Winnerod.
Amtsfekretär, Stadtsyndikus und Stadtschreiber, Hr. Wilhelm Moriz Briel, daselbst.
Amtsdiener, Gottfried Hofmann.
Rentmeister, Herr Henrich Theodor Konrad Stammler, zugleich Reservatkameralbeamter im Gericht Oberohmen.
Zollbereiter, Hr. Johann Peter Ehl.
Baumgärtner, Hr. Wilhelm Karl Kurz.
Amts- und Stadtphysikus, Hr. D. J. L. C. L. Golze.
Physikatschirurgus, Hr. Johann Georg Gräb.
 = = = = Joh. Rupert Semler.
Grünberg, nebst verschiedenen dabei liegenden Höfen und 5 Mühlen, 2090. Oberschultheiß, Hr. Friedrich Benedikt Georg Golz.
Zollverwalter, Hr. Johann Henrich Kunkel.
Zehendverwalter, Hr. Johann Daniel Kmispel.
Posthalterin, Frau Anne Katharine Voneiff, Wittwe.
Adjunkt, Hr. Jakob Voneiff.
Wollenwieger, Hr. Johann Georg Gravelius.
Aceifer, Hr. Nikolaus Steinbed.
Fruchtmesser, Johannes Beck.
Polizeidiener, vacat.

Magistrat.

Stadtschultheiß, Hr. Philipp Theodor Goldmann, auch Amtsschultheiß des Landgerichts.
Stadtsyndikus und Stadtschreiber, (s. oben.)

Rathsverwandte.

Herr Johann Henrich Künkel.
- = Ludwig Hartmann, Hospitalvorsteher.
- = Johann Valentin Meyer, Kirchenältester.
- = Johannes Jöckel, Kirchenältester.
- = Johann Konrad Zöckler.
- = Kaspar Schuchard.
- = Johannes Zöckler.
- = Johann Albert, Pietanzvorsteher.
- = Jakob Wittich.
- = Henrich Weber.

Stadtvierer.

Herr Martin Zöckler, Unterbürgermeister.
- = Jonas Semler.
- = Johannes Heß.
- = Eberhard Zöckler.

Rathsdiener, Johann Georg Gravelius.

Kirchenälteste ausser oben benannten.

Herr Johannes Weigel.
- = Johann Melchior Morneweck.
- = Christoph Martin Henrici.
- = Johann Adam Hofmann.
- = Johannes Sehrt.
- = Johannes Fehling.
- = Johannes Heydt.

Landgericht Grünberg.

Amtsschultheiß, (s. oben.)
Gerichtschreiber, Hr. Henr. Daniel Ottmann.
Zwölf Schöffen.

Queck=

Queckborn, nebst 1 Mühle, 489. Schultheiß und Zöllner, Hr. Johann Kaspar Aff.
Haarbach, nebst den 4 Sommers- und Kolbenmühlen, 334. Schultheiß und Zöllner, Hr. Johann Georg Klös.
Lindenstruth 233. Schultheiß, Hr. Joh. Christ. Albach.
  Adjunkt, Hr. Johann Jost Schepp.
  Zöllner, Hr. Johannes Krug.
Saasen 253. Bollnbach 50. Hof Veitsberg 35. Wirrberg 13. Schultheiß, Hr. J. Georg Bötz.
  Zöllner, Hr. Johannes Schmitt.
Winnerod (von Zwierleinisch hintersäßig) 65.
Göbelnrod 221. Schultheiß und Zöllner, Hr. Johann Otto Wilhelm.
Reinhardshain 227. Schultheiß, Hr. Melchior Hartmann.
  Zöllner, Hr. Johannes Sprankel.
Beltershain 285. Schultheiß, Hr. Joh. Peter Hartmann.
  Zöllner, Hr. Johannes Hartmann.
Groslumda 287. Schultheiß, Hr. Maximilian Baumann.
  Zöllner, Hr. Johann Henrich Rühl.
Stangerod 228. Schultheiß, Hr. Joh. Henrich Schultheiß.
  Zöllner, Hr. Johann Henrich Magel.
Lehnheim 277. Schultheiß, Hr. Joh. Jüngel.
  Zöllner, Hr. Kaspar Hartmann.
Merlau, nebst Schloß und Hof Merlau, und dessen Mühle, 316. Kirschgarten 43. Schultheiß, Hr. Johann Henrich Reiz, jun.
  Zöllner, Hr. Johann Konrad Sartorius.
Ilsdorf 163. Schultheiß, Hr. G. Henr. Kaspar.
  Zöllner, Hr. Johannes Kratz.

Flensungen 254. Schultheiß, Hr. Joh. Georg
 Breuning.
Zöllner, Hr. Johannes Rauß.
Stockhausen 149. Schultheiß, Herr Johannes
 Herber.
Zöllner, Hr. Johannes Melchior.
Weikershain 248. Schultheiß, Hr. J. Henr. Rühl.
Zöllner, Hr. Johannes Triller.
Lauter, nebst 5 Mahl- und Walkmühle, 290.
 Bing, 2 Universitätshöfen und dazu gehörigen
 Mühle, 24. Schultheiß, Hr. Joh. Schmitt.
Zöllner, Hr. Kaspar Opper.

Gericht Niederohmen.

Oberschultheiß, Herr Friedrich Benedikt Georg
 Golz, zu Grünberg.
Niederohmen, 4 Mahl- und Schlagmühlen, 1 Pa-
 piermühle, 2 Höfe Obergrübenbach, Königs-
 saasen, 1 Hof und 5 Mühlen, die 2 Höfe
 Windhain, 773. Schultheiß, vacat.
Zöllner, Hr. Johann Henrich Wagner.
Atzenhain 367. Schultheiß, Hr. Nikolaus Seng.
Adjunkt, Hr. Wilhelm Seng.
Zöllner, Hr. Andreas König.
Bernsfeld 318. Schultheiß, Hr. Ad. Hornmann.
Zöllner, Hr. Johannes Grün der 6te.
Wettsassen 164. Schultheiß, Hr. Johann Georg
 Queckbörner.
Zöllner, Hr. Johann Walter Keil.
Kleinlumda 67. Schultheiß, Hr. Maximilian
 Baumann.

Gericht Oberohmen.

Oberohmen 650. Zöllner, Hr. Stephan Koch.
Unterseibertenrod 275.

Zeil-

Zeilbach 193. Zöllner, Hr. J. Kasp. Manberger.
Rupperterod 620. Zöllner, Hr. Johannes Kratz.
Großeichen 651. Zöllner, Hr. Hartmann Möller.
Kleineichen 160. Zöllner, Hr. Konrad Orth.

Amt Homberg vor der Höhe
(besitzt eine F. Hessendarmstädtische Nebenlinie.)

Zöllner des mit Hessenkassel gemeinschaftlichen Guldenweinzolls:

Homberg vor der Höhe: Zöllner, Hr. J. W. Schick.
Köppern: Zöllner, vacat.
Seilberg: Zöllner, Hr. Jakob Frank.
Gonzenheim: Zöllner, Hr. Martin Kitz.
Oberstäden: Zöllner, Hr. Christoph Bechtold.

Amt Homberg an der Ohm. (4224.)

Amtmann und Rentmeister, Herr Joh. August
 Philipp Bötticher, zu Homberg; auch Reser-
 vatbeamter in dem von Schenkischen Gericht
 Rülffenrod.
Emeritus, Hr. Johann Bötticher.
Amts- und Stadtphysikus, Hr. D. Michel.
Amtsaktuar, Hr. Johann Henrich Marcolf.
Gerichts- und Stadtschreiber, Hr. Joh. Merkel.
Emeritus, Hr. Weiprecht Balthasar Lynker.
Zehendverwalter und Renteikontrolleur, Herr
 Henrich Christian Schmitt.
Physikatschirurgus, Hr. Georg Dan. Lynker.
 = = = = Friedr. Karl Kinspel.
Zollbereiter, Hr. Johann Wilhelm Kühl.
Amtsbote, Johannes Marcolf.
Amtsdiener und Landknecht, Georg Adam Seiß.

Amtsexekutant, Johann Jost Böttner.
Wiesenknecht, Johann Hermann Meyreiß.

Homberg, nebst der Ober= und Unter= Stadt der Herrn= Hain= Krebs= und Pletschmühle, dem Hof Upperthausen und Wältershausen, und der Mühle alda, 1290. Zöllner, Hr. Johann Peter Fuhr.

Acciser, Hr. Johann Daniel Höchst.
Scheuermeyer, Hr. Johann Henrich Löwer.

Magistrat.

Stadtschreiber, (siehe oben.)

Rathsverwandte.

Herr Johannes Kraft.
- Christoph Balthasar Lynker.
- Andreas Mensdorf, Bürgermeister.
- Johann Wilhelm Lynker.
- Johann Justus Feldmar.
- Johann Henrich Fuhr.
- Georg Henrich Menhard.
- Johann Daniel Marcolf.

Rathsdiener, Johann Dietrich Lynker.

Kirchenälteste.

Herr Johannes Magner.
- Johann Wilhelm Jäger.
- Johann Justus Fischer.
- Andreas Mensdorf, auch Kastenmeister.

Uppenrod, der neue Hof und der Edelhof, 296. Schultheiß und Zöllner, Hr. Johann Georg Ruckelshausen.

Bußfell und 1 Mühle 192. Schultheiß, Hr. Johann Georg Heß.

Zöllner, Hr. Nikolaus Ruder.

Dan=

Dannenrod 169. Schultheiß, Hr. Joh. Henrich
 Grein.
 Zöllner Hr. Joh. Konrad Fett.
Deckenbach 285. Schultheiß und Zöllner, Herr
 Joh. Henrich Müller.
Ehringshausen und 1 Mühle 222. Oberndorf und
 1 Mühle 104. Schultheiß und Zöllner, Hr.
 Joh. Henrich Diegel.
Gontershausen 140. Schultheiß, Hr. Johann
 Jakob Werner.
 Zöllner, Hr. Johann Henrich Reuter.
 Wiesenknecht, Joh. Männche.
Haarhausen 134. Schultheiß, vacat.
 Zöllner, Hr. Johannes Pfeil.
Hoingen 81. Schultheiß, (s. Deckenbach.)
 Zöllner, Hr. Johannes Michael.
Maulbach 354. Schultheiß, Hr. Johann Peter
 Seip.
 Zöllner, Hr. Eckhard Scholl.
Niederofleiden, mit 2 adelichen Höfen und der
 Aumühle, 352. Schultheiß, Hr. Johann
 Henrich Weil.
 Zöllner, Hr. Georg Adam Hornmann.
Oberofleiden und 1 Mühle 280. Schultheiß, vacat.
 Zöllner, Hr. Johannes Becker.
Schadenbach 173. Schultheiß, Hr. Joh. Chr.
 Pleßer.
 Zöllner, Hr. Nikolaus Erb.
Rülfenrod 152. Zöllner, Hr. Lorenz Keller.

Am Hüttenberg. (3330).

Amtmann und Rentmeister, Herr Karl Georg
 von Zangen, zu Langgöns, Regierungsrath.
Amtsphsikus, Hr. E. Schmaltz (s. Gießen.)

Gerichtsschreiber, Hr. Georg Phil. Christ. Möll.
Zollbereiter, Hr. Joh. Christian Klockenbring.
Amtsdiener, Johann Henrich Strötter.
Amtspostbote, Kaspar Müller.

Langgöns, die Mohrgässer- und Lechermühle, 1025.
 Kontrolleur und Scheuermeyer, Hr. C. Zopf.
 Schultheiß, Hr. Johannes Henrich.
 Zöllner, Hr. Jakob Velten.
 Scheuerknecht, Jakob Arzt.

Allendorf an der Lahn, die Ober- und Untersteinische- und die Sorgermühle, 250. Schultheiß, Hr. Konrad Wagner.
 Adjunkt, Hr. Johann Martin Wagner.
 Zöllner, Hr. Johann Volk.

Sorgermühle, Zöllner, Hr. Joh. Georg Griebel.
Annerod, nebst 1 Mühle, 318. Schultheiß, Hr. Johann Henrich Lemp.
Hausen und Erbacher Mühle 241. Schultheiß, Hr. Johann Georg Müller.
Kirchgöns 400. Schultheiß, Hr. Jakob Schepp.
 Zöllner, Hr. Johannes Jung.
Leyhgestern, die Rindsmühle und der Neuhof, 746.
 Schultheiß, Hr. Johannes Heß.
 Adjunkt, Hr. Paulus Jung.
 Zollbereiter, Hr. Adam Seip.
 Zöllner, Hr. Friedr. Schäfer.
Pohlgöns 350. Schultheiß, Hr. Johann Göbel.
 Zöllner, Hr. Johannes Göbel.

Es wird von dem Fürstl. Beamten in einer Scheuer bei Hahn und Holz Vogteigericht mit 12 Schöffen und 1 Schreiber und in der Amtswohnung das Landgericht, wobey der Gerichtsschreiber assistirt, mit 6 Schöffen gehegt.

Amt

Amt oder Herrschaft Itter. (4199.)

Amtmann, Herr Christian Konrad Ludw. Neidhardt, zu Vöhl; auch Reservatbeamter im Gericht Höringshausen.
Rentmeister, Hr. Karl. Ludw. Krebs. daselbst.
Zuarbeiter, Hr. Friedrich Philipp Stockhausen, Förster zu Marienhagen.
Amtsphysikus, Hr. D. Rainer, zu Battenberg.
Amtschirurgus, Hr. Andreas Menz.
Amtsvorsteher, Hr. Johann Adam Hainze.
Amtsvorsteher, Hr. Joh. Christoph Iske.
Postbote, Hartmann Hill.
— — Christian Scherff.
Amtsdiener, Johann Daniel Reiber.

Vöhl, die Ober- und Stiegmühle, 403. Schultheiß, Hr. Friedr. Nagel.
 Kontrolleur, Fruchtmesser und Renteidiener, Hr. Friedrich Wilhelm.
 Zöllner und Acciser, Hr. Joh. Henr. Hainze.
Altenlotheim 351. Schultheiß, Hr. Joh. Adam Höhle.
 Zöllner, Hr. Jakob Altenhein.
Asel 131. Schultheiß und Zöllner, Hr. Christ. Iöken.
Baßdorf 304. Schultheiß, Hr. Johann Henrich Nagel.
 Zöllner, Hr. Johann Henrich Wetzel.
Buchenberg 214. Schultheiß, Hr. Joh. Hahnel.
 Zöllner, Hr. Johann Henr. Hofmann.
Deißfeld und die Speiermühle 104. Schultheiß, Hr. Christoph Figge.
 Zöllner, Hr. Johannes Ruthe.
Dorfitter, die Papier- und Rammelsmühle, 214. Schultheiß und Zöllner, Hr. Friedrich Best.

Eimelrod und die Kirchenmühle, Schultheiß, Hr.
Phil. Schlömmer.
  Zöllner, Hr. Johannes Schilling.
Harbshausen 90. Schultheiß und Zöllner, Hr.
E. Büchsenschütz.
Hemmighausen 116. Schultheiß und Zöllner,
Hr. Jakob Sure.
Herzhausen und die Scheuermühle 228. Schultheiß, Hr. Johann Daniel Baumann.
  Zöllner, Hr. Johann Adam Schäfer.
Höringshausen 523. Schultheiß, Hr. Henrich
Berghöffer.
  Zöllner, Hr. Johann Henrich Sauer.
Kirchlotheim 93. Schultheiß und Zöllner, Herr
Georg Henrich Zölzer.
Marienhagen 251. Schultheiß, Hr. J. Wisemann
  Zöllner, Hr. Johann Friedrich Knochen.
Niedernorke 126. Schultheiß, Hr. Joh. Hammel.
  Zöllner, Hr. Jost Brosch.
Obernburg und Hof Lauterbach 101. Schultheiß,
Hr. Christoph Dan. Langendorf.
  Zöllner, Hr. Zacharias Langendorf.
Obernwerba und die Kampfmühle 78. Schultheiß, Hr. Henrich Mehring.
  Zöllner, Hr. Johann Friedrich Haintze.
Schmittlotheim 236. Schultheiß, Hr. Johann
Jakob Schäfer.
  Zöllner, Hr. Johann Daniel Mizze.
Thalitter, nebst der Erbleihmühle, 113. die Bergfreiheit 218. Schultheiß, Hr. Henrich Wilhelm Dorfeld.
  Zöllner, Zöllner Joh. Georg Schneider.

Amt Königsberg (3578.)

Amtmann und Rentmeister, Herr Wilh. Ernst
Friedr. Schuh, zu Königsberg, Reg. Rath.

Amtsschultheiß und Gerichtsschreiber, Hr. Johann Gottfried Scriba, daselbst.
Zollbereiter, Hr. N. N. Eckstein zu Giesen.
Amtsdiener, Johann Lorenz Adam.
Königsberg, Hof Haina, Bubenrod und Obermühle, 465. Stadtschultheiß, Hr. Christian Bender.
Fruchtkontrolleur, Hr. Johannes Geller.
Zollverwalter, Hr. Christian Bender.

Magistrat.

Stadtschultheiß, (s. oben.)

Rathsverwandte.

Herr Johann Wilhelm Schlauraf.
 = Johannes Geller.
 = Johann Georg Krauskopf.
 = N. N. Jung.
 = Johann Georg Lepper.
 = Johann Jost Keller.
 = Johann Barth
 = Ludw. Lepper.

Kirchenälteste.

Herr Johann Wilhelm Schlauraf.
 = Johannes Geller.

Bischoffen, nebst Mühlen und Höfen, 336. Schultheiß und Zöllner, Hr. Friedrich Pabst.
Frankenbach 259. Schultheiß, Hr. Ad. Schmitt.
Zöllner, Hr. Johann Ludwig Brück.
Nauenheim und Solmische Mühle 474. Schultheiß, Hr. Johannes Becker.
Güldenweinzöllner, Hr. Johannes Birk.
Zöllner, Hr. Joh. Georg Bill.
Niederweidbach, nebst 2 Mühlen, 445. Schultheiß, Hr. Joh. Georg Brück.
Zöllner, Hr. Joh. Jost Schmitt.

Ober=

Oberweidbach 168. Schultheiß, Hr. Joh. Georg
 Plaum.
Zöllner, Herr Johannes Schupp.
Roßbach 220. Schultheiß, Hr. Johann Wilhelm
 Frinck.
Zöllner, Hr. Johann Georg Philippi.
Waldgirmes und Höfe Haina 604. Schultheiß,
 Hr. Joh. Georg Drescher.
Zöllner, Hr. Peter Bähring.
Wilßbach 262. Schultheiß, Hr. Johann Peter
 Kloß.
Zöllner, Hr. Johann Peter Hankel.
Hermanstein 335. gehört auch hieher.

Amt Nidda und Lißberg. (13,672.)

Amtmann, Hr. Johann Christian Konrad
 Hofmann zu Nidda.
Amtsphysikus des Oberamts Nidda, der Aem-
 ter Bingenheim und Schotten, Hr. D. Joh.
 Wilhelm Baumer, daselbst, Hofrath.
Rentmeister, vacat.
Oberamtsaktuar und Gerichtsschreiber, Herr
 N. N. Seulheim.
Chirurgus, Hr. Joh. Karl Voigt, daselbst.
Postbote, Konrad Liehr.
Amtsdiener, Joh. Peter Köhler.
Nidda, nebst 1 Mühle und 1 Hof, 1401. Kon-
 trolleur, Herr Konrad Ludwig Kirchhof.
 Adjunkt, Hr. Wilhelm Kirchhof.
 Scheuerknecht und Fruchtmesser, vacat.
Zöllner, Hr. Joh. Philipp Asmus.
Wollenwieger, Hr. Konrad Orth.
Accisser, Hr. Wilhelm Kullmann.

Magistrat.

Stadt- und Gerichtsschultheiß, auch Oberamts-
advokat, Hr. J. Friedr. Ellenberger, Rentmeister.
Stadtschreiber, Hr. Henrich Wilhelm Rube.

Rathsverwandte.

Herr Wilhelm Christian Menges.
  =   Wilhelm Merz.
  =   Konrath Orth.
  =   Konrad Ludwig Kirchhof.
  =   Johannes Lehr.
  =   Johann Henrich Reining.
  =   Israel Jöckel.
  =   Johann Faber.
  =   Georg Henrich Orth.
  =   Johann Henrich Ruppel.
  =   Johannes Schneider.

Gemeinde Beisitzer.

Herr Konrad Reuning.
  =   Ludwig Staffel.
  =   Johannes Schneider.
  =   Johann Henrich Roth.

Kirchenälteste.

Herr Johann Henrich Geiß.
  =   Konrath Orth.
  =   Johann Henrich Paul.
  =   Johann Adolph Werner.

Stadtmusikus und Thurmmann, Kasp. Kammer.
Rathsdiener, vacat.

Krugische Stiftungskasse.

Inspektoren: Herr Amtmann Hofmann.
     =   =   =   Inspektor Schunke.
     =   =   =   Pfarrer Victor.
Rechner, Hr. Christian Eberhard Borberg.

Hospi-

Hospital.

Inspektoren, die nämliche.

Rechner., Hr. Konrad Ludwig Kirchhof.

Gericht Nidda, Fauerbach und Rodheim.

Gerichtsschultheiß, (s. oben Stadtschultheiß.)
Gerichtsschreiber, (s. oben Oberamtsaktuar.)
Zollbereiter im Gericht Rodheim, Hr. Johann Nikolaus Drauth.

Bellmuth, Hof Bieberberg und Steinkauten, 78. Bürgermeister, Hr. Johann Konrad Bechtold.

Zöllner, Hr. Johann Jakob Böckel.

Eichelsdorf 501. Schultheiß, Hr. Philipp Friedrich Girsch.

Zöllner, Hr. Jakob Schmittberger.

Fauerbach 556. Schultheiß, Hr. J. Henr. Fritz. Schultheißenadjunkt und Zöllner, Hr. Johann Adam Seum.

Geißnidda 293. Gerichtsschultheiß und Amtsadvokat, Hr. Johann Hartmuth Bierau.

Glashütten, Streithain, Ichelhausen, 290. Schultheiß, Hr. Johann Peter Repp.

Zöllner, Hr. Johann Konrad Stehr, jun.

Kohden 221. Schultheiß, Hr. Joh. Ernst Schmitt.

Zöllner, Hr. Johann Henrich Uhl.

Langd und 2 adeliche Höfe 396. Schultheiß und Zöllner, Hr. Johann Henrich Gerhard.

Michelnau 142. Schultheiß und Zöllner, Herr Johann Philipp Bechtold.

Oberlaiß und 1 Hof 331. Schultheiß, Hr. J. K. Böck.

Zöllner, Hr. Johannes Engel.

Oberschmitten und Unterlaiß 283. Schultheiß, Hr Johann A. Wirth.

Zöllner, Hr. Johann Konrad Wirth.

Rabertshausen, 1 Hof und 2 Mühlen, 167.
  Schultheiß, Hr. Johann Henrich Meyer.
  Zöllner, Hr. Johannes Engel.
Rodheim, 1 adelicher Hof und 1 Mühle, 225.
  Schultheiß, Hr. Johann Wilhelm Eckel.
  Zöllner, Hr. Johann Jost Ludwig.
Steinheim 403. Schultheiß, Hr. Johann Henrich Mogk.
  Zöllner, Hr. Johann Georg Diez.
Unterschmitten, nebst der Bruch- und Papiermühle, 321. Schultheiß und Gerichtsvorsteher, Hr. Hartmann Kirchhof.
  Zöllner, Hr. Johannes Bach.
Wallernhausen und Erbleihof Finkenloch 469.
  Schultheiß, Hr. Joh. Georg Westerweller.
  Zöllner, Hr. Johann Konrad Heck, jun.

Gericht Burkhards und Crainfeld.

Gerichtsschultheiß und Gerichtsschreiber, Herr Georg Karl Vogt, zu Zwiefalten, Amtmann; hat in geringen Schuld- und andern Sachen Jurisdiktion mit Vorbehalt der Appellation ans Amt

Renteiverwalter, Hr. Johann Friedrich Buff, zu Crainfeld.

Bermuthshain und die zwei Grundmühlen 462.
  Schultheiß, Hr. Joh. Balthasar Bopp.
  Zöllner, Hr. Joh. Henrich Kleinschmitt.
Breungeshain 463. Schultheiß, Herr Johann Georg Zinnell.
  Zöllner, Hr. Konrad Rühl.
Burkhards 641. Fruchtschreiber, vacat.
  Schultheiß, Hr. Philipp Bick.
  Zöllner, Hr. Johann Jost Leper.

Busenborn 314. Schultheiß, Zöllner und Scheuer-
   meyer, Hr. Johann Stephan Kaiser.
Crainfeld, die Merz- und Heckenmühle, 408.
   Landkommissär, Hr. Valentin Brückner.
   Schultheiß, Hr. Johann Jakob Luft.
   Zöllner, Hr. Johann Balthasar Rauber.
Eichelsachsen, Zwiefalten und 1 Ziegelhütte, 615.
   Scheuerverwalter, Hr. Henrich Bircks.
   Schultheiß, Hr. Johannes Seipel.
   Kontrolleur, Hr. Joh. Jak. Becker.
   Zöllner, Hr. Johann Henrich Seipel.
Eschenrod, nebst Senger- und Weidmühle, 561.
   Schultheiß, Hr. Johannes Hermann.
   Zöllner, Hr. Johann Georg Adam.
Grebenhain und die 5 Ahlenmühlen 560. Schul-
   theiß, Hr. Sebastian Ruhl.
   Adjunkt, Hr. Johann Sebastian Ruhl.
   Zöllner, Hr. Johann Henrich Müller.
Harmannshain 258. Schultheiß, Hr. Gebhard
   Strauch.
   Zöllner, Hr. Johann Ludwig Strauch.
Herchenhain 503. Schultheiß, Hr. Hans Hen-
   rich Strauch.
   Zöllner, Hr. Johann Henrich Appel.
   Marktzollerhebeber, Hr. Joh. Wilh. Rullmann,
   zu Nidda.
Ilbeshausen 817. Schultheiß, Hr. Joh. Löster.
   Zöllner, Hr. Andreas Schneider.
Kaulstoß 262. Schultheiß, Hr. Joh. Böcher.
   Zöllner, Hr. Johann Henrich Usinger.
Sichenhausen 357. Schultheiß, Herr Johann
   Henrich Haas.
   Adjunkt, Hr. Johann Balthasar Haas.
Wingershausen 238. Schultheiß, Herr Christ.
   Edelmann.
   Zöllner, Hr. Joh. Koch.

Amt

Amt Lißberg.

Keller, Herr Joh. Christian Reiber; hat die Jurisdiktion in geringen Schuld= und andern Sachen mit Vorbehalt der Appellation an das Amt.
Zollbereiter, vacat.
Amtsdiener, Johann Peter Leiß.
Lißberg, nebst Breidenheider Hof und Mühle, 332.
 Kontrolleur, Herr Weigand Wittich, auch Schulmeister.
Zöllner und Acciser, Hr. Joh. Konrad Belz.
Wiesenknecht, Johann Adam Kummel.

Magistrat.

Herr Joh. Jost Seipel, sen.
 = Ludwig Becker.
 = Johann Martin Eißner.
 = Johann Konrad Seipel.
 = Johann Jost Seipel, jun.
 = Johann Henrich Karle.
 = Weigand Mann.
Rathsdiener, Henrich Peter Becker.
Breidenheid: Zöllner, Hrn. Ludw. Burgle Wittwe.
Bobenhausen 158. Schultheiß, Hr. Joh. Krahl.
 Zöllner, Hr. Johann Jakob Nieß.
Eckhardsborn und 1 Mühle 244. Schultheiß, Herr Johann Adam Bill.
 Zöllner, Hr. Joh. Adam Bach.
Effolderbach, mit Stollberg=Gedern und Isenburg-Büdingen gemeinschaftlich; die diesseitige Unterthanen betragen 87. Gemeinschaftlicher Schultheiß, Hr. Johann Jakob Lenz.
Schwickartshausen 256. Schultheiß, Hr. Henr. Adam Rieß.
 Zöllner, Hr. Johann Philipp Seum.

Amt Oberrosbach. (1284.)

Amtmann und Rentmeister, Herr Georg Miltenberg.
Amtsdiener, Kaspar Stengel.
Amtsphysikus, (siehe Butzbach.)
Zollbereiter, Hr. Joh. Georg Wenzel.
Oberrosbach, nebst der Ober = und Untermühle, 913. Zehendverwalter und Kontrolleur, Hr. Ernst Christ. Georgi, auch Stadtschreiber.
Stadtchirurgus, Hr. Philipp Vogt.
Posthalter, Hr. Henr. Anton Bingmann.
Acciser und Zöllner, Hr. Marquard Blöcher.
Mötter, Johann Philipp Halberstadt.

Magistrat.

Stadtschreiber, (siehe oben.)

Rathsverwandte.

Herr Peter Mäurer.
- = Johann Henrich Kreh, Landgeschworner.
- = Johannes Stengel.
- = Joh. Henr. Biersack, Landgeschworner.
- = Johannes Michel.
- = Johann Henrich Engel.
- = Johann Georg Schneider.
- = Peter Rahn.
- = Johann Henrich Becker.

Rathsdiener Philipp Christian Zulauf.

Stadtvorsteher.

Herr Johann Henrich Blöcher.
- = Johann Henrich Heiß.
- = Johann Peter Reges, Stadtlieutenant.
- = Mathäus Kreh.
- = Georg Konrad Schlottner.

Kirchenälteste.

Herr Johann Christoph Jung.
- Matthäus Kreh.
* Hartmann Mappes.
= Philipp Halberstadt.

Niederrosbach, Hof Greifenklau und dazu gehörige Harbmühle und Seeteichsmühle, 371.
Schultheiß, Hr. Johann Henrich Kunz.

Amt Schotten und Stornfels. (5087.)

Amtmann und Rentmeister, Herr Ernst Gerh. Otto Meyer.
Amtsschreiber, Hr. Christoph Theodor Meyer.
Zehendverwalter, Hr. Georg Theod. Cellarius.
Amtsdiener, Johannes Groß.
Postbote, Bonaventura Braun.

Arz und Wundarzt.

Amts= und Stadtphysikus, (siehe Nidda.)
Chirurgus, Hr. Joh. Konrad Momberger.

1) Amt Schotten.

Schotten, nebst 9 Mühlen, dem Jagdhaus Kiliansherberge und die Ziegelhütte, 1518.
Scheuermeyer, Kontrolleur, Acciser und Zöllner, Hr. Johann Konrad Kromm.

Magistrat.

Stadt= und Bauschreiber, Herr Joh. Ludwig Christian Müller, Steuersekretär.

Rathsverwandte.

Herr Johann Konrad Leuning.
= Johann Christoph Kromm, sen.

Herr Johannes Christoph Kromm, jun.
- Johannes Schütz.
- Johann Konrad Schlörb.
- Johannes Kraft.
- Johann Georg Leuning.
- Konrad Rißner.
- Johann Georg Schlörb.
- Johann Nikolaus Rockemer.
- Johann Konrad Bechtold.
- Joh. Kaspar Schwalb.

Gemeine Beisitzer.

Herr Johannes Pröscher.
- Philipp Vork.
- Christian Hoffmann.
- Valentin Weiz.
- Johann Schlörb.
- Johann Georg Koch.

Stadtdiener, Andreas Ußner.

Kirchenälteste.

Herr Johannes Haas.
- Johann Henrich Spamer.
- Kaspar Pröscher.
- Johann Adam Wagner.
- Johannes Kromm.
- Johannes Bechtold.

Betzenrod 320. Schultheiß und Zöllner, Herr Johannes Lotz.

Götzen 202. Schultheiß und Zöllner, Herr Johannes Domb.

Michebach 340. Schultheiß und Zöllner, Hr. Joh. Kaspar Krämer.

Nainrod, nebst 3 Mühlen, 468. Zollbereiter Schultheiß und Zöllner, Hr. Joh. Heil.

Rüdings-

Rudingshain 457. Zollbereiter, Herr Johann
  Martin Soldan.
Schultheiß, Hr. Johann Adam Dambmann.
Zöllner, Hr. Henrich Fischer.

2) Amt Stornfels.

a) Gericht Ulf.

Stornfels und Schellenhof 185. Schultheiß und
  Zöllner, Hr. Johann Loz.
Ulfa 738. Schultheiß, Hr. Johannes Lötzel.
  Adjunkt, Hr. Joh. Jost Loz.
  Zöllner, Hr. Johannes Krahl.

b) Gericht Widdersheim.

Oberwiddersheim und Heuserhof 372. Schultheiß,
  Hr Johann Henrich Schäfer.
  Zollbereiter, Hr. Friedrich Ludwig Frank.
  Zöllner, Hr. Johann Henrich Pfeffer.
Unterwiddersheim, Schwalheimerhof, nebst 1
  Mühle, 212. Schultheiß und Zöllner, Hr.
  Johann Friedrich Schäfer.
Schwalheimer Mühle: Zollverwalter, Hr. Joh.
  Friedrich Beck.
Borsdorfer und Hof Glaubzahl 293. Schultheiß.
  Hr. Johann Henrich Belzer.
  Zöllner, Hr. Johann Georg Miedersheim.

Amt Storndorf. (632.)

Storndorf 632. Ist mit dem adelichen Vasallen,
  Herrn von Seebach, in manchen Stücken
  gemeinschaftlich, der auch seinen besondern
  Justitiarium hat.
Rentmeister, Herr Ehrgott Justus Christian
  Staudinger zu Felda, welcher zugleich die
  Jurisdiction zu verwalten hat.
Assistent, Hr. Georg Kasimir Sam. Haberkorn.

Gegenschreiber, Hr. Joh. Henrich Stock.
Zollbereiter, Hr. Johann Henr. Marquard.
Zöllner, Hr. Johann Konrad Stock.
Gerichtsdiener, Leonhard Stock.

Schöffen des Landgerichts.

Herr Johann Georg Schleich, emerit.
= Johann Herrmann Buchenau.
= Johann Henrich Stock.
= Johann Michael Schleich.
= Johann Kaspar Hammel.
= Johann Martin Mauß.
= Johann Kaspar Mauß.

Amt Ullrichstein. (9884.)

Amtmann u. Rentmeister, Hr. Traugott Georg
  C. Kempf, J.U.L. zu Ullrichstein, Prozeßrath,
  zugleich Reservatbeamter im Gericht Engelrod,
Amtsphysikus, (s. Grünberg.)
Wegkommissär, Hr. Georg Friedr. Stockmann.
Tranksteuereinnehmer, Oberbachknecht und Kon-
  trolleur, Hr. Andreas Schultheiß.
Zehendverwalter, Hr. Joh. Henrich Schuchard.
Zollbereiter, Hr. Kaspar Justus Kraus.
Amtsdiener, Johannes Jost.
Amtspostbote, Andreas Fritz.
Physikatschirurgus, Hr. F. A. Bährmann.
Ullrichstein, Langwasser, Selgenhof, Siegmunds-
  häuserhof, Schmitten und 3 Mühlen, 776.
Zöllner, Hr. Joh. Georg Jost.

Magistrat

Stadtschreiber, Hr. Joh. Christian Keil.

Rathsverwandte.

Herr Konrad Birks.
= Johann Kaspar Hofmann.

Herr

Herr Johannes Scharmann.
- Johann Konrad Frank.
- Johann Konrad Schmitt.
- Johann Georg Jost.
- Johann Henrich Kraft.
- Johann Konrad Frühling.
- Andreas Jost.
- Johann Henrich Jost, jun.
- Johann Lenz.

Gericht Bobenhausen.

Rentmeister und Amtsschultheiß, Hr. J. Gerhard Gravelius.
Gerichtsschreiber, Hr. Joh. Phil. Stockmann.
Gerichtsdiener, Konrad Krämer.
Bobenhausen, die Waid- und Heinzmühle und der Petershainerhof, 549. Schultheiß, Hr. Joh. Konrad Appel.
Gerichtsschöff, Hr. Johannes Hofmann.
 =   =   =   Johann Konrad Appel.
Zöllner, Hr. Johann Jost Graulich.
Altenhain 208. Schultheiß und Gerichtsschöff, Hr. Johann Henrich Rahn, jun.
Zöllner, Hr. Johann Henrich Hofmann.
Feldkröfen 351. Schultheiß, Hr. J. H. Hofmann.
Gerichtsschöff, Hr. Johannes Rühl.
 =   =   und Zöllner, Hr. J. B. Hofmann.
Heckersdorf, nebst 1 Mühle, 217. Schultheiß und Gerichtsschöff, Hr. Joh. Konrad Rahn.
Zöllner, Hr. Johannes Fuchs.
Kölzenhain 209. Schultheiß und Gerichtsschöff, Hr. Johannes Jung.
Zöllner, Hr. Johann Kaspar Apfel.

Oberseibertenrod 235. Schultheiß, Hr. Henrich
  Roth.
Gerichtsschöff, Hr. Johann Bast Horst.
Zöllner, Hr. Johannes Jost.
Sellnrod, die Frei- und Schlagmühle, 472.
  Schmitten 58. Schultheiß und Gerichts-
  schöff, Hr. Wilhelm Schneidmüller.
Gerichtsschöff, Hr. Johann Henrich Knöß.
Zöllner, Hr. Johann Martin Möller.
Wohnfeld, die Hahn- und Rappelmühle, 363.
  Schultheiß, Hr. Martin Scharmann.
Gerichtsschöff, Hr. Konrad Pabst.
  =   =   und Zöllner, Hr. Johann Hen-
  rich Schneidmüller.

Gericht Felda.

Rentmeister und Amtsschultheiß, Hr. Ehrgott
  Justus Christian Staudinger, zu Felda.
Assistent, Hr. Georg Kasimir Sam. Haberkorn.
Gerichtschreiber, Hr. Johann Christian Sar-
  torius, Steuersekretär.
Gerichtsdiener, Johann Henrich Scharmann.
Felda, mit 2 Mühlen, Kleinfelda, mit 1 Mühle
  und Schellenhausen mit einem Eisenhammer
  und 1 Mühle, Keßrich 911. Schultheiß,
  Hr. Johann Jost Geist.
Gerichtsschöff, Hr. Konrad Völsing.
  =   =   = Henrich Rühl.
Zöllner, Hr. Johann Kaspar Völsing.
  =   = Philipp Erb.
Helpershain, nebst 1 Mühle, 464. Schultheiß,
  Hr. Johann Henrich Scharmann.
Gerichtsschöff, Hr. Joh. Henr. Scharmann, jun.
  =   =   = Barthel Weber.
Zöllner, Hr. Johann Kaspar Böck.

Köddingen, der Böckelsbergerhof und 4 Mühlen, 466. Schultheiß, Hr. Johann Spielmann.
Zöllner, Hr. Johann Henrich Spielmann.
Gerichtsschöff, Hr. Johann Henrich Stein.
 = = = Johann Konrad Zöckler.
Meiches 435. Schultheiß und Gerichtsschöff, Hr. Johann Henrich Scharmann.
Gerichtsschöff, Hr. Joh. Henrich Kirchhöfer.
Zöllner, Hr. Johann henrich Schmitt.
Stumpertenrod 452. Schultheiß, Hr. Johann Henrich Bindewald.
Gerichtsschöff, Hr. Johannes Steuernagel.
 = = = Johann Kaspar Walter.
Zöllner, Hr. Hartmann Scharmann.
Windhausen 400. Schultheiß, Hr. Johann Henrich Keudel.
Gerichtsschöff, Hr. Johann Jost Pabst.
 = = = Joh. Kaspar Steuernagel.
Zöllner, Hr. Johannes Dickel.

Gericht Engelrod.

Engelrod 426. Rebgeshain 342. Eichelhain 296. Langenhain 381. Eichenrod 189. Hörgenau 228. Hopfmannsfeld 313. Dierlammen 399. Allmenrod 245. Frischborn 436. Plitzenrod 37. Sickendorf 26. Eisenbach.

IV. Kol-

IV. Kollegia und Anstalten, welche sich blos auf die Grafschaft Hanau-Lichtenberg erstrecken.

Hanau-Lichtenbergisches geheimes Kabinet in Darmstadt.

Geheimer Kabinetsminister.
Ihro Excell. Reichsfreiherr C. H. S. von Gatzert, (s. oben.)

Geheimer Kabinetsfekretär.
Herr Johann Christian Follenius.

Kanzellist.
Herr Johann Georg Müller.

Regierungs- und Justizkollegium und Lehnhof zu Buchsweiler

Präsident.
Ihro Excellenz, Herr Ludwig Samson von Rathsamhausen zu Ehenweyer, auch geheimer Rath und Kammerjunker.

Räthe
Regierungsrath, Herr Philipp Friedrich Kern.
= = = Johann Henrich Rehfeld.
= = = Johann Reinhard Bornagius.

Regierungsarchiv.
Regierungsarchivarius, Herr Christ. Karl Kuder, dermalen in Darmstadt.

Regierungssekretär.

Herr Franz Reinhard Hessert, Rath, mit Sitz beim Justizkollegium.

Regierungsregistrator.

Herr Moritz Ludwig Wilhelm, wirklicher Sekretair beim Justizkollegium.
- Wilhelm Heer, auch Konsistorialsekretarius

Regierungskanzellist.

Herr Johann Gottfried König, Rechnungsjustifikator und Regierungsbotenmeister, dermalen in Pirmasens.

Regierungsadvokaten.

Herr Johann Jakob Wagner.
- Johann Friedrich Wagner.
- Christian Friedrich Aulber.

Huissier.

vacat.

Kanzleidiener.

Philipp Georg Rau, dermalen in Darmstadt.

Vollständiges Verzeichniß der Fürstl. Hessen-Hanau-Lichtenbergischen Vasallen.

Die Durchlauchtigsten Prinzen, Friedrich und Christian, Brüder des regierenden Herrn Landgrafen zu Hessendarmstadt.
von Babenhausen, als von Rothenburgische weibliche Erben.
Barth.
von Bärenfels.
von Berkheim.
von Berstett.
von Bock, von Bläsheim.
von Bombelles, Marquis.
von Bombelles.
von Custine, Grafen.
von Dahlberg.
von Degenfeld-Schönberg, Grafen.
von Dienheim.
von Dürkheim.
von Fleckensteinische weibliche Erben.
von Gebsattel.
von Gayling, von Altheim.
von Gottesheim.
von Gremp, von Freudenstein.
von Glaubitz.
von Großschlag.
von Hafner, von Waslenheim.
von Holz.
von Ichtrazheim.
von Kageneck.
von Kirchheim.
Kips.
von Knöbel, von Katzenellenbogen.
von Landsberg.
von Metternich, Grafen.

von

von Maierhoffen.
von Mülnheim.
von Münk.
von Oerahau, von Bolsenheim.
von Rathsamhausen.
von Schönborn, Grafen.
von Schmidtburgische weibliche Erben.
von Sickingen, Grafen und Freiherrn.
von Streit, von Immendingen.
von Wangen.
von Weiler.
von Weitersheim.
von Wetzel, von Masilien.
von Zorn, von Plobsheim.
Zeysholph.

Auswärtige Dienerschaft.

Frankfurt: Kreisgesandter, Herr Franz Wilh. Freiherr von Wiesenhütten, geheimer Rath.

Regensburg: Legationssekretär, Herr Ludwig Georg Bauriedel, Legationsrath.

Straßburg: Resident, vacat.
  Hofmedikus, Herr D. Moseder, Hofrath.
  Pförtner, und Hofschafneibote, Joh. Michel.
  Heubinder, Michel Rau.
  Kornwerfer, Jakob Balser.
  Schweizer, Stolzenbach.

Wetzlar: Kammergerichtsprokurator, Herr D. Angelus Sipman, Hofrath.

Wien: Reichshofrathsagent, Herr von Hafner.

Hofstaat zu Buchsweiler.

Hofkommissarius, Herr Georg Wimmenauer.

Hofkünstler und andere Hofoffizianten.

Hofmaler, auch Bau= und Holzschreiber, Herr Albrecht Koch.
Hofchirurgus, Herr N. N. Zeyß.
Hofapotheker, Herr Henrich König.
Kellermeister, Herr Diebold Ostermann.
Adjunkt, Herr Philipp Ostermann.
Küchenmeister, Hr. N. N. Caulmann.
Hofkonditor, Hr. N. N. Fuchs.
Hof= und Kanzleibuchbinder, Herr N. N. Korn.
Beschlieſſerin, Herrn Registrator Kromayers Ehefrau.
Hof= und Lust= auch Küchengärtner, Hr. Ludwig Schwab.

Marstall.

Stallmeister, Hr. N. N. Klipstein, Obristlieutenant.
Stallverwalter, Hr. Johann Henrich Schwebel.
Sattelknecht, Marcellus Kern.
Reitknecht, Johannes Löwel, Futtermeister.
=   =   Martin Müller.
Kärcher, Christian Beuker.
Kurschmied, Hr. Andreas Reinhardt.
Hofschmied, Hr. N. N. Diefenbach.
Heubinder, Peter Reeber.
Taglöhner, Philipp Diefenbach.
Neun Pensionärs.

Schloßwacht.

Wachtmeister, Hr. Johannes Huß.
Neunzehn Arbeitsknechte.

Hof=

Hofstaat zu Pirmasens.
(Auf Pension gesetzt.)

Herr geheime Rath und Leibmedikus, Johann Nikolaus Spach.

Hofkapelle.
Kapellmeister, Hr. N. N. Brunner.

Hofkünstler.
Hof- und Kanzleibuchdrucker, Hr. Friedr. Seelig.
Hof- und Kanzleibuchbinder, Hr. N. N. Korn.
Hofuhrmacher, Hr. Johannes Hans.

Hofküche.
Küchenmeister, Hr. N. N. Schlösing.
Bratenmeister, Hr. N. N. Kerbst.
Feuerschierer und Stubenhitzer, Johannes Sutter.

Hofkonditorei.
Hofkonditor, Hr. N. N. Otto.
Office Magd, Margaretha Beitzin.

Hofkellerei.
Kellerinspektor, Hr. Ludwig Busch.
Mundschenk, Hr. N. N. Hartneck.

Garderobe.
Kammerdiener, Hr. N. N. Pilger, Hofkammerrath.
= = = N. N. Zeizner.

Laquaien.
Henrich Ollweiler.
Christian Diehl.
Friedrich Schüler.

N. N. Loßmann.
N. N. Mann.

Stubenhitzer.

N. N. Leonhard.
Johann Laguarin.

Kämmerei.

Hoftapezierer, Friedrich Schülers, Frau.
Silbermagd, Heinrichin.

Weißzeugkammer.

Beschlieſſerin, Frau Kohlerin, Wittwe.
Vier Waschmägde.

Marstall.

Oberbereiter, Hr. Friedrich Ludwig Schneider.
Sattelknecht, N. N. Bilow.
Kutscher, N. N. Eichberg.
= = N. N. Walther.
Reitknecht, Christian Müller.
Vorreiter, Christian Walch.
Knecht, Michael Walch.
Staubknecht, Simon Göhrig.
Karchknecht, Andreas Berle.
= = Adam Mann.
= N. N. Hochwärter.

Gärtnerei.

Aufseher über das Busquet, N. N. Seegler.

Konsistorium zu Buchsweiler, nebst dessen Dependenz.

Die nämlichen, wie bei der Regierung daselbst.
Herr Johann Friedrich Engelbach.

Sekre-

Sekretarius, Registrator, Botenmeister, und Kanzellisten, wie bei der Regierung daselbst.

Kirchenrechnungsjustifikator.

Herr Johann Friedrich Doll, wirklicher Kammerrath mit Sitz und Stimme.
Justifikator, Herr Friedrich Karl Lange.
Kanzleidiener, Philipp Gottfried Rau.

Konsistorialsessionen sind am Donnerstage.

Kirchenschafner in den Reichsämtern.

Amt Lemberg: Hr. Georg Christian Werner.
Kirchenschafneibote, Justus Heumann.
Aemter Lichtenau und Willstett: Hr. Friedrich Ludwig Haug, zu Bischofsheim.
Kirchenschafneibote, Christian Schumacher.
Kornwerfer, Michael Schneider.
Kirchengegenschreiber und Fruchtwerfer, Joh. Leser, zu Willstett.
Amt Schafheim.
Spizaltheim: Kirchenrechner, Hr. Joh. Konr. Wetterod, Gerichtsschreiber.
Schafheim und Diezenbach: hier werden solche alle 2 Jahre aus der Gemeinde gezogen.

Spitalverwalter.

Reichsamt Schafheim: Hr. J. L. Wilh. Greding.

Kirchenschafner im Elsaß.

Amt Brumath: Hr. Joh. Adam Anthing, wirklicher Kammerrath mit Sitz und Stimme.
Amt Buchsweiler: Herr Johann Ludwig Glaser.
Kirchenschafneibote, Johann Adam Gall.
Kornmesser, Philipp Silbereisen.

Amt Hatten: Hr. Ludwig Hofmann.

Amt Ingweiler und Pfaffenhofen: Hr. Christoph Ludwig Leopold Neidhard.

Kirchenschafneibote, Jakob Klein.

(In den übrigen Orten sind die Amtsschafneiboten zugleich Kirchenschafneiboten.)

Staab Offendorf: Herr Ernst Christoph Ellenberger, Kammerassessor.

Amt Westhofen: Herr Johann Daniel Stauch.

Amt Wörth: Herr Friedrich Jakob Itzstein.

Amt Wolfisheim: vacat.

Spitalschafner zu Buchsweiler.

Herr Johann Ernst Müller, emeritus.
 = Johann Friedrich Lutz.

Almosensammler, Karl Diemer.

Kornmesser und Spitalbote, (s. Kirchenschafnei.)

Sämtliche Geistliche in den Reichsämtern.

Amt Lemberg.

[Pirmasens, Fehrbach, Hungerspfuhl, Hinspacher Mühle, alte und neue Ziegelhütte: Pfarrer, Herr Georg Konrad Friedrich Hartneck.

Diakonus, Herr Johann Peter Fabricius.

Freiprediger, Herr Johann Georg Venator.
 =   =   = Karl Lanz.

Schullehrer und Organist, Herr Philipp Jakob Hart.

Reformirter Pfarrer, Herr Philipp Daniel Gulden.

Schullehrer, Hr. N. N. Berger.

Lemberg, Münchweiler, Ruppertsweiler, Salzwoog, Storrwoog, Lemberger Glashütte, Stephanshof, Ketterichhof, Hombrunnerhof, Finsterbacherhof, Glasthalerhof, Langmühle, Pulvermühle, Allwoogsmühle, Nußbank, Rothalberhof: Schullehrer, Hr. Joh. Peter Walter.

Gersbach und Eichelspacher Mühle: Schullehrer, Hr. Melchior Lutz.

Winzeln, Rehemühle, Schälermühle, alte Blümelsmühle, Liederspachermühle:] Schullehrer, Hr. Georg Jakob Korb.

Burgalben, Simmemühle, Muschelmühle: Pfarrer, Hr. Joh. Peter Fabricius, Diakonus zu Pirmasens.
Schullehrer, Hr. Gustav Christian Schönel.

Tannsieders, Biebermühle, Diedersbergerhof und Papiermühle: Schullehrer, Herr Johann Philipp Roos.

Luttersbronn, Kröppen, Schweix, Riedelberg, nebst Mühle, Einöder Wiesenhof, Trulben, Trulbermühle, Eppenbronn, Eppenbronnermühle, Inispach, Rauspronnerhof, Grünbach, Kaleset, Stiederbach, Erlenkopf, Felsenbronnerhof, Vinningen, Erfenbronn und Stausteinerhof: Schullehrer, Hr. Johann Rudolph Diel.

Alt-Simten: Schullehrer, Hr. Philipp Hackenschmitt.

Neu-Simten: Schullehrer, Hr. Johann Georg Roos.

Hülst, Hülstermühle, Dammmühle:] Schullehrer, Hr. Friedrich Diehl.

Ausser diesen lutherischen Pfarrern und Schullehrern ist zu Winningen (wohin die Katholiken der übrigen Orte gehen) katholischer Pfarrer, Hr. Thiebold, Feldprediger in Pirmasens. Kaplan, Hr. Morbach, zu Trulken.

Riedelberg, nebst Mühle, und Einöder Wiesenhof halten sich zur Lothringischen Pfarrei Waltsbronn.

[Bärenthal, die Höfe Dachshof, Rösselhof, Fischerhof, Reinhardshof, Ludwigswinkel, Scharfeneck, Wiesenlager, Gauchsharderhof, Leimenthal und Rothensbronner Harzhütte: Pfarrer, Hr. Philipp Friedrich Spoor.
Schullehrer daselbst und zu Mühlenthal, Hr. Georg Schumacher.

Philippsburg, Leitselthal, Lißbach und Mambach: Schullehrer, Hr. Joh. Christoph Dittmar.

Obersteinbach, Fischbach, Jauen, Reissel, Schlikkermühle: Schullehrer, Hr. Christ. Sternberger.

Petersbächel und Rösselsbronn:] Schullehrer, Hr. Johann Reinhard Schilge.

Zu Obersteinbach (wohin sämmtliche Katholiken dieser Pfarrei zur Kirche gehn) ist katholischer Geistlicher, Hr. Laengel.

[Eischweiler und Meischbacher Hof: Pfarrer, Hr. Michael Timotheus Rausch.
Schullehrer, Hr. Joh. Peter Sternberger.

Alt-Fröschen: Schullehrer, Hr. Konrad Lang der Aeltere.

Neu-Fröschen: Schullehrer, Hr. Johann Jakob Hornung.

Hoheinöd:] Schullehrer, Hr. Jeremias Hornung.

Aemter Lichtenau und Willstett.

Superintendent.

Herr Johannes Venator, Feldpropst und Konsistorialrath zu Pirmasens.
Special, Hr. Ludw. Hönig, Pfarrer zu Sand, emer.

Amt Lichtenau.

[Bischofsheim am hohen Steg: Pfarrer, Herr Philipp Jakob Kuß.
 Schullehrer, Hr. Ludwig Rebenak.
Hausgereuth: Schullehrer, ebenderselbe.
Holzhausen:] Schullehrer, Hr. Daniel Ernst.
[Bodersweier: Pfarrer, Herr Gottfried Daniel Schunk.
 Schullehrer, Hr. Johann Peter Rebenak.
Zierolshofen:] Schullehrer, Hr. Georg Vogt.
Diersheim: Pfarrer und zugleich Schullehrer, Herr Johann Georg Hönig.
Freistett (alt und neu) und Reuchenlochhof: Pfarrer, Herr Christian Ernst Schulmeister.
 Schullehrer, Hr. Georg Haas.
Memprechtshofen: Vikarius, Hr. Heiler.
 Schullehrer, Hr. Johann Martin Dietrich.
Leutesheim: Pfarrer, Hr. Friedrich Karl Roos.
 Adjunkt, Hr. Christian Daniel Ruckhaber.
 Schullehrer, Hr. Friedrich Christian Waag.
[Lichtenau: Pfarrer, Hr. Ernst Ludwig Neßler.
 Schullehrer und Organist, Hr. Wilhelm Kohl.
Grauelsbaum: Schullehrer, Hr. Johann Georg Kirschmann.
Helmlingen:] Schullehrer, Hr. N. N. Schick.

Linx und Hohbühn: Pfarrer, Hr. Christ. Neßer.
Schullehrer und Organist, Hr. Johann Adam
Heyland.
Scherzheim und Mückenschopf: Pfarrer und zugleich Schullehrer zu Scherzheim, Herr Joh.
Jakob Schoch.
Mückenschopf: Schullehrer, Hr. Phil. Horst.

Amt Willstett.

Auenheim: Pfarrer, Hr. Joh. Ludwig Venator.
Schullehrer, Hr. Ludwig Karl Waag.
[Eckartsweier: Pfarrer, Hr. Friedr. Karl Roos.
Schullehrer, Hr. N. N. Hönig.
Hohnhurst:] Schullehrer, Hr. Ludw. Duschilio.
Hesselhurst: Pfarrer und zugleich Schullehrer,
Herr Christian Gottlieb Venator.
[Kork, Odelshofen, Querbach und Neumühle:
Pfarrer, (s. Superintendent.)
Vikarius, Hr. Johann Friedrich Schild.
Schullehrer und Organist, Hr. Johann Daniel
Asmus.
Neumühle:] Schullehrer, Hr. David Asmus.
Legelshurst und Bolzhurst: Pfarrer, Hr. Johann
Wilhelm Schmitt.
Schullehrer, Hr. Karl Eberhard Härlen.
Adjunkt und Organist, Hr. Friedr. Karl Dorn.
Sand (alten und neuen): Pfarrer, (s. Special.)
Schullehrer und Organist, Hr. Georg Wolf.
Willstett: Pfarrer, Hr. Ludwig Hönig.
Schullehrer und Organist, Hr. Joh. Ehrhard.

Amt Schafheim.

Inspektor, Herr Joh. Christ. Scriba, Oberpfarrer zu Umstadt.
Spizaltheim und Harpertshausen: Pfarrer, Hr.
Joh. Wilhelm Karl Stahl.

Schullehrer, Hr. Johann Konrad Wetteroth.
Adjunkt, Hr. Henrich Augustin Wetteroth.
(Auch halten sich die lutherische Unterthanen aus dem Fürstl. Isenburgischen Ort Münster zur Altheimer Kirche und Schule.)

Diezenbach: Pfarrer, Hr. Joh. Phil. Diefenbach.
Schullehrer, Hr. Johann Henrich Kühn.

[Schafheim: Pfarrer, Hr. Joh. Christoph Daudt.
Schullehrer, Hr. Johann Henrich Meyer.
Adjunkt, Johannes Meyer.
Glöckner, Hr. Konrad Höreth.

Schlierbach:] Schullehrer, Hr. Joh. Reiffel.
(In den beiden von Groschlägischen lehenbaren zwischen Hessen-Hanau-Lichtenberg u. Hessen-Hanau-Münzenberg gemeinschaftlichen Orten Sickenhofen und Filial Hergershausen.)

[Sickenhofen: Pfarrer, Hr. Henrich Wänl. Koch.
Schullehrer, Hr. Johann Henrich Diehl.

Hergershausen:] Schullehrer, Herr Johannes Ackermann.

Im Elsaß.

Amt Buchsweiler.

Special, Herr Christian Henrich Lange.

[Buchsweiler. Inspektor, Hr. Christian Stephan.
Erster Pfarrer, (s. Special.)
Vikarius, Hr. Daniel Gottlieb Ludwig Aulber, (s. Landfreiprediger.)
Zweiter Pfarrer, Hr. Georg Christoph Lembke.
Stadtfreiprediger, Hr. Friedrich Christ. Baß, (s. unten.)

Landfreiprediger, Hr. Daniel Gottlieb Ludwig
 Aulber, (s. oben.
Sigrist, vac.
Vicarius, Hr. Johann König.

Gymnasium zu Buchsweiler.

Professor und Rektor, Hr. Johann Christ. Phil.
 Bast.
Professor, Hr. David Christoph Seybold.
 = = = F. Karl Christian Heiler.
Lehrer, Hr. Friedrich Christian Bast.
Schreib= und Zeichenmeister, vacat.

Andere Schullehrer.

In der grosen Knabenschule: Erster Lehrer, Hr.
 Daniel Gottlieb Ludwig Aulber, (s. Land-
 freiprediger.)
 Zweiter Lehrer, Hr. Philipp Horst, Organist.
Präceptor bei der kleinen Knabenschule, Hr. Hen-
 rich Fritsch, Kantor.
Bei der grosen Mägdleinschule, Lehrer, wie bei
 der grosen Knabenschule.
Präceptor bei der kleinen Mägdleinschule, Herr
 Samuel Jakob.
Schulpedell, Friedrich Borges.
Riedheim:] Schullehrer, Hr. Hans Georg Reuß.
[Breunsheim: Pfarrer, Hr. Johann Jakob Ehr-
 mann.
 Schullehrer, Hr. Johann Jakob Färber.
Gottesheim: Schullehrer, Hr. J. Peter Zwilling.
Geisweiler:] Schullehrer, Hr. Joh. Henr. Hans.
[Dunzenheim: Pfarrer, Hr. Joh. Daniel Strohl.
 Adjunkt, Hr. N. N. Fürnstein.
 Schullehrer, Hr. Johann Daniel Müller.

Winzen-

Winzenheim:] ein lehnbarer dermalen von Glaubizischer Ort.

Ernolzheim: Pfarrer, Hr. Philipp Henrich Emmerich.
  Schullehrer, Hr. Ludwig Bauer.

Imsheim: Pfarrer, Hr. Johann Friedrich Götz.
  Schullehrer, Hr. Georg Ernst.

Hattmat:] Schullehrer, Hr. Friedrich Lapp.

[Kirrweiler: Pfarrer, Hr. Johann Gottfried Elles.
  Schullehrer, Hr. Jakob Rittelmeyer.

Isenhausen. Schullehrer, ebenderselbe.

Boselshausen: Schullehrer, Herr Johann Adam Mehl.

Zäbersdorf:] Schullehrer, Hr. Johann Jakob Pfender.

[Reitweiler: Pfarrer, Hr Friedrich Christian Kampmann.
  Schullehrer, Hr. Joh. Jakob Hiebold.

Gimbert:] Schullehrer, Hr. Joh. Faulhaber.

[Ringendorf: Pfarrer, Hr. Georg Henr. Lange.
  Schullehrer, Hr. Ludwig Henrich Seiz.

Wichersheim und Willgottshausen:] Schullehrer, Hr. H. G. Reuß.

[Utweiler: Pfarrer, Herr Lembke, (s. zweiter Pfarrer zu Buchsweiler.
  Schullehrer, Hr. Johann Philipp Robizer.

Niedersulzbach:] Schullehrer, Hr. P. J. Haber.

Dürningen, Hohazenheim und Wöllenheim sind katholisch.

Amt Brumath.

Special, Herr Johann Daniel Augst.

Brumath: Pfarrer, (s. Special.)
  Diakonus, Hr. Johann Jakob Mallo.

Schul-

Schulkollaborator, Hr. Martin Barth.
Schullehrer und Organist, Herr Philipp
   Weidel.

Eckwersheim: Pfarrer, Hr. Christian Reinhard
   Mall.
   Schullehrer, Hr. Georg Friedrich Krämer.
[Geudertheim: Pfarrer, Hr. Johann Gottfried
   Höfel.
   Schullehrer, Herr Johann Henrich Rittel-
   meyer.
Bietlenheim:] Schullehrer, Hr. Joh. Hilbold.
[Gries und Mittelhard: Pfarrer, vacat.
   Schullehrer, Hr. Johann Friedrich Egesus.
Kurzenhausen: Schullehrer, Hr. Georg Friedrich
   Rittelmeyer.
Weitbruch:] Schullehrer, Hr. Martin Süß.
Hördt: Pfarrer, Hr. Georg Daniel Deuckling.
   Schullehrer, Hr. N. N. Rittelmeyer.
Krautweiler: Pfarrer, Herr Diakonus Mallo,
   von Brumath, (s. oben.)
   Schullehrer, Hr. Johannes Faulhaber.
[Mittelhausen: Pfarrer, Hr. Gottfried Christian
   Petri.
Hohatzenheim:] Schullehrer und Organist, Hr.
   Johann Philipp Rittelmeyer.
Oberhofen: Pfarrer, Hr. Philipp Reinhard Eh-
   renpfort.
   Schullehrer, Hr. Hans Jakob Schuster.
[Waltenheim: Pfarrer, Hr. Fr. S. Deuerling.
   Schullehrer und Organist, Hr. Georg Urban.
Hohfrankenheim:] Schullehrer, Hr. Christian
   Meyer.
Die Orte Herlisheim, Offenkach, Rohrweiler und Drusenheim sind
   katholisch.

Aemter

Aemter Hatten, Kuzenhausen und Wörth.
Special, Herr Volpert Christian Zeyß.
[Hatten: Pfarrer, Hr. Karl Ludwig Wagner.
  Schullehrer, Hr. Henrich Jakob Werner.
Bühl:] Schullehrer, Hr. Matthias Langenbuch.
[Morsbronn: Pfarrer, Hr. Ludwig Gottlieb Lange, (s. Diakonus zu Wörth.)
  Schullehrer, Hr. Johann Daniel Berlin.
Oberdorf und Spachbach:] Schullehrer, Herr Georg Christian Sixt.
[Niederkuzenhausen: Pfarrer, (s. Special.)
  Schullehrer, Hr. Johann Georg Eyer.
Oberkuzenhausen und Feldbach: Schullehrer, Hr. Theodor Engel.
Merkweiler und Hölschloch:] Schullehrer, Hr. N. N. Engel.
Niedersteinbach, Pfaffenbronn, Lindetspach, Menchelsbach, Lobesan, Mattstall, nebst Glashütte: Pfarrer, Hr. Johann Daniel Matt, (wohnt zu Lembach.)
  Schullehrer, Hr. Johann Martin Hördt.
[Oberbetschdorf: Pfarrer, Hr. Friedrich Ludwig Ringler.
  Schullehrer, Hr. Peter Thomas.
Niederbetschdorf: Schullehrer, Herr Johannes Spitaler.
Schwabweiler und Reimersweiler: Schullehrer, ebenderselbe.
Kühlendorf:] Schullehrer, Hr. Kaspar Köhler.
[Preuschdorf: Pfarrer, Herr Philipp Jakob Kocher.
  Schullehrer, Hr. Johann Friedrich Rich.
Görsdorf: Schullehrer, Hr. Barthol. Lehr.
Lambersloch: Schullehrer, Hr. Dan. Mutschler.
Mitschdorf:] Schullehrer, Hr. Phil. J. Mutschler.

Rittershofen und Leutersweiler: Pfarrer, vicat.
Vikarius, Herr Henrich Kasimir Hermann
Weißmann.
Schullehrer und Organist, Hr. Joh. Fuchs.
Wörth: Pfarrer, Hr. Joh. Christ. König.
Diakonus, Hr. G. Lange, (s. Morsbronn.)
Schullehrer und Organist, Hr. Joh. Matt.
Dörsch.
Adjunkt, Hr. Philipp Jakob Dörsch.
Niederlangensulzbach und Nonnenhard: werden
durch Hrn. Pfarrer Kocher zu Oberlangen-
sulzbach besorgt.
Griesbach geht nach Gundershof zur Kirche.
Diefenbach und Eberbach sind ganz katholisch.

Aemter Ingweiler und Neuweiler.

Special, Herr Johann Henrich Rosenstiel,
Pfarrer zu Mietesheim.
[Ingweiler, Nespler= und Seelhof: Pfarrer, vac.
Diakonus und erster Schullehrer, Hr. Jakob
Henrich Petri, (s. Lichtenberg.)
Schullehrer und Organist, Hr. Peter Clauß.
Menchenhofen: Schullehrer, Hr. Johann Adam
Byos.
Obersulzbach:] Schullehrer, Hr Henrich Mar-
tin Zwilling.
[Ingenheim und Wolschheim: Pfarrer, Hr. Jo-
hann Gottfried Höfel, emer.
Pfarrer, Hr. Phil. Reinhard Oppermann.
Schullehrer, Hr. Michael Velthen.
Melsheim:] Schullehrer, Hr. Johann Georg
Ludwig Kleio.

[Lichten-

[Lichtenberg: Pfarrer, Hr. Petri, (f. Diakonus zu Ingweiler.)
Schullehrer, Hr. Martin Wirtwein.
Reipertsweiler, Melcher- und Wirthaler Hof und Windsteger Sägmühle: Schullehrer Hr. N. Stärle.
Wimmenau, Kaminthalerhof, Kindsbronn und Hochberger Glashütte:] Schullehrer, Hr. Lorenz Siegel.
Mietesheim: Pfarrer, Hr. Johann Henrich Rosenstiel, (f. Special.)
Schullehrer, Hr. Joh. Phil. Ernst.
[Neuweiler, Füllengarten, Zeller Sägmühle, Mayenbächel- und Bocksmühle: Pfarrer, Hr. Franz Phil. Rehfeld.
Schullehrer und Organist, Hr. Johann Daniel Reinherr.
Griesbach:] Schullehrer, Hr. Jakob Kunz.
Schillersdorf: Pfarrer, Hr. Christian Philipp Schröder.
Schullehrer, Hr. Hans Georg Rick.

Amt Pfaffenhoffen.

Special, Herr Johann Henrich Flach.
[Eckendorf: Pfarrer, Hr. Joh. Michael Mehl.
Schullehrer, Hr. Philipp Georg Lapp.
Altdorf:] Schullehrer, Hr. Joh. Jakob Welsch.
Obermothern: Pfarrer, Hr. Johann Reinhard Spoch.
Schullehrer, Hr. Johann Georg Klein.
Schalkendorf:] Schullehrer, Hr. Philipp Daniel Herr.
[Offweiler: Pfarrer, (f. Special.)
Vikarius, Hr. Reinhard Mau.
Schullehrer, Hr. Johann Nikolaus Ernst.

Bischholz:] Schullehrer, Herr Johann Philipp Haber.
[Pfaffenhoffen: Pfarrer, Hr. Gottfried Jakob Schaller.
Schullehrer, Hr. Georg Friedrich Eberhard
Niedermothern:] Schullehrer, Herr Philipp Walter.
Schwindrazheim: Pfarrer, Hr. Johann Henrich Deuerling.
Schullehrer, Hr. Johann Julius Horst.

Amt Westhofen und Wolfisheim.

Special, Hr. Georg Christoph Fürnstein.
Ahlenweiler, Habernacker und Hengweiler: Pfarrer, Hr. Christian Barthol. Dreyspring.
Schullehrer, Hr. Philipp Salomon.
Ballbronn: Pfarrer, Hr. Joh. Hermann Mall.
Schullehrer, Hr. Johann Georg Hild.
Trenheim: Pfarrer, Hr. Johann Friedrich Siebecker.
Schullehrer, Hr. Jost Heinz.
Westhofen: Pfarrer, (siehe Special.)
Diakonus, Herr Daniel Mall, erster Schullehrer.
Schullehrer und Organist, Hr. Johann Georg Werner.
Hangenbietenheim: Pfarrer, Hr. Johannes Heiß.
Schullehrer, Hr. Johann Henrich Fetsch.
Wolfisheim: Pfarrer, Hr. Joh. Henrich Heiler.
Schullehrer, Hr. Johann Reinhard Roth.

Reinhardsmünster ist ganz katholisch.

Rentkammer zu Buchsweiler.

Kammerräthe.
Herr Ludwig Reinhard Resch.
" Johann Friedrich Reuß.
" Georg Andreas Jäger, dermalen zu Darmstadt.

Kammerassessor.
Herr Johann Friedrich Bender.

Kammersekretär.
Herr Karl Ludwig Kohlermann, dermalen zu Darmstadt.

Kammerregistrator.
Herr Friedr. Kuder.

Kammerkanzellisten.
Herr Johann Peter Gräcmann, Registrator und Kammerbotenmeister.
" Ernst Henrich Christian Kromeyer, Registrator.
" Philipp Friedrich Rosenstiel.

Kammerarchiv.
Archivarius, Herr Werner Christoph Winter, Kammerrath.

Rentmeister.
Herr Johann Georg Wilhelm Münz, Kammerrath.

Rechnungsjustifikatoren.

Herr Georg Christoph Schreibeisen, Kammerrath.
- Johann Leonhard Scheller.
- Johann Jakob Laubenheimer, dermalen zu Darmstadt.
- Georg Jakob Loos, Emeritus.

Accessisten.

Herr Christian Loos.
- Ludwig Frinz.

Rentkammerdiener.

Johann Karl Robert.

Die Rentkammersessionen sind Mittwochs.

Oberforstamt zu Buchsweiler.

Direktor, vacat, Räthe, Assessoren, Sekretär und Kanzellisten, wie bei Fürstl. Rentkammer.
Forstregistrator, Hr. Johann Jakob Bojanus.
Oberforstamtsdiener, Karl Robert.

Forstsessionen sind Samstags.

Andere Forstbedienten.

Oberjäger und Wildpretsverrechner, Hr. Joh. Christoph Bechstatt.
Teichmeister, Hr. Phil. Elles, Oberförster.
Fasanenmeister, Hr. Jakob Dietrich.

Hof-

Hofjäger, Herr Phil. Georg Siegler.
- - Ludwig Friedrich Schad.
Weiherknecht, Antoni Schuh.
Frieser, N. Kümmel.

Amt Buchsweiler.

Jäger, Herr Jakob Zoller, zu Ernolzheim.
- - Georg Fr. Elsaß, zu Eckartsweiler.
Förster, - Andreas Lütt, zu Gimbrett.
- - Michel Bühler, zu Buchsweiler.

Amt Brumath.

Oberförster, Hr. Phil. Melsheimer, zu Brumath.
Jäger, Herr Henrich Beck, zu Weitbruch.
Förster, - Nikol. Adam, auf der Mittelhard.
- - Jakob Fuchs, zu Waltenheim.
- - Konrad Meyer, zu Brumath.
- - Diebold Würz, zu Eckwersheim.

Amt Hatten.

Jäger, Herr Friedr. Clauß, zu Hatten.
Förster, - Diebold Eyer, zu Schwabweiler.

Amt Ingweiler.

Oberförster, vacat.
Jäger, Herr Christoph Elsaß, zu Wimmenau.
- - Phil. Karl Beck, daselbst.
- - Ludwig Krammling, zu Ingweiler.
- - N. Götz, zu Reipertsweiler.
Förster, - Friedrich Christmann, daselbst.
- - Christian Hecki, allda.
- - Michael Robert, zu Obersulzbach.
- - N. Labonte, auf den Kindsbronn.
- - H. A. Wachenheim, zu Wimmenau.

Amt Kuzenhausen.
Förster, Herr Georg Hermann, zu Kuzenhausen.
Mitaufseher, Herr, Joseph Lehmann.

Amt Neuweiler.
Jäger, Hr. N. Siegler, auf der Zeller Sägmühle.

Staab Offendorf.
Oberförster, Hr. J. M. Kleinfelder, zu Rohrweiler.
Jäger, Herr Christian Hönel, zu Oberhofen.
Förster, = Anton Wendling, zu Offendorf.
= = Athanasius Häring, zu Rohrweiler.

Amt Pfaffenhofen.
Jäger, Herr Ludw. Kesselhut, zu Niedermothern.
Heegbereiter. Hr. C. Bäsch, zu Schwindrazheim.
Förster, Hr. Christian Käser, zu Schillersdorf.

Amt Westhofen.
Oberförster, Herr Philipp Georg Diemer, zu Westhofen.
Jäger, Herr Christian Dick, auf dem Haberacker.
Förster, = Georg Lambs, zu Wolschheim.
= = M. Bertanier, zu Reinhardsmünster.
= = Michael Volklinger, zu Hagen.

Amt Wolfisheim.
Oberförster, (s. Brumath.)
Förster, Herr Sebastian Leininger.

Amt Wörth.
Oberförster, Herr Johannes Hänel, zu Wörth.
Förster, Herr Michael Rässel, zu Lambersloch.
= = J. Trautmann, zu Niedersteinbach.
= = Ludwig Marx, auf der Nonnenhard.
= = Michel Jakob, zu Preuschdorf.

In den Reichsämtern.
Oberforst Lemberg.

Forstmeister, Herr Johann Christoph Kekule, zu
  Darmstadt, Kammerrath.
Forstverwalter, Hr. Gottlieb Venator.
Oberförster, Hr. Fr. Aug. Pfersdorf, zu Pirmasens.

Forst Pirmasens

Förster, Hr. Johann Henrich Korb, zu Gersbach.

Münchweiler Forst.

Förster, Hr. V. Ertler, auf dem Hommbronnerhof.
Jäger, = Ludwig Cottler, zu Lemberg.
  =   = Georg Christmann, daselbst.
  =   = Nikolaus Schmalenberger, auf der
       Lemberger Glashütte.
Adjunkt, Hr. Phil. Leichtweiß, zu Lemberg.

Obersteinbacher Forst.

Jäger, Hr. Christian Pfersdorf, zu Obersteinbach, Oberförster.
  = Hr. N. N. Helfer, auf dem Ludwigswinkel.
Förster, = Christ. Christmann.

Epperbronner Forst.

Oberförster, Hr. A. W. Gönner, zu Eppenbronn.
Jäger, Hr. N. N. Neidhard, auf dem Grünbacherhof.
Förster, Hr. H. A. Gebhard, auf dem Ketterichhof.
  =   = Henrich Petri, zu Vinningen.
  =   = Christian Schmitt, zu Hülst.
Adjunkt, Hr. Christoph Schmitt, daselbst.

Donsiederer Forst.

Jäger, Herr Otto Pfersdorf, zu Burgalben.
Förster, = Georg Hammel, daselbst.
  =   = Johannes Ebel, zu Fröschen.

Oberforst Bärenthal und Philippsburg.

Forstmeister, (siehe Oberforst Darmstadt.)
Oberförster, Hr. Chr. Brennemann, zu Bärenthal.
Jäger, Hr. N. N. Wanzel, zu Philippsburg.
Förster, Hr. Christian Itten, daselbst.
    „   „ Joh. Ladenburger, zu Dachshof.
    „   „ Nikolaus Götz, zu Bärenthal, auch Teichknecht.

Oberforst Lichtenau.

Forstmeister, (s. Oberforst Darmstadt.)
Oberjäger, Hr. Christian Philipp Gebhard zu Bischofsheim.
Jäger, Hr. Phil. Jakob Götz, zur Lichtenau.
    „   „ Jakob Stolzel, zu Bodersweiler.
Coymann, Hr. Mart. Käser, zu Memprechtshofen.
Förster, Hr. Christian Stoß, zu Mückenschopf.
    „   „ Benjamin Lasch, zu Freistett.

Oberforst Schafheim.

Forstmeister, (s. Oberforst Darmstadt.)
Oberförster, Hr. Jakob Gilmer, zu Schafheim.

Forst Schwabenholz und junge Heege.

Wildbereiter, Hr. P. Jon. Gilmer, zu Schafheim.
Förster, Hr. J. Peter Siebenring, zu Schlierbach.

Forst Sporneichen.

Wildbereiter, Hr. Ludwig Gilmer, zu Altheim.
Forstlaufer, Hr. Ludwig Wetterroth, daselbst.

Forst Koberstatt.

Wildbereiter, Hr. Jakob Gerlach, zu Diezenbach.
Forstlaufer, Hr. Johannes Wagner, daselbst.

Mit Hanau-Münzenberg gemeinschaftliche Forstbediente.

Markmeister in der Rödermark, Hr. Jak. Gerlach, zu Diezenbach.

In dem Stockstädter Hübnerforst im Kurmainzischen.

Gemeinschaftlich Hanauischer Vogt, Hr. Joh. Adam Rees, zu Stockstadt.
Gemeinschaftl. Hanauischer Förster, Hr. Mart. Müller daselbst.

Oberforst Willstett.

Forstmeister, (s. Oberforst Darmstadt.)
Oberjäger, (wie im Amt Lichtenau.)
Jäger, Hr. August Pferstorf, zu Legelshurst.
= = Philipp Wezel, zu Eckartsweiler.
Förster, Hr. Georg Walter, daselbst.
= = Hans Wilhelm, zu Legelshurst.

Feuerlöschungs-Anstalten.

Oberaufseher, Hr. Regierungsrath Rehfeld.
= = = Kammerrath Reuß.
Aufseher, Hr. Kanzellist Zuflucht.

Bei jeder Feuerspritze und sonstigen Posten in der Stadt Buchsweiler ist ein Oberkommandant aus der Fürstlichen Dienerschaft und ein Unterkommandant aus der Bürgerschaft über die dabei angestellte Personen gesetzt.

Justiz- Kameral- und andere Bediente in den Reichsämtern.

Oberamt Lemberg. (12,880.)

Oberamtmann, Herr Dominik Michael Besnard, Regierungsrath.

Amtmann, Hr. Joh. Ludw. Ad. Schulz, Rath.
Amtsverweser, Amts- und Waisenschreiber, Hr.
  Johann Jakob Fasko.
Marschkommissarius und Landbereiter, Hr. Chr.
  A. Römmich.
Amtschafner und Landkassenverrechner, Hr. J. L.
  Maurer.
Fruchtverwalter, Hr. Georg Christian Werner.
Fiskal und Amtsprokurator, Hr. Johann Phil.
  Kappler, Regierungsrath.
Salzadministrator, Hr. Ludwig Isstein.
Landkommissär, Hr. Phil. Nöllner.
Holzschreiber, Hr. Georg Henrich Morhard.
Gegenschreiber, Hr. Christian Karl Heller.
Amtsprokurator, Hr. Ludwig Busch.
Amtsdiener, Joh. Peter Huber.
Amtschafneibote u. Exequent, J. Morgenthaler.
    =   =   =   = Joh. A. Mager.
  Einspänger, Henrich Anstett.
Pirmasens, Haseneck, Hungerspfuhl Hinspacher-
  mühle, Neublümelsmühle, alte Ziegelhütte,
  neue Ziegelhütte, Neuhof, Lammbach, Nessel-
  thal, Dankelspach. Fehrbach, 5381.

Baukommission.

Herr Kapitän Rapp.
  = Rath Georg Reuß.
Baumeister, Hr. Philipp Reichard.
Bauknecht, N. N. Jakobi.
  =   = N. N. Brigandino.

Polizeideputation.

Herr Regierungsrath Besnard.
  = Rath Schulz.
  = Regierungsrath Kappler.
Polizeiwachtmeister, N. N. Lucas.
Polizeiknecht, N. N. Battenberg.

Raths=

Rathsverwandte.

Stadtschultheiß, Herr Samuel Kull.
Senator, Herr Johann Adam Keller.
 =   = Franz Detreux.
 =   = Franz Karl Ziegler.
 =   = Christian Lützel.
 =   = Georg Henrich Schneider.
 =   = Konrad Schneider.
Rathsdiener, Georg Jakob Weißgerber.
Thorschreiber, Hr. Georg Schneider.
 =   =   = N. N. Stockmar.
Briefposthalter, Hr. Friedrich Kiefer.
Briefbote, Peter Huber.
 =   = Henr. Plitt.
Lemberg, Münchweiler, Humbrunnerhof, Finsterbach, Glasthalerhof, Ludwigsthaler Glashütte, Pulvermühle, Allewoogsmühle, Ruppertsweiler, Salwoog, Storrwoog, Glashütte, Stephansbrunn, Ketterich, Langmühle, Ruhebankerhof, Rothalerhof, Wolfshagen 1066. Schultheiß, Hr. Henrich Kunz.
Gersbach, Winzeln, Rehemühle, Eichelspachermühle, alte Blümelsmühle, Liederspachermühle, Papiermühle 659. Schultheiß, Hr. Matthias Baas.
 Adjunkt, Hr. Henrich Krummel.
Fröschen, (Alt- und Neu-) Meisenbach) 377. Schultheiß, Hr. David Allenspach.
Donsieders, Burgalben, Simmühle, Bibermühle, Diedersbergerhof und Papiermühle, Muschelmühle, 652. Schultheiß, Hr Joh. Jakob Busch.
Vinningen, Schälermühle, alt Simpten, neu Simpten, Erlenbrunn, Luthersbronner Bethaus, Stausteinerhof 1132. Schultheiß, Herr Joh. Nik. Greiner.

Trulben und Muhle, Eppenbronn, Jmspach, Ranspronnerhof, Grünbach, Kahlesei, Stieberbach, Erlenkopf, Felsenbronnerhof 679. Schultheiß, Hr. Nik. Kölsch).

Kröppen, Schweix, Hülst, Dammühl, Hülstermühl 688. Schultheiß, Hr. Henrich Guth.

Riedelberg, Riedelbergermühle, Einöderwiesenhof 244. Schultheiß, Hr. Hans Michael Schäfer.

Obersteinbach, Fischbach, Fauen, Petersbächel, Rösselsbronn, Reisel, Schlickermühle, Ludwigswinkel 775. Schultheiß, Hr N. N. Krämer.

Bährenthal, Mühlenthal, Scharfeneck, Wiesenlager, Dachshof, Fischerhof, Reinhardshof, Gauchsharderhof, Philippsburg, Lischbach, Leitselthal, Mambach, Leimenthal, Rothenbrunner Harzhütte 635. Schultheiß, Hr Philipp Hauri.

Gemeinschaftlich mit Leiningen:

Eischweiler, 255. Schultheiß, Hr. Philipp Sauberschwarz.

Hocheinöd 337. Schultheiß, Hr. Jakob Trautmann.

(Werden sonst zur Schultheißerei Fröschen gerechnet.)

Eisenhammerwerke an der Saarbach.
Faktor, N. Carben.

Amt Schafheim. (2982.)

Amtmann und Amtsschafner, auch in denen beiden Groschlagischen Centorten Sickenhofen, Hergershausen, Reservat= und in der Rödermark diesseitiger Marktbeamte, Herr G. P. Chelius.

Amtsschreiber, Gerichtsschreiber und Landbereiter, Hr. Friedrich Achatius Gredina.
Amtsdiener und Amtsbote, Ludwig Lück.
Amtsphysikus, Hr. D. Joh. Wilhelm Hofmann, zu Umstadt.
Herrschaftlicher Fruchtmesser, Kasper Michel.
Schafheim, nebst einer Mühle und dem von Savignyschen Hof, 1034. Schultheiß, Herr Joh. Lück, auch Feldmesser und Steinsetzer.
Herrschaftlicher Kiefer, Konrad Most.

Obergerichtsschöffen.

Herr Ludwig Diez, Feldmesser und Steinsetzer, auch Kirchenältester und Baudeputirter.
= Peter Roth.
= Valentin Schäfer, auch Kirchenältester.
= Johann Nikolaus Engel.
= Elias Roth.
= Konrad Sauerwein, auch Fleischschätzer.
= Johann Georg Geißler.
= Heinrich Heil.
= Johannes Roth.
= Christoph Diehl, auch Baudeputirter, Sergeant.
= Johannes Bohland.

Untergerichtsschöffen.

Herr Johannes Sennert.
= Johannes Breitwieser.
= Johann Georg Perschbacher.
= Konrad Däsch, Baudeputirter.
= Peter Krehe.
= Joh. Nikolaus Arnold, Viehgeschworner.
= Henrich Hauck.
= Konrad Most.

Herr

Herr Konrad Sauerwein.
- Johannes Strauch.
- Sebastian Weizel.

Hofgericht.

Der zeitige Schultheiß und Gerichtsschreiber.
Ein Obergerichtsschöff.
Herr Peter Sennert, Hofschöff von Schlierbach.
- Martin Krapp, von Diezenbach.
- Johann Adam Sauerwein, von Altheim.
Gerichtsdiener, Kaspar Michel.
Feldgeschworner und Steinsetzer, Hr. Joh. D. Däsch.
   -       -   -   - Henrich Malkomessus.
Gemeiner Waldförster, Hr. Peter Perschbacher.
Geschworner Zimmermann, Hr. J. Sauerwein.
Fleischschätzer, Hr. Joh. Roth.
Viehgeschworne, Hr. Henrich Most.
   -       -   - Henrich Amend.
Korporal, Hr. Ludwig Trippel.
Spritzenmeister, Herr Johann Nikolaus Günther.
Epizaltheim, nebst der Stadthäuser herrschaftl. Erbleihmühle, 591. Schultheiß, Hr. Joh. Adam Körbler.
Gerichtsschreiber, Hr. Johann Konr. Wetteroth.
Gerichtsschöffen, Hr. Joh. Adam Funk.
   -       - Joh. Wendel Deuckert, auch Feldgeschworner.
   -       -   - Joh. Peter Appel, auch Feldgeschworner.
   -       -   - Joh. Phil. Schroth.
   -       -   - Joh. Phil. Appel.
Diezenbach, nebst dem Schönbornischen Hof, 874. Schultheiß, Hr. Matern Krapp.

Gerichtschreiber, Hr. Schulmeister Kühn.
Harpertshausen, nebst 1 Herrschaftl. Erbleihmühle.
184. Schultheiß, Hr. Joh. Adam Funk.
Schlierbach, nebst der von Sailingischen Oberherrschaftl. Erbleih= Unter= und Straßenmühle, 299. Schultheiß, Hr. Peter Sennert.

Gerichtsschöffen.

Herr Peter Sennert, sen.
 = Christoph Höreth, Feldgeschworner.
 = Peter Sennert, jun.

Feldgeschworne, ausser den genannten.
Herr Jakob Sturmfels.
 = Henrich Knöll.

Gemeinschaftliche Centschultheißen.
Sickenhofen: Hr. Johann Wendel Spiel.
Hergershausen: Hr. Nikolaus Müller.

Zu diesem Amt gehören auch noch der Hanauische Erbbestands= sogenannte Junkernhof und die Erbbestandsmühle zu Eichelsdorf, Oberamts Nidda, im Oberfürstenthum Hessen.

Amt Lichtenau. (6749.)

Amtmann, vacat.
Amtsassessor, Hr. Joh. Daniel Schübler, Rath.
Amtsaktuarius, Hr. Gottlieb Gochnat.
Landschreiber, Hr. Sal. Gochnat, Kammerrath.
 Adjunkt, Hr. N. N. Gochnat, Advokat.
Amtsschultheiß, Hr. Joh. Mich. Schöne, Rath.
Amtsschafner, Hr. D. Fr. Ströhlin, Kammerrath, auch Landkassenrechner und Stadschreiber zu Reufreistett.
Amtsschafner, Hr. Ludwig Henrich Ströhlin.

Amts=

Amtsphysikus, Hr. D. Georg Huhn.
Amtsfiskal, Hr. Johann Gerhard Jenser.
Unterfiskal, Hr. Friedrich Hermann.
Amtsdiener, Johannes Körkel.
Thurmbote, Henrich Christoph Lörracher.
Amtsschafneibote, Friedr. Schmitt.
Einspänger, Christian Weick,
Altfreistett, 934. Membrechtshofen 415. und
 Nendcrlochhof 34. Schultheiß, Hr. Jo=
 hannes Haus.
Bischofsheim am hohen Steg 857. Hausgereuth
 110. Schultheiß, Hr. Johannes Dörr.
Bodersweier 569. Schultheiß, Hr. Mich. Scheer.
Diersheim 492. Schultheiß, Hr. Andr. Gramp.
 Adjunkt, Hr. Johannes Senger.
Holzhausen 197. Schultheiß, Hr. Georg Asmus.
Leutesheim 511. Schultheiß, Hr. David Keck.
Lichtenau 763. Helmlingen 279 und Grauels=
 baum 101. Gerichtsschultheiß, (siehe Amts=
 schultheiß.)
Linx 349. und Hohbühn 78. Schultheiß, Hr. Jo=
 hannes Weber.
Neufreistett 287. Stadtschultheiß, Hr. N. N. Huhn.
Zierolshofen 196. Schultheiß, Hr. Georg Schütz.
Scherzheim 383. und Muckenschopf 194.

Amt Willstett.

Amtmann, Herr Joachim Friedrich Exter, Re=
 gierungsrath.
Landschreiber, Herr Johannes Neßler, Rath.
Landkommissarius und Amtsschultheiß, Hr. Da=
 niel Andreas Städel, Rath.
Adjunkt, Hr. Johann Friedrich Wezel.
Amtsschafner, Hr. Karl August Hannibal Otto.
Amtsfiskal, Hr. Friedrich Stölzel, auch Zollbe=
 reiter.

Amts=

Amtsdiener, Johann Jakob Zuflucht.
  Thurmbote, Georg Knapp.
    Adjunkt, Michael Knapp.
   Einspänger, David Göpper.
   Amtsschafneibote und Fruchtwerfer, Jak. Kern.
Auenheim 612. Schultheiß, Hr. Joh. Merz.
Eckartsweier 365. Schultheiß, Hr. Joh. Baaß.
Hesselhurst 203. Schultheiß, Hr. Jak. Jockers.
Hohnhorst 105. Schulheiß, Hr. Nik. Vetter.
Kork 603. Odelshofen 241. Neumühl 359. Querbach 72. Gerichtsschultheiß, Hr. Joh. Georg Zuflucht.
Legelshurst 369. Bolshurst 471. Schultheiß, Hr. Jakob Baaß.
Sand 512. Schultheiß, Hr. Jakob Scherer.
Willstett 989. (siehe Amtsschultheiß und dessen Adjunkt.)

Aemter im Elsaß.

Amt Buchsweiler.

Amtmann, Herr Chr. Reiner, Hofrath, emerit.
  =   =   = Dominik Michel Beßnard, dermalen Reg. Rath und Oberamtmann zu Pirmasenk.
Amtsschreiber, vacat.
Kommisgreffier, Hr. Michel Morel.
Stadtschreiber, Hr. Ludwig Julius Bernard.
Fiskal, Hr. Franz Anton Cromer.
Fruchtverwalter, Hr. Friedrich Doll, Kammerrath.
Amtsschafner und Landkassenrechner, Hr. Konr. Ludwig Gostenhofer, Kammerassessor, (siehe Pfaffenhofen.)

Bauaufseher und Holzschreiber, Hr. Albrecht Koch, Hofmaler.
Landbereiter, Hr. Claude Weid.
Gegenschreiber, Hr Georg Engelhard.
Feldmesser, Hr. Jakob Schmitt.
Renovator, vacat.
Amtsdiener, Dominikus Werner.
Amtsschafneibote, Michael Ferius.
Fruchtverwaltungsbote, Jakob Huß.
Einspänger, Jakob Mehl.
= Jakob Schlecht

Stadt Buchsweiler.

Baumeister und Brunnenaufseher, Hr. Martin Heid.
Ackermeister, Franz Schneider.
Fruchtmesser, Philipp Silbereisen.
Brunnenmeister, L. Sahlfrank.

Gericht.

Stadtschultheiß, Herr Gabriel Morel.
Stadt, und Gerichtsschreiber, Hr. Ludwig Julius Bernard, (siehe oben.)

Gerichtsschöffen.

Herr Valentin Mehl.
 = Thomas Gerold.
 = Georg Ganther.
 = Franz Gilbert Drechsler.
 = Johann Georg Frinz.
Marktschöff, Herr Jakob Welsch.
Gerichtsdiener, vacat.

Stadt

Stadtmajor, Herr Johann Philipp Gräcmann,
(s. oben.)
Stadtwachtmeister, Hr. Friedr. Göttel.

Medici.

Stadt- und Landphysikus, Hr. D. Ludwig Rönner, Leibmedikus.
Doktor, Herr Nikolaus Ludwig Rosenstiel.

Geschworne Chirurgi.

Herr Friedrich Karl Zeyß, Leibchirurgus.
= Johann Joseph Spach, Accoucheur.

Königlicher Postmeister.

Herr Jakob Loyson.
Breungheim: Schultheiß, Herr Henrich Martin Wezler.
Dunzenheim: Stabhalter, Herr Jakob Michel.
Dürningen, ein mit dem Bisthum Straßburg gemeinschaftlicher Ort: Schultheiß, Hr. Antoni Doßmann.
Ernolzheim: Schultheiß, Hr. Georg Brevi.
Hattmann: Stabhalter, vacat.
Hohazenheim: Schultheiß, Hr. Antoni Hans.
Hohfrankenheim: Stabhalter, Hr. H. M. Lapp.
Insheim: Stabhalter Hr. Georg Lohmüller.
Kirrweiler: Schultheiß, Hr. Xaveri Ruedin.
Stabhalter, Hr. Michel Klein.
Melsheim: Stabhalter, Hr. Hans Heyer.
Reitweiler: Stabhalter, vacat.
Ringendorf, Stabhalter, Hr. Nikol. Isenmann.
Möllenheim: Schultheis, Hr. Michael Wendling.

Ausserdem gehören noch folgende Orte zu diesem Amte, Bossels-
hausen, Geisweiler, Gimbrett, Griesbach, Gottesheim,
Isenhausen, Menchenhofen, Niedersulzbach, Riedheim, Ut-
weiler, Wichersheim, Willgottshausen, Winzenheim (ein
von Glaubitzischer Lehnort), Zäbersdorf.

Amt Brumath.

Amtmann, Hr. Anton Ignat Reinhard Brunk.
Amtsschreiber, Hr. Franz Roman Herman.
Kommißgreffier, Hr Markus Favier.
Fiskal, Hr. Ludwig Wilhelm Christmann.
Amtsprokurator, Hr. Georg Friedr. Coulmann,
     (s. Regierungsadvokaten.
=   =   =   Hr. N. N. Lange, Advokat.
=   =   =   = N. N. Audran.
=   =   =   = J. Sim. Klein, Substitut.
Amtsschafner, Hr. Albert Anthing, (s. oben.)
=   =   =   Konrad Ludwig Ehrmann.
Herrschaftl. Gärtner, Hr. Joh. Henrich Schwab.
Amtsdiener, Ehrhard Schwebel.
Amtsschafneibote, Karl Beck.
Kornwerfer, Daniel Rau.
Einspänger, Friedrich Marx.
=   =   Ludwig Marx.

Königlicher Postmeister.

Herr Georg Mechling, zu Brumath.
Brumath: Schultheiß, Hr. Joseph Hirn.
Eckwersheim: Schultheiß, Hr. Hans Fritsch.
Geudertheim, ein mit dem Herrn von Gotorsheim
    gemeinschaftl. Ort: Schultheiß, Hr. Ad. Hild.
Gries: Schultheiß, Hr. David Konrad.
Hörd: Schultheiß, Hr. Jakob Metz.
Weitbruch: Schultheiß, Hr. Hans Wolf.

Ausserdem: Bietlenheim, Krautweiler, Kurzenhausen, Mittelhard, ein Jagdhaus, Mittelhausen, Waltenheim.

Amt Hatten.

Amtmann, Herr Franz Ignaz Geyger.
Amtsschreiber, Hr. Franz Paul Weimer.
Kommißgreffier, Hr. Joseph Ferdinand Weimer.
Fiskal,

Fiskal, Hr. Cromer, (s. Buchsweiler.)
 - - Joseph Marande.
Huissieraudienzier, Hr. N. Marande.
Amtsprokuratoren, (wie bei dem Amt Wörth.)
 Sodann Hr. N. Beyer.
Amtsschafner, Hr. Ludwig Hofmann.
Amtsschafneibote, N. Bastian.
Amtsdiener, Michael Lefrang.
Einspånger, Bernhard Humbert.

Hatten Amtsschultheiß, Hr. Hak. Christ. Beyer.

Ausserdem: Bühl, Kühlendorf, Läuterweiler, Niederbetschdorf, Oberbetschdorf, Nelmersweiler, Ruttershofen, Schwabweiler.

Amt Ingweiler und Neuweiler.

Amtmann, Hr. Karl Geiger.
Amtsschreiber, Hr. Claude Hofmeister, Rath.
Fiskal, (wie im Amt Buchsweiler.)
Huissieraudienzier, Hr. Sebastian Christ. Lauer.
Amtsschafner, Hr. C. Ludw. Kern, wirklicher
 Kammerrath mit Siz und Stimme.
Amtsdiener, Johann Christoph Menner.
 Adjunkt, Michael Sprecher.
Amtsschafneibote, N. Jud.
Herrschaftlicher Kiefer, N. Neuhard.

Ingweiler, Nesplerhof und Seelhof: Schultheiß,
 Hr. Felix Proquer.
Ingenheim: Stabhalter, Hr. Johannes Diemer.
Lichtenberg: Stabhalter, Hr. Michel Schmitt.
Mietesheim: Stabhalter, Hr. Joh. Georg Urban.
Neuweiler, Füllengarten, Maybächel = und Bocks=
 mühle, sodann Zeller Sägmühle: Schultheiß,
 Hr. Franz Peter.

Obersulzbach: Stabhalter, Hr. Georg Finz.
Schillersdorf: Stabhalter, Hr. Jakob Riehm.

Ausserdem: Reipersweiler, mit dem Melcherhof, Vixthalerhof und Windsteger Sägmuhle, Wimmenau, mit der Hochberger Glashütte, dem Kaminthaler- und Kindsbronnerhof.

Amt und Kirchspiel Kuzenhausen,

(so zwischen Herrn Landgrafen Ludwig zu Hessen zu einem Drittel und den Prinzen Friedrich und Ludwig zu Baden zu zwei Drittel gemeinschaftlich ist.)

Amtmann, (siehe Hatten.)
Amtschreiber, (s. ebendaselbst.)
Amtsschafner, Hr. Ludwig Wilh. Aulber, Kammerrath.
Amtsdiener, Ignaz Schump.
Amtsschafneibote, Georg Henrich Löwenstein.
Einspänger, Henrich Gottlieb Pfizinger.

Hierzu gehören: Feldbach, Höllschbach, Lobesan, Mattstall, nebst einer Glashütte, Merkweiler, Niederkuzenhausen, Oberkuzenhausen.

Amt Pfaffenhofen.

Amtmann, Amtsschultheiß und Fiskal, (wie zu Ingweiler.)
Amtsschafner, (wie zu Buchsweiler.)
Pfaffenhofen: Schultheiß, Hr. N. la Valette.
Alt- und Eckendorf: Stabhalter, Hr. H. Richert.
Obermottern: Stabhalter, Hr. Andreas Heiz.
Ofweiler: Stabhalter, Hr. Jakob Jung.
Schalkendorf: Stabhalter, Hr. Jakob Meel.
Schwindrazheim: Schultheiß, Hr. Joseph Lang.
Stabhalter, Hr. Klaus Dub.

Ausserdem: Bischholz, Niedermothern.

Staab Offendorf.

Amtmann (s. Brumath.
Amtschreiber, Hr. Ludwig August Petin.
Kriminal- und Civilfiskal, Hr. W. Christmann, (s. Brumath.)
Amtsprokuratoren, (wie in Brumath.)
Amtsschafner, Hr. E. E. Ellenberger, Kammerassessor.
Amtsdiener, N. Wollprett.
Amtsschafneibote, Martin Schuster.
Einspänger, Andreas Happel.
Mattenmeyer, Georg Heinrich.

Königlicher Postmeister.

Herr N. N. Klein, zu Drusenheim.
Drusenheim: Stabhalter, Hr. J. Veit, emer. Stabhalter, Hr. N. Klein.
Herlisheim: Stabschultheiß, Hr. Joh. Grunder.
Oberhofen: Stabhalter, Hr. Michel Schuster.
Offendorf: Stabhalter, Hr. H. M. Laufer.
Rohrweiler: Stabhalter, Hr. N. Grunder.

Amt Westhofen.

Amtmann, Hr. N. Rieden.
Amtschreiber, Hr. Joseph Franz Renaudin.
Stadtschreiber, Hr. Joh. Leopold Elisäus Scherb.
Fiskal, Hr. N. N. Fromheim.
Amtsprokurator, Hr. Jos. Barthol. Lohmeyer.
 = = = = Philipp Jakob Christen.
 = = = = Johann Paul Ritter.
 = = = = N. Schäzl.
Amtsschafner, Hr. Johann Daniel Stauch, geheimer Rath.
Amtsdiener, N. Lohmeyer.
Amtsschafneibote und Kastenknecht, Philipp Pfaff.
Einspänger, Michael Ansen.

Herrschaftl. Kiefer, N. N. Buz.
"   "   " N. N. Diebold, Balbronn.
Balbronn: Stabhalter, Hr. Hans Jakob Glas.
Reinhardsmünster: Schultheiß, vacat.
Irenheim, ein mit dem Herrn von Flachslanden
 gemeinschaftlicher Ort: Schultheiß, Hr. N.
 N. Becker.
Westhofen: Schultheiß, Hr. Joseph Becker.
 Adjunkt, Hr. F. Z. Becker.
Wolschheim: Schultheiß, Hr. Johannes Diß.

Ausserdem: Ahlenweiler, Haberacker, Hengweiler.

Amt Wolfisheim.

Justiz, (wie im Amt Westhofen.)
Amtsschafner, vacat.
Amtsschafneibote, Michel Sepler.
Hangenbietenheim: Schultheiß, Hr. Andreas
 Gillmann.
 Stabhalter, Hr. Jakob Brosius.
 Amtsschafneibote, Michel Fuchs.
Wolfisheim: Schultheiß, Hr. Hans Leonhard.
 Stabhalter, Hr. Balthasar Lauth.

Amt Wörth.

Justiz, (wie bei Hatten.)
Amtsprokurator, Hr. Johann Friedr. Bader.
"   "   " Wilhelm Ludwig Heinz.
"   "   " Fr. Ludwig Stehlen.
Amtsschafner, Hr. Philipp Friedrich Petri.
Amtsdiener, Philipp Ritter.
Amtsschafneibote, Gottfried Keller.
Fruchtmesser, Philipp Jakob Baldauf.
Einspänger, Jakob Merker.

Herr-

Herrschaftlicher Kiefer, Gottfried Baldauf.
Mattenmeister, und Kornwerfer, G. J. Baldauf.

Königlicher Postmeister.

Herr N. N. Krummert, zu Niedersteinbach.
Görsdorf: Schultheiß, Hr. Louis Eckert.
  Stabhalter, Hr. Henrich Kiefer.
Griesbach, so zwischen Hanau-Lichtenberg zu einem Drittel, und dem Herrn Baron von Dietrich zu zwei Drittel gemeinschaftlich: Schultheiß, Hr. N. N. Lapouissiere.
  Stabhalter, Hr. Jakob Bene.
Niederlangensulzbach: Stabhalter, Hr. Johannes Bender.
Mitschdorf: Schultheiß, (s. Görsdorf.)
Morsbronn: Schultheiß, Hr. N. N. Vogt.
Wörth: Schultheiß, Hr. Johann Georg Serker.

Ausserdem: Eberbach, Lambertsloch, Lindel und Wengelsbach Niedersteinbach, Nonnenhard, Oberdorf, nebst Spachbach Preuschdorf nebst Diefenbach.

Da die Hanau-Lichtenbergische Dienerschaft durch die bekannte französische Unruhen größtentheils ausser Wirkung gesezt ist, so ist provisorisch folgende Einrichtung gemacht worden.

Regierung für die Aemter Lemberg, Lichtenau und Willstätt zu Pirmasens.

Präsident, Jhro Excellenz, Freiherr von Rathsamhausen, zu Ehenweyer, geheimer Rath.
Reg. Rath, Hr. J. R. Bornagius, (s. oben p. 236.)
= = D. M. Besnard, (s. oben p. 271.)
Sekretär, Hr. F. R. Hessert, Rath, (s. oben p. 237.)
Botenmeister und Kanzellist, Hr. J. G. König, Kirchenkastenrechnungsjustifikator.

Kanzleidiener, Philipp Georg Rau, (siehe oben
S. 237.)
<small>Die das Amt Schafheim betreffende Geschäfte werden bei der Re=
gierung zu Darmstadt behandelt.</small>

Archiv zu Darmstadt.
Archivarius, Herr Christian Karl Kuder.

Konsistorium für vorgedachte Aemter zu Pirmasens.
Wie bei der Regierung, Hr. Reg. Rath Bes=
nard ausgenommen.
Sekretär und Registrator, Herr Wilhelm Heer.
Kirchenrechnungsjustifikator und Kanzellist, Herr
J. G. König, (s. oben.)
Kanzleidiener, wie bei der Regierung.
<small>Die das Amt Schafheim betreffende Geschäfte werden bei dem
Konsistorium zu Darmstadt behandelt.</small>

Rentkammer für die Aemter Lemberg, Lichtenau, Schafheim und Willstätt zu Darmstadt.
Präsident, Direktor und Kammerräthe, wie bei
der Rentkammer in Darmstadt und ausserdem,
Kammerrath, Hr. G. Andr. Jäger, s. oben S. 257.)
Sekretär und Registrator, Hr. Karl Ludwig Koh=
lermann, (s. oben.)
Accessist, Friedr. Kuder.
Kanzellist, Hr. Christian Henrich Hermann.
Rechnungsjustifikator, Hr. Joh. Jakob Lauben=
heimer, (s. oben S. 258.)

Oberforstamt für die Aemter Lemberg, Lichtenau, und Willstätt zu Darmstadt.
Direktor und Räthe, wie bei dem Oberforstamt
zu Darmstadt.
Sekretär, Hr. Karl Ludwig Kohlermann.
Registrator und Kanzellist, vacat.
<small>Der Forst Schafheim ist dem Oberforstamt zu Darmstadt
vi perpetuae commissionis incorporirt worden.</small>

V. **Anstalten, die zu den vorherigen Rubriken nicht gehören.**

Ritterschaftliche Stroms-Deputati.
Deputatus des Edder-Stroms, Hr. Karl Friedrich von Breidenstein, Fürstl. Fuldaischer geheimer Rath.
Deputatus des Ohm-Stroms, Herr Wilhelm Schenk zu Schweinsberg auf Rülffenrod.
Deputatus des Lumda-Stroms, Herr Leopold Ludwig Philipp von Nordeck zur Rabenau.

Adeliche Stifter.
Stift Kauffungen, dem das Stift Wetter inkorporirt ist.

Diesseitige Visitationskommission.
Herr Johann Wilhelm Rays, Regierungsrath.
= Joh. Edm. Amelung, Rechnungsjustifikator.
Obervorsteher, Hr. Karl Ludw. Aug. v. Schollay, Samthofrichter zu Marburg.
= = Hr. Hans Wilhelm von Baumbach, geheimer Rath, und Oberappellationsrath zu Kassel.
= = Hr. Ludw. von Schenk, zu Reßrich, Obristlieutenant.
= = Hr. Friedr. Wilh. von Heydwolf, zu Germershausen.
Amtsvogt, Hr. Philipp Karl Krug, zu Oberkauffungen.
Stiftsvogt, Hr. Karl Günst, zu Wetter.
Syndikus, Hr. Hermann Friedr. Wezel, Senator und Regierungsprokurator zu Kassel.
= = Hr. Jakob Oeser, Regierungsadvokat zu Giesen.

Syndikus, Hr. Lt. Phlipp Friedr. Ullrich, Kommissionsrath, Marburger Universitäts- u. adelich v. Schenkischer Syndik., auch Regierungsprokurator zu Marburg.
Stiftskollektor, Hr. N. N. Riemenschneider, Amtssteuereinnehmer zu Langensalza.
Rentschreiber und Rechner, Hr. Johannes Weisenborn.
Aktuarius, Hr. Jakob Wilhelm Faber, zu Kauffungen.
Fruchtschreiber, Hr. Karl Ludwig Wilhelm Friedrich Albrecht, daselbst.
Stiftsschreiber, Hr. Joh. Henrich Wille, das.
Förster, Hr. Franz Christoph Pfannkuchen, das.
Stiftskonduktor, Hr. Franz Wilhelm Gundelach, zur Freiheit Ober=Kauffungen.
Grebe, Hr. Johann Gast, das.
Gerichtsdiener, Johann Henrich Walter.

Unter der Jurisdiktion dieses Stifts stehen:

Freiheit zu Ober=Kauffungen. (Ober=Kauffungen selbst steht unter dem Fürstl. Landgericht zu Kassel, die dabei liegende Freiheit aber unter der Jurisdiktion des Stifts.)
Prediger, Hr. Joh. Werner Gille, hat zugleich die Kirchspiele Ober= und Rieder=Kauffungen= nebst Zugehör zu besorgen.
Kantor Hr. Reinhard Schönewald.
Magister und Mädchenschullehrer, auch Organist und Kastenmeister, Hr. Joh. Ludwig.
Helsa und Eschstruth: Prediger, Hr. Georg Henrich Fuchs, zu Helsa.
Wellerode: Prediger, Hr. Karl Henrich Knieriem, zu Krumbach.
Wickenrode: Prediger, Hr. Martin Philipp Koppen, zu Grosenalmerode.

Hohe Samt = Hospitalien.

Diesseitige Visitationskommission.

Herr Joh. Friedrich Strecker, Regierungsrath.
- Joh. Edmund Amelung, Rechn. Justifikator.

Obervorsteher der Samt-Hospitalien in Hessen.

Herr Ludwig Friedrich von Stammford, Kriegsrath, Major, und Ritter des Ordens pour la vertu militaire, zu Haina.

a) Haina.

Samtamtmann, Herr Johann Philipp Fuhrhans.
Rentmeister, Herr Johann Ludwig Exter, emer. zu Rauschenberg.
= = - Joh. Gottlieb Exter, Regierungsprokurator.
Küchenmeister, Herr Johann Theodor Kranz.
Fruchtschreiber, Herr Eman. Dan. Reccius, emer.
Adjunkt, Herr Wilhelm Reccius.
Kontrolleur, Herr Johannes Rieder.
= = = Henrich Benedikt Friese, auch Küchenkontrolleur.
Amtsaktuarius, Herr Wilhelm Wittekind.
Lutherischer Prediger, Herr Chr. Christ. Soldan.
Reformirter Prediger, Herr El. Wilh. Just. Fried. Coing, zu Gemünden an der Wohra.
Lektor u. Schullehrer, Hr. Joh. Jak. Ferd. Soldan.
Hospitalsmedikus, Herr D. Dunker, Physikus in Frankenberg.
Hospitalschirurgus, Herr Rudolph Wilh. Lins.

Nebst den übrigen bei der Verpflegung der Armen, bei der Gärtnerei, Bäckerei, Brauerei, Küche, bei dem Berg = Hütten = Hammer = Teich = Fischerei = Bau- und Zehendwesen; sodann der sämtlichen Landwirthschaft erforderlichen Dienern, Arbeitern und Dienstboten.

Amt

Amt Laina.

Löhlbach, Altenhaina, Kirschgarten, Battenhau=
sen, Hüttenrod, Hadbeberg und Dodenhau=
sen, samt der Eisenhütte Fischbach.
Lutherischer Prediger, Herr Joh. Friedr. Faust,
zu Löhlbach.
Reformirter Prediger zu Löhlbach, Herr Hofmann,
in Frankenberg.
- - zu Dodenhausen, Hr. Coing,
zu Gemünden.
Hüttenschreiber, Herr Lt. Günst, zu Fischbach.
Hütten = und Hammervogt, Hr. Maurer, das.
Forstschreiber, Hr. Kleeberger, zu Battenhausen.
Förster, Hr. Stahl, zu Löhlbach.
- - Karl Gunkel, zu Dodenhausen.
Ellnrode und Halgehausen: Lutherischer Prediger,
Herr Joh. A. Funk, zu Grüßen.

b) Merxhausen.

Samtamtmann, Herr Karl Phil. Reinhard Wachs.
Reformirter Prediger, Herr Joh. Jakob Wachs.
Adjunkt, Herr Pfarrer Karl Friedrich Conradi,
zu Sand.
Kuchschreiber, Herr Johannes Ruhl.
Kontrolleur, Herr Rausch.
Förster, Herr Wilhelm Schedla.
Chirurgus, Herr Amtschirurgus Jakob Laubin-
ger, zu Gudensberg.

c) Hofheim.

Hospitalmeister, Herr Karl Christian Katz.
Pfarrer, Herr G. S. Fr. Schott, zu Crumstadt.
Lektor, Herr Wilhelm Gottlieb Friedrich Scriba.
Küchenschreiber, Herr Friedrich Franz Muskulus.
Gegenschreiber, Herr Henrich Friedr. Kattmann.
Hausschreiber, Herr Christian Mitzenius.

Chi=

Chirurgus, Herr Kornelius Hecker, zu Stockstadt.
Kiefer und Bierbrauer, Philipp Schäfer.
Bäcker, Johann Adam Lipp.
Gärtner, vacat.

d) Gronau.

Samthospitalskeller, Herr Wilhelm Grimmel.
Prediger, Herr Joh. Gottlieb Funk, zu Gronau, Schwallschied, Eggenroth, Grebenroth, Marderoth, Langschied, Mabersheim, im Rheinfelsischen Amt Rastädten.
Kontrolleur, Herr Johann Philipp Preßber.
Förster, Herr David Diez.

Hospitalsvogteien.

Frankenberg: Samtvogt, Herr Lt. Duising.
Wetter: Samtvogtin, Hrn J. Fresenius Wittwe.
  Assistent, Herr Lt. Gröschel.
Marburg: Samtvogt, Herr Konrad Röse.
Wildungen: Samtvogt, Herr Chr. Wilh. Ritter.
Frankfurt am Main: Samtvogtin, Hrn Postmeisters Arstenius Wittwe.

Syndici.

Herr Angel. Konr. Sipman, F. Hessendarmstädtischer Hofrath, auch Prokurator zu Wetzlar.
 = Lt. Joh. Henrich Wiederhold, Hofrath und Bürgermeister zu Marburg.
 = Johann Henrich Zinn, Kanzleiadvokat und Stadtsekretär zu St. Goar.
 = Lt. Johann Christ. Friedrich Buch, Kriminalrichter zu Kassel.
 = D. Dietrich Gottlieb Wilhelm Liebknecht, Regierungsadvokat zu Giesen.
 = Joh. Christian Friedrich Stockhausen, Hofrath und Regierungsadvokat zu Darmstadt.

Adeliche

Adeliche Justitiarien in sämtlichen Fürstl. Landen.

Adeliche Gerichtsherrn und Justitiarien.

Vierer und Ganerben des Busecker Thals.
  Amtsverweser, Herr N. N. Follenius, zu Gros-
    buseck, Fuldaischer Hofrath.
  Syndikus, Hr. Adam Friedrich Krug, zu Giesen.
Von Dieden zum Fürstenstein, zu Ziegenberg.
  Rentmeister, Hr. Chelius, ebendaselbst.
  Amtmann, Hr. Justizrath Schenk, zu Friedberg.
Von Breidenstein, zu Elmshausen.
Von Groschlag.
  Sickenhofen und Hergershausen: Amtmann,
    Hr. Huth, zu Dieburg.
  Amtsschreiber, Hr. Münch, ebendaselbst.
Krug von Nidda, zu Geißnidda.
  Gerichtshalter, Hr. Bierau, daselbst.
Von Nordecken zur Rabenau.
  Amtsverweser, Hr. Ernst Ludw. Daniel Zuehl.
Von Riedesel, Freiherr zu Eisenbach.
  Cent Lauterbach: Centgraf, Hr. Johann Bal-
    thasar Köhler, zu Lauterbach.
  Centschultheiß, Hr. L. Gegenmantel, zu Mahr.
    *   *   *   J. W. Köhler, zu Angers-
                    bach.
    *   *   *   J. Ortwein, zu Wallenrod.
  Gericht Engelrod: Amtsschultheiß, Hr. Habicht.
  Gericht Oberohm: Amtsschultheiß, Hr. Kaspar
    Emanuel Trapp.
Von Seebach, zu Storndorf.
  Gerichtshalter, Hr. N. N. Engelbach.
Von Schenken, zu Schweinsberg.
  Amtsverweser, Hr. N. N. Stamm.
    *   *   *   N. N. Tassius.

Von

Von Schenken, zu Hermannstein.
  Gerichtshalter, Hr. F. J. Roth.
Von Schenken, zu Rülbenrod.
  Gerichtsschultheiß, Hr. N. N. Theuerkauf.
Von Schenken, zu Restrich.
  Gerichtshalter, Hr. Ehrgott Justus Christian
    Staudinger, Rentmeister zu Felda.
Von Werda, genannt von Noding, zu Angerod.
  Gerichtshalter, Hr. N. N. Dieffenbach, Regie-
    rungssekretär.
Wolf von Gutensberg, zu Höringshausen.
  Gerichtshalter, Hr. G. C. Staudinger, zu Böhl.
Von Zwierlein, zu Winnerod.
  Gerichtshalter, Hr. Adam Friedrich Krug, Re-
    gierungsadvokat zu Giesen.

Zwei-

Erstes Register.

(Nach alphabetischer Ordnung.)

Adeliche Justitiarien.	Seite 286
− − Stifter.	281
Advokaten zu Darmstadt.	94
− − zu Giesen.	147
− − zu Buchsweiler.	237
Aemter der Obergrafschaft.	116
− − Niedergrafschaft.	133
− − Herrschaft Epstein.	138
− − Grafschaft Hanau-Lichtenberg.	263
− des Oberfürstenthums.	179
Amt Umstadt.	140
− Kürnbach.	143
Armendeputation zu Darmstadt.	112
− − − Giesen.	176
Auswärtige Dienerschaft.	89
Baubediente.	49
Baukommission zu Pirmasens.	264
Bergwerksbediente.	47
Brandassekurationsanstalt.	78. 82
Burggrafen.	41
Chausseebedienten.	71
Collegium medicum dahier.	95
Debitkasse, siehe Schuldenkasse.	
Definitorium zu Darmstadt.	98
− − − Giesen.	150
Dispensationskasse.	47
Erbämter.	41
Feldmesser.	74
Fischerei- und Forstbedienten, siehe Oberforstamt.	
Geheimes Ministerium.	39
Geistliche, siehe Konsistorium.	
Genealogie des Fürstlichen Hauses.	1
Generalkasse.	45
Hanau-Lichtenbergische dermalige provisorische Einrichtung.	279
Hanau-Lichtenbergisches geheimes Kabinet.	236
Hofgericht. (Samt-)	175

Hof-

Erstes Register.

Hofstaat zu Darmstadt.	Seite 28
— — Buchsweiler.	240
— — Pirmasens.	241
Holzmagazin.	114
Hospital dahier.	114
— zu Nidda.	224
Hüttenbediente, siehe Bergwerksbediente.	
Jägerei, siehe Oberforstamt.	
Invalideranstalt.	2
Kammerbediente.	50
Kandidaten, siehe Definitorium.	
Karakterisirte Personen.	95
Klassenlotterie.	89
Kollektorei.	100
Konsistorium und Geistliche der Ober- und Niedergrafschaft Katzenellenbogen ꝛc.	97. 99.
— — des Oberfürstenthums.	149
— — der Grafschaft Hanau-Lichtenberg.	242
Kontributionseinnehmer.	25
Kriegskollegium.	23
— Zahlamt.	24
— Kommissariat.	25
Landesökonomiedeputation.	69
Landschaftliche Obereinnehmerei.	78
— — Rechnungsdeputation.	82
Landschreiberei.	46
Lehnhof dahier.	41
— in Buchsweiler.	236
Leib- und Hofmedici, siehe Hofstaat.	
Livreebediente, siehe Hofstaat.	
Magistrat dahier.	114
— — in Giesen.	177
Mainbau.	73
Marstall, siehe Hofstaat.	
Militärstaat.	7
Münzdeputation.	70
Notarien zu Darmstadt.	95
— — zu Giesen.	148
Oberappellationsgericht.	40
Oberforstamt dahier.	50
— — in Buchsweiler.	238
Pädagog dahier.	100
— in Giesen.	66

T Pein-

Peinliches Gericht dahier.	Seite 96.
— — — in Giesen.	148
Pensionärs.	90
Polizeideputation dahier.	112
— — in Giesen.	176.
— — in Pirmasens.	265
Quartierkommission in Giesen.	277
Rechnungsdepartement.	45
Regierung allhier.	93
— — in Giesen.	145
— — in Buchsweiler.	236
Rentkammer allhier.	43
— — in Buchsweiler.	256
Revisionsgericht. (Samt-)	174
Rheinbau.	73
Ritterschaftliche Stroms-Deputati.	281
Salzwerksbediente.	49
Samthospitalien.	283
Schuldenkasse.	46
Stadtschule allhier.	100
Stempelpapierkasse.	47
Steuerdeputation.	70
Steuerperäquatoren.	74
Stipendiatenanstalt.	86
Teichbediente, siehe Oberforstamt.	
Vasallen, Darmstädtische.	41
— Hanau-Lichtenbergische.	238
Universität Giesen.	83
Waisenhaus.	113
Weißzeugkammer, siehe Hofstaat.	
Zuchthaus.	113

Zweites Register.

Orte.	Aemter.	Geistliche.	Justiz-Rent.	Forstdiener.
		pag.	pag.	pag.
Achenbach	Blankenstein	164	203	
Acherbach	(im Kasselischen)	110		
Ahlemuhle	Nidda	160	226	
Ahlenweiler	Westhofen	256	278	
Albach	Giesen	154	183	
Allendorf	Allendorf	160	184	65
Allendorf	Battenberg	116	195	60
Allendorf	Biedenkopf	162	198	59
Allendorf	Katzenellenbogen	109	137	
Allendorf	Hüttenberg	153	218	
Allertshausen	Allendorf	160	185	
Allertshofen	Lichtenberg	104	127	
Allewogsmühle	Lemberg	245	265	
Almenrod	Ulrichstein	173	235	
Alsbach	Zwingenberg	107	132	55
Alsfeld	Alsfeld	168	185	
Altdorf	Pfaffenhofen	255	276	
Alte Blümelsmühle	Lemberg	245	265	
Altenburg	Alsfeld	168	188	
Altenbuseck	Giesen	154	183	
Altenkirchen	(Solms Lich)	166		
Altenhain	Ulrichstein	172	233	63
Altenhaina	Hospital Haina	284		
Altenlotheim	Röhl	166	219	62
Altfreistett	Lichtenau	247	270	262
Altfröschen	Lemberg	246	265	261
Altheim	Schafheim	248	268	252
Altmuhle	Biedenkopf	163	198	
Altsimpten	Lemberg	245	265	
Altstädten	(im Solmischen)	167		
Amelose	Biedenkopf	162	199	
Ammenhausen	Blankenstein	164	202	
Ammorbach	Umstadt	111	142	
Amtmannsmühle	Giesen	153	183	
Angelbachsmühle	Battenberg	162	196	
Angerod	Alsfeld	170	194	
Angersbach	Alsfeld	170	194	
Annerod	Hüttenberg	153	218	
Appenrode	Homberg	174	216	67
Arheiligen	Darmstadt	101	117	52, 57
Arnshain	Alsfeld	173	193	
Asel	Röhl	166	219	62
Aßbach	Lichtenberg	105	123	
Atzenhain	Grünberg	172	214	66, 68
Atzenheimshof	Lichtenberg	105	124	
Auenheim	Willstett	248	271	
Auerbach	Zwingenberg	108	132	53
Aumühle	Darmstadt	101	117	
Aumühle	Alsfeld	173	193	
Aumuhle	Homberg	174	217	

Kontributionseinnehmer siehen von pag. 25. bis 27. Steuerpräquatoren und Feldmesser von pag. 74. bis 78.

Zweites Register.

Orte.	Aemter.	Geistliche	Justiz-Beamte	Forstbediener
Bad Ems	Braubach	109	135	
Badenburg	Giessen	154	182	
Bärenthal	Lemberg	246	266	262
Baiersbachmühle	Reiserbach	103	120	
Balthausen	Seeheim	108	130	
Ballbronn	Westhofen	256	278	
Basdorf	Nohl	166	219	62
Battenberg	Battenberg	161	195	59
Battenfeld	Battenberg	161	195	60
Battenhausen	Hospital Haina	284		284
Baumbach	Alsfeld	169	191	
Bauschheim	Rüsselsheim	106	127	
Beedenkirchen	Seeheim	108	130	
Bellmuth	Nidda	158	224	
Bellnhausen	Blankenstein	164	202	
Beltershain	Grünberg	172	213	63
Bensheimerhof	Dornberg	103	118	
Beerbach	Rapeneisenbogen	110	137	56
Bergfreiheit	Nohl		220	
Berghofen	Battenberg	161	195	59
Bergbach	Dörnberg	107	118	53, 57
Berlin	(in Brandenburg)		90	
Bermuthshain	Nidda	159	225	69
Bernsfelden	Grünberg	171	214	66
Bernsburg	Alsfeld	173	193	67
Bersrod	Giessen	154	183	
Berstadt	Bingenheim	156	200	63, 69
Bessungen	Darmstadt	101	116	52, 57
Bezenrod	Schotten	159	230	
Beuern	Giessen	154	183	
Biblos	Zwingenberg			53
Bickenbach	Seeheim	108	130	55
Bieben	Grebenau	169	210	65
Bieber	Giessen	153	184	61
Bieberberg	Nidda	158	224	
Biebermühle	Lemberg	245	265	
Biebesheim	Dörnberg	102	118	53
Biebighausen	Battenberg	162	196	
Biedenkopf	Biedenkopf	162	197	59
Bierbach	Lichtenberg	106	122	
Bietenheim	Brumath	252	274	
Bilgesheimermühle	Bingenheim	156	200	
Billertshausen	Alsfeld	168	191	
Billings	Lichtenfels	104	124	58
Billingshausen	Blankenstein	165	204	
Bing	Grünberg	172	214	
Bingenheim	Bingenheim	156	200	63, 68
Binsenbach	Battenberg	161	196	
Bischhof	Weissenhofen	256	276	
Bischoffen	Königsberg	166	221	
Bischofsheim am Main	Rüsselsheim	106	124	
Bischofsheim an der Steg	Lichtenau	247	270	

Zweites Register.

Orte.	Aemter.	Geistliche.	Justiz Reht.	Hofdiener.
Bisses	Bingenheim	157	200	
Blasbach	(Solms Lich.)	167		
Bleidebach	Katzenellenbogen	110	137	
Bleidenrod	Burggemünden	171	206	
Blofelden	Bingenheim	156	200	
Bobenhausen	Ullrichstein	170	233	
Bobenhausen	Nidda	158	227	
Bocksmühle	Alsfeld	173	193	
Bocksmühle	Ingweiler	255	275	
Bodenrod	Butzbach	155	208	
Boberschweier	Lichtenau	247	270	266
Böllenfallthor	Darmstadt	101	116	
Bohlenmühle (alte)	Pfungstadt	102	126	
Bohlenmühle (neue)	Pfungstadt	102	126	
Bollnbach	Grünberg	172	213	
Bolzhurst	Willstett	248	271	
Bonnemühle	Kelsterbach	103	120	
Boosischer Hof	Katzenellenbogen	110	137	
Bornmühle	Pfungstadt	102	125	
Borsdorf	Schotten	158	231	64
Bosselshausen	Buchsweiler	251	273	
Bottenhorn	Blankenstein	164	202	
Brandau	Lichtenberg	104	122	53,55
Brandoberndorf	Cleeberg	156	209	
Braubach	Braubach	109	133	56,5
Brauerschwend	Alsfeld	168	168	
Braunsharb	Darmstadt	102	117	
Brau	(im Trierschen)		134	
Breckenheim	Wallau	110	134	
Breidenbach	Blankenstein	164	203	
Breidenheiderhof	Nidda	158	227	
Breidenheidermühle	Nidda	158	227	
Breidenstein	Blankenstein	165	205	
Breitwiesen	Umstadt	112	143	
Breitwiesersmühle	Lichtenberg	106	123	
Brensbach	Lichtenberg		125	
Daßelbe	Umstadt		142	
Breungeshain	Nidda	159	227	64
Breunsheim	Buchsweiler	250	273	
Bromskirchen	Battenberg	161	195	
Bruchmühle (bei Niederamstadt.)	Pfungstadt	102	126	
Bruchmühle (bei Crumstadt.)	Dornberg	102	118	
Bruchmühle (bei Unterschmitten.)	Nidda		225	
Brückenmühle	Darmstadt	102	119	
Brumath	Brumath	251	274	258
Buchenau	Biedenkopf	162	198	59
Buchenberg	Pöhl	166	219	
Buchsweiler	Buchsweiler	249	273	262
Buhl	Hatten	253	275	

Orte.	Aemter.	Geistliche.	Justiz. Rent.	Hof diener.
Bußfell	Homberg	174	—	66
Büttelborn	Dornberg	107	118	53
Burbach	Battenberg	161	196	
Buraboll	Battenberg	161	196	
Burkhards	Nidda	159	225	63
Burkhardsfelden	Giesen	154	183	
Burggemünden	Burggemünden	171	206	66
Burgalben	Lemberg	245	265	261
Buseckerthal	Giesen	154	183	
Busendorn	Nidda	159	226	
Bußbach	Bußbach	155	207	68
Eckeberg	Eckeberg	156	209	68
Combach	Biedenkopf	163	198	59
Crainfeld	Nidda	159	226	63
Crumbach	Blankenstein	167	202	60
Crumstadt	Dornberg	102	118	53
Dachsenhausen	Braubach	109	134	56
Dachshof	Lemberg	246	266	262
Däfnersmühle	Burggemünden	171	206	
Dammeshof	Alsfeld	173	193	
Dammesmuhle	Alsfeld	173	193	
Dammühle	Lemberg	246	266	
Damshausen	Biedenkopf	163	198	59
Dannerod	Homberg	174	216	
Darmstadt	Darmstadt.	99	116	51, 52
Daubringen	Giesen	154	182	
Dauernheim	Bingenheim	156	200	
Dautphe	Biedenkopf	162	198	59
Darloch	Battenberg	161	195	60
Deckenbach	Homberg	174	217	66
Deifeld	Pöhl	165	219	
Delfenheim	Wallau	110	139	
Dernbach	Blankenstein	164	202	61
Derbach	Biedenkopf	162	199	59, 60
Dhuren	Kurbach		144	
Dianenburg	Darmstadt	101	117	
Dießenbergen	Wallau	110	139	56
Diedenshausen	Blankenstein	164	202	
Diebersbergerhof	Lemberg.	245	265	
Diefenbach	Wörth	252	279	
Diersheim	Lichenau	247	270	
Diedernmühle	Lichtenberg	106	123	
Diezenbach	Schafheim	249	268	269
Dilshof	Umstadt	106	143	
Dilshofen	Lichtenberg	105	123	
Dielammen	Ullrichstein	173	235	
Dodenau	Battenberg	161	196	
Dodenhausen	Hospital Haina	284		
Donnsberg	Lemberg	245	265	
Dorf-Itter	Pöhl	166	219	
Dorfmühle	Pfungstadt	101	126	
Dorfmühle	Burggemünden	171	207	

Zweites Register.

Orte.	Aemter.	Geist-liche.	Justiz-Rent.	Forst-diener.
Dornberg	Dornberg	107	118	53
Dorndielerhof	Umstadt	111	142	
Dornheim	Dornberg	102	118	
Dozelrod	Alsfeld	169	188	
Drusenheim	Offendorf	252	277	
Dürningen	Buchsweiler	251	273	
Dunzenheim	Buchsweiler	250	273	
Eberbach	Wörth	254	279	
Ebersgöns	Cleeberg	156	209	68
Eberstadt	Pfungstadt	101	126	52, 57
Ebertshausen	Katzenellenbogen	109	137	
Echzell	Bingenheim	156	200	63, 69
Eckartsweier	Willstett	248	271	
Eckelshausen	Biedenkopf	163	198	59
Eckendorf	Pfaffenhofen	255	276	
Eckardsborn	Nidda	158	225	63
Eckwersheim	Brumath	252	274	
Effolderbach	Nidda	157	227	
Egelsbach	Kelsterbach	103	120	
Ehringshausen	Homberg	173	217	67
Eich	Pfungstadt	101	126	
Eichelhain	Ullrichstein	172	235	
Eichelsachsen	Nidda	160	226	62, 64
Eichelsdorf	Nidda	157	224	64
Eichelsbachermühle	Lemberg	245	265	
Eichenrod	Ullrichstein	172	235	
Eichsmühle	Rüsselsheim	107	128	
Eifa	Battenberg	162	196	62
Eifa	Alsfeld	170	188	64, 65
Eifenbachsmühle	Battenberg	161	196	
Eimelrod	Böhl	165	220	62
Einöderwiesenhof	Lemberg	246	266	
Eischweiler	Lemberg	246	266	
Eisenbach	Ullrichstein	173	235	
Eisenhammer an der Au	Battenberg	161	195	
Elbenrod	Alsfeld	169	188	65
Elbertsmühle	Pfungstadt	102	126	
Elbrighausen	Battenberg	161	195	60
Ellenrode	Haina	284		
Elmshausen	Biedenkopf	162	198	
Elpenrod	Burggemünden	171	206	66
Emichsmühle	Lichtenberg	106	123	
Ems	Braubach	109	135	56
Endbach	Blankenstein	164	203	
Engelbach	Biedenkopf	162	199	
Engelrod	Ullrichstein	172	235	
Eppenbronn	Lemberg	245	265	
Epstein	Wallau	110	140	56
Erbachermühle	Hüttenberg		218	
Erbenhausen	Alsfeld	173	193	
Erbhausen	Blankenstein	163	203	60
Erfelden	Dornberg	103	118	53, 57

Ergers-

Orte.	Aemter	Geist= liche.	Justiz= Rent.	Forst= diener.
Ergershausen	(im Kasselischen)	109		
Erkartsweiler	(Auswärts)			259
Erlenbrunn	Lemberg	245	265	
Erlenkopf	Lemberg	245	265	
Erlenmühle	Biedenkopf	162	197	
Ermenrod	Burggemünden	171	206	66
Ernolsheim	Buchsweiler	251	273	259
Ernsthofen	Lichtenberg	105	122	53, 57
Erzhausen	Darmstadt	102	117	51
Esch.nrod	Nidda	160	226	
Eichelbrüden	Pfungstadt	101	126	
Eschelmühle	Pfungstadt	101	126	
Eschfreuth	Stift Kauffungen	282		
Etta	(Solms Lich)	167		
Eudorf	Alsfeld	169	188	
Euchtersheim	Kurnbach		144	
Eutersdorf	Grebenau	169	210	
Fauen	Lemberg	246	266	
Fauerbach	Nidda	159	224	
Fayancefabrik	Kelsterbach	103	120	
Fehrbach	Lemberg	244	264	
Feldbach	Kuzenhausen	253	276	
Felda	Ullrichstein	171	234	66
Feldkrofen	Ullrichstein	171	233	
Fellingshausen	Giesen	153	183	61
Felsenbronnerhof	Lemberg	245	266	
Feuerbach	Bußbach	155	208	
Felsberg	Seeheim	108	130	55
Finkenhof	Alsfeld	168	188	
Finkenloch	Nidda	158	225	
Finsterbach	Lemberg	245	265	
Fischbach	Alsfeld	169	189	
Fischbach	Lemberg	246	266	
Fischbach	Haina	284	284	
Fischerhof	Lemberg	246	266	
Fleckenmühle	Kazenellenbogen	109	136	
Fleischmühle (bei Gräfenhausen)	Darmstadt	101	117	
Fleischmühle (bei Pfungstadt)	Pfungstadt	102	125	
Flensungen	Grunberg	171	214	
Forstmühle	Umstadt	112	143	
Frankenbach	Königsberg	167	221	61
Frankenberg	(im Kasselischen)		285	
Frankenbergsmühle	Lichtenberg	106	123	
Frankenhausen	Lichtenberg	106	123	
Frankenstein	Pfungstadt	101	126	55
Frankfurt	freie Reichsstadt		90	
Frechenhausen	Blankenstein	164	204	
Freiheit Oberkauffungen	(im Kasselischen)	282		
Freimühle	Ullrichstein		234	
Freistett	Lichtenau	247	270	

Zweites Register.

Orte.	Aemter.	Geist-liche.	Justiz-Rent.	Forst-diener.
Friebertshausen	Blankenstein	164	202	
Friedelshausen	Giesen	154	181	
Friedensdorf	Biedenkopf	162	189	59
Friedrichsmühle	Lichtenberg	106	122	
Frischborn	Ullrichstein	173	235	
Fröschen	Lemberg	246	265	261
Frohnhausen	Battenberg	161	196	62
Frohnhausen	Blankenstein	164	202	61
Fuchsenhütte	Lichtenberg	106	124	52
Füllengarten	Ingweiler	255	275	
Füllnhausermühle	Battenberg	161	195	
Garbenteich	Giesen	153	182	
Gauchsharderhof	Lemberg	246	266	
Gehaborn	Darmstadt	102	117	
Geilshausen	Ullendorf	160	185	
Geinsheim	(Ausländisch)		129	
Geisenberg	Battenberg	161	196	
Geißnidda	Nidda	158	224	
Geißweiler	Buchsweiler	250	273	
Gemmerich	Braubach	109	134	
Gemünden	(im Kassellischen)	283		
Prinz Georgs Hof	Darmstadt	102	117	
Gersbach	Lemberg	245	265	
Gethürms	Alsfeld	168	191	
Gettenau	Bingenheim	157	200	
Geutersheim	Brumath	252	274	
Giesen	Giesen	152	180	66, 68
Gimbret	Buchsweiler	251	273	259
Ginsheim	Kelsterbach	103	120	54
Gladenbach	Blankenstein	163	201	60, 61
Glashütten	Nidda	159	224	
Glashüttenmühle	Darmstadt	102		
Glasthalerhof	Lemberg	245	265	
Glaubzahl	Schotten	158	231	
Gleimenhain	Alsfeld	174	193	67
Goar	(im Kassellischen)		138	
Goddelau	Dornberg	109	118	
Göbelnrod	Grünberg	172	213	
Gönnern	Blankenstein	165	204	
Görsdorf	Wörth	253	279	
Götzen	Schotten	159	230	63
Gontershausen	Homberg	174	217	
Gonzenheim	Homberg v. d. Höh		215	
Gottesheim	Buchsweiler	250	273	
Gräbenbruchhof	Dornberg	109	118	
Gräfenhausen	Darmstadt	101	117	57
die Obermühle daselbst		101	117	
Grasserhof	Nidda	158		
Grauelsbaum	Lichtenau	247	270	
Grausenberg	Alsfeld	169		
Grebenau	Grebenau	169	209	65
Grebenhain	Nidda	160	225	63

Zweites Register.

Orte.	Aemter.	Geist= liche.	Justiz= Rent.	Forst= diener.
Greifenhainerhof	Alsfeld	169	189	
Greifenklau	Oberrosbach	155	229	
Grenzenmühle	Alsfeld	173	192	
Gries	Brumath	252	274	
Griesbach	Wörth	254	279	
Griesbach	Buchsweiler		273	
Griesheim	Pfungstadt	101	126	52
Gronau	(Samthospital)	285	285	285
Grönterhof	Umstadt	112	142	
Grosbieberau	Lichtenberg	104	122	53, 57
Grosbusek	Giesen	154	183	
Groseichen	Grünberg	173	215	
Grosgerau	Rüsselsheim	107	127	55
Groshausen	Zwingenberg	108	132	52
Groslinden	Giesen	153	180	66
Groslumda	Grünberg	172	213	65
Grosrohrheim	Zwingenberg	108	132	53
Groszimmern	Lichtenberg		125	
Daßelbe	Umstadt	111	142	
Grubenmühle	Alsfeld	173	193	
Grundmühle	Nidda	160	225	
Grundmühle	Katzenellenbogen	109	136	
Grünbach	Lemberg	245	266	
Grünberg	Grünberg	170	211	
Grüsen	(im Kasselischen)	283		
Günterode	Blankenstein	164	202	61
Gunbernhausen	Lichtenberg	104	125	
Gundhof	Kelsterbach	103	119	54
Gutenacker	Katzenellenbogen	109	137	
Haarbach	Grunberg	172	213	
Haarhausen	Homberg	174	217	
Haarmühle	Katzenellenbogen	109	137	
Haberacker	Westhofen	256	278	260
Habitzheim	Umstadt	106	142	
Habdeberg	Hospital Haina	284		
Hahn	Lichtenberg	106	123 (125	
Hahn	Pfungstadt	101	126	
Hahnlachsmühle	Dornberg	103	119	
Hahnmühle	Ullrichstein		234	
Hähnlein	Zwingenberg	108	133	53, 58
Hain bei Ziegenberg	Busbach		208	
Haina	Königsberg	167	222	
Haina	Samthospital	283	283	
Hainbach	Burggemünden	171	206	
Hainerhof	Dornberg	103	119	
Hainmühle	Homberg		216	
Halgenhausen	Hospital Haina	284		
Hamburg	freie Reichsstadt		90	
Hangenbietenheim	Wolfisheim	256	278	
Harbshausen	Pöhl	166	220	
Harperschweinsbütte	Nidda	157		

Haiher=

Zweites Register.

Orte.	Aemter.	Geistliche.	Justiz Rent.	Forstdiener.
Harperziegelhütte	Nidda	157		
Harpertshausen	Schafheim	248	269	
Hartenau	Seeheim	108	130	
Hartenrod	Blankenstein	164	203	61
Hartmannshain	Nidda	160	226	
Hartmannsmühle	Lichtenberg	104	122	
Hasenex	Lemberg		264	
Hasenmühle	Umstadt	112	143	
Hatten	Hatten	253	275	259
Hattenbach	Lichtenberg	104	124	
Hattenberg	Hospital Haina	283		
Hattmatt	Buchsweiler	251	273	
Haßfeld	Battenberg	162	196	61, 62
Hausen	Hüttenberg	153	218	
Hausen v. d. Sonne	Wallau	111	140	
Hauserhof	Umstadt	112	142	
Hausgereuth	Lichtenau	247	270	
Heblos	Alsfeld	170	194	
Hedenmühle	Nidda	159	226	
Heckersdorf	Ullrichstein	170	233	
Heidelbach	Alsfeld	169	189	67
Heimertshausen	Alsfeld	168	191	66
Heinzmühle	Ullrichstein		233	
Helmlingen	Lichtenau	247	270	
Helpershain	Ullrichstein	172	234	
Helsa	Stift Kauffungen	282		
Hemmighausen	Wöhl	165	220	
Hengweiler	Westhofen	256	278	
Herald	(im Kasselischen)	109		
Herchenhain	Nidda	160	226	63, 64
Herchenrode	Lichtenberg	105	122	
Hergersdorf	Alsfeld	169	191	
Hergershausen	Schafheim	149	269	
Hermannstein	Königsberg	167	222	
Herlisheim	Offendorf	252	277	
Herrnhof	Burggemünden	171	206	
Herrnmühle	Homberg		216	
Herzhausen	Biedenkopf	162	199	60
Herzhausen	Wöhl	166		62
Hesselhurst	Willstett	248	271	
Heuchelheim	Giesen	153	182	
Heuserhof	Schotten	157	231	
Hinspachermühle	Lemberg	244	264	
Hinterwald	Braubach	109	134	
Hippelbach	Lichtenberg	104	122	
Hochberger Glashütte	Ingweiler	255	276	
Hocheinöd	Lemberg	246	265	
Hochschildsmühle	Pfungstadt	101	115	
Hochstätten	Zwingenberg	105	133	
Hochweisel	Butzbach	155	208	58, 59
Höfe	Alsfeld	169	188	
Höringshausen	Wöhl	165	220	

Zweites Register.

Orte.	Aemter.	Geist= liche.	Justiz= Rent.	Forst= diener.
Hörct	Brumath	252	274	
Hörgenau	Ullrichstein	172	235	
Hofenheim	Fürnbach		144	
Hofheim	Dornberg	102	118	
		(284	(284	
Hofmühle	Alsfeld	169	193	
Hohaienheim	Buchsweiler	251	273	
Hohbuhn	Lichtenau	248	270	
Hohfrankenheim	Buchsweiler	252	273	
Hohnhurst	Willstett	248	271	
Hoingen	Homberg	174	217	
Höllhof	Alsfeld	168	186	
Hölschloch	Kurenhausen	253	276	
Holzhausen	Battenberg	161	196	60, 62
Holzhausen	Biedenkopf	163	199	59
Holzhausen	Lichtenau	247	270	
Holzmühle	Giessen	154	182	
Homberg an der Ohm	Homberg	173	216	66
Homberg vor der Höh	Homberg v. d. Höh		215	
Hombergshof	Lichtenberg	106	124	
Hommertshausen	Biedenkopf	162	199	59
Hopfgarten	Alsfeld	169	191	65
Hopfmansfeld	Ullrichstein	173	235	
Horchheim	(im Trierischen)		135	
Hordmannsmühle	Lichtenberg	104	122	
Hospitalmühle	Dornberg	102	118	
Hozhohl	Lichtenberg	105	122	
Hoxtersmühle	Pfungstadt	102	125	
Hülshof	Blankenstein	164	203	
Hülst	Lemberg	246	266	261
Hüttenrod	Hospital Haina	284		
Humbrunnerhof	Lemberg	245	265	261
Hundenmühle	Katzenellenbogen	109	136	
Hundsmühle	Lichtenberg	105	124	
Hungerspfuhl	Lemberg	244	264	
Jägersburg	Zwingenberg	108	133	52
Jägerthal	Alsfeld	169	189	66
Jchelhausen	Nidda	159	224	
Jstadt	Wallau	110	139	56
Jbeshausen	Nidda	160	226	63
Jlbach	Lichtenberg	106	123	
Jligs Papiermühle	Pfungstadt	102	126	
Jlsdorf	Grünberg	171	213	
Jmsheim	Buchsweiler	251	273	
Jmspach	Lemberg	245	256	
Jngenheim	Ingweiler	254	275	
Jngweiler	Ingweiler	254	275	259
Jnkenhausen	Buchsweiler	251	273	
Juggnheim	Seeheim	108	130	
Jthäusermühle	Katzenellenbogen	109	136	
Jammersmühle	Battenberg	161	195	
Jahlesei	Lemberg	245		

Zweites Register.

Orte.	Aemter.	Geist-liche.	Justi-Rent.	Forst-diener.
Kalkmesser	Giesen		183	
Kambergermühle	Alsfeld	174	193	
Kaminthalerhof	Ingweiler	255	276	
Kammerhof	Dornberg	103	119	
Kampfmühle	Wöhl		220	
Kaspersmühle	Alsfeld	174	193	
Katzenbach	Biedenkopf	163		
Katzenellenbogen	Katzenellenbogen	109	136	56, 58
Kauflaibsmühle	Burggemünden	171	206	
Kaulstoß	Nidda	159	226	
Kauffungen	Stift Kauffungen	282	281	281
Kehlnbach	Blankenstein	164	202	61
Kelsterbach	Kelsterbach	103	120	
Kemmenau	Braubach	109	135	
Kesselbach	Allendorf	160	185	
Kestrich	Ullrichstein	171	234	
Ketterich	Lemberg	245	265	
Kiliansberg	Schotten	159	229	63
Kindsbronn	Ingweiler	255	276	259
Kirchberg	Giesen	154	182	
Kirchenmühle	Pfungstadt	102	125	
Kirchenmühle	Wöhl		220	
Kirchgöns	Hüttenberg	153	218	
Kirchlotheim	Wöhl	166	220	
Kirdorf	Alsfeld	173	192	
Kirdorf	(im Kasselischen)	109		
Kirnbach	Lichtenberg	104	121	
Kirrweiler	Buchsweiler	251	273	
Kirschgarten	Grünberg	171	213	
Kirschgarten	Haina	284		
Kleinbieberau	Lichtenberg	105	122	
Kleineichen	Grünberg	173	215	
Kleidelburg	Battenberg	161	196	60
Kleinfelda	Ullrichstein	171	234	
Kleingerau	Rüsselsheim	107	128	
Kleingladenbach	Blankenstein	165	204	
Kleingumben	(im Erbachischen)	105		
Kleinhof	Alsfeld	169	189	
Kleinlinden	Giesen	153	183	
Kleinlumd	Grünberg	171	214	
Kleinumstadt	Umstadt	111	142	55
Klimbach	Allendorf	160	185	
Klingelbach	Katzenellenbogen	109	138	56
Klingenhof	Seeheim	102	130	
Klobergsmühle	Alsfeld	174	193	
Klugenmühle	Lichtenberg	106	122	
Knoblochshaus	Dornberg	103	118	
Knoppsmühle	Rüsselsheim	107	128	
Koberstadt	Kelsterbach	103	120	51
Röddingen	Ullrichstein	172	235	67
Kolzenhain	Ullrichstein	170	233	
Kolbenmühle	Grünberg		213	

Orte.	Aemter.	Geistliche.	JustizRent.	Forstdiener.
Königsberg	Königsberg	167	221	61
Königssaasen	Grünberg	171	214	
Königsstätten	Rüsselsheim	107	129	54
Köppern	Homburg v. d. Höh		215	
Kohten	Nidda	157	224	
Koppenmühle	Pfungstadt	101	126	
Korf	Willstett	248	271	
Kraftmühle	Lichtenberg	104	122	
Kranichstein	Darmstadt	101	117	
Krautweiler	Brumath	252	274	
Krebsmühle	Homberg		216	
Kröge	Battenberg	161	195	
Kröppen	Lemberg	245	266	
Krötenburgermühle	Nidda		157	
Krugsmühle	Lichtenberg	106	124	
Küchenmühle	Darmstadt	102	117	
Kühlendorf	Hatten	253	275	
Kürnbach	Kürnbach	112	143	56
Kurzenhausen	Brumath	252	274	
Kutzenhausen	Kutzenhausen	253	276	260
Lahnmühle	Giesen	154	181	
Lambersloch	Wörth	253	279	260
Langbach	Lemberg		264	
Langd	Nidda	158	224	64
Langen	Kelsterbach	103	120	54, 57
Langenhain	Wallau	111	139	56
Langenhain	Butzbach	155	208	
Langenhain	Ullrichstein	172	235	
Langgöns	Hüttenberg	153	218	68
Langmühle	Lemberg	245	265	
Langwaden	Zwingenberg	108	133	53
Langwasser	Ullrichstein	172	232	
Lautenau	(im Erbachischen)	105		
Lauterbach	Böhl	166	220	
Lauter	Grünberg	172	214	65, 69
Leeheim	Dornberg	103	119	53
Legelshurst	Willstett	248	271	263
Lehnheim	Grünberg	170	213	
Lehrbach	Alsfeld	173	193	67
Leibgesmühle	Darmstadt	101	117	
Leidhecken	Bingenheim	157	200	63
Leimenhaus	Lichtenberg	106	124	51
Leimenthal	Lemberg	246	266	
Leitselthal	Lemberg	246	266	
Lemberg	Lemberg	245	265	261
Lemberger Glashütte	Lemberg	245	265	261
Leutesheim	Lichtenau	247	270	
Leusel	Alsfeld	168	191	
Leutersweiler	Hatten	254	275	
Leybgestern	Hüttenberg	153	218	
Leusa	Battenberg	161	196	59
Lichtenau	Lichtenau	247	270	262

Lichten=

Zweites Register.   303

Orte.	Aemter.	Geist=liche.	Justiz=Rent.	Forst=diener.
Lichtenberg	Lichtenberg	104	121	
Lichtenberg	Ingweiler	255	275	
Liederbach	Alsfeld	169	191	
Liederspachermühle	Lemberg	245	265	
Lindelspach	Wörth	253	279	
Lindenhof	Battenberg	162	196	
Lindenstruth	Grünberg	172	213	65
Linx	Lichtenau	248	270	
Lisbach	Lemberg	246	266	
Lisberg	Nidda	158	228	63
Lisische Mühle	Kazenellenbogen	109	138	
Lixfeld	Blankenstein	164	204	
Lobesan	Kuzenhausen	253	276	
Lochermühle	Hüttenberg		218	
Löhlbach	Hospital Haina	284		284
Lollar	Giesen	154	182	
Londorf	Allendorf	160	185	
Lorsbach	Wallau	110	139	
Ludwigsdorf	Battenberg	161	195	
Ludwigshütte	Biedenkopf	162	197	
Ludwigsthaler Glashütte	Lemberg		265	
Ludwigswinkel	Lemberg	246	266	261
Lünelbach	Lichtenau	105	122	
Lützelforstmühle	Umstadt	112	143	
Lustbausen	Dornberg	102	118	
Luthersbronn	Lemberg	245	265	
Mahr	Alsfeld	170	194	
Malchen	Seeheim	101	130	55
Mambach	Lemberg	246	266	
Marburg	(im Kasselischen)		284	
Marienhagen	Böhl	166	220	
Marxburg	Braubach	109	133	
Massenheim	Wallau	110	139	
Mattstall	Kuzenhausen	253	276	
Maulbach	Homberg	174	217	67, 69
Maybach	Buzbach	155	208	68
Mayenbächermühle	Ingweiler	255	275	
Maynzlar	Giesen	154	182	
Mechtilshausen	Wallau	111	140	
Medenbach	Wallau	110	140	56
Meiches	Ullrichstein	171	235	67
Meissenbach	Lemberg	246	265	
Melcherhof	Ingweiler	255	275	
Melchersgrund	Alsfeld	169	191	
Melsheim	Buchsweiler	254	273	
Memprechtshofen	Lichtenau	247	270	262
Menchenhofen	Buchsweiler	254	273	
Menzingen	Kürnbach		144	
Merkweiler	Kuzenhausen	253	276	
Merlau	Grünberg	171	213	65, 68
Merles	Grebenau	169	210	
Merzhausen	Hosp. Merzhausen	284	284	284

Orte.	Aemter.	Geistliche.	Amt	Forstbiener.
Merxmühle	Nidda	159	226	
Messe'er Forsthaus	Darmstadt	101	167	
Michelbach	Schotten	159	220	
Michelfeld	Kürnbach		144	
Michelnau	Nidda	157	224	
Mieken (im Weilburgis.)			134	
Mietesheim	Ingweiler	255	275	
Mitschdorf	Wörth	253	279	
Mitteldik	Kelsterbach			
Mittelaschbach	Kazenellenbogen	109	137	
Mittelhard	Brumath	252		
Mittelhausen	Brumath	252	274	
Mönchsbruch	Rüsselsheim		129	
Mörfelden	Kelsterbach	103	129	
Mohrgaßmühle	Hüttenberg		218	
Mordachsmühle	Pfungstadt	102	126	
Mornshausen	Biedenkopf	162	199	
Morrsbausen	Blankenstein	163	202	
Morstronn	Wörth	253	279	
Moßbach	Lichtenberg	104	124	
Mudersbach (im Solmischen)		167		
Mudenschopf	Lichtenau	248		
Mühle am boten Rain	Lichtenberg	106	124	
Mühlenthal	Lemberg	246	266	
Mühlwörtshof	Dornberg	103	119	
Münchsleufel	Alsfeld	169		
Münchweiler	Lemberg	245	265	
Münchzell	Kürnbach		144	
Munster	Butzbach	155	205	
Muschelmühle	Lemberg	245	265	
Nauheim	Kelsterbach	104	120	
Nauenheim	Königsberg	167	221	
Naumannshof	Lichtenberg	106	124	
Nesplerhof	Ingweiler	254	275	
Neue Blümelsmühle	Lemberg		264	
Neue Mühle (bei Pfungstadt.)	Pfungstadt	102	125	
Neue Mühle (bei Eberstadt.)	Pfungstadt	101	126	
Neufreistett	Lichtenau	247	270	
Neufröschen	Lemberg	246	265	
Neuhof	Lemberg		264	
Neuhof	Homberg		210	
Neuhof	Hüttenberg		218	
Neu-Jägersdorf	Battenberg	161	195	
Neu-Ludwigsdorf	Battenberg	161	195	
Neumühl	Willstett	248	271	
Neunkirchen	Lichtenberg	104	122	
Neu Simten	Lemberg	245	265	
Neutsch	Lichtenberg	105	100	
Neuweiler	Ingweiler	255	275	
Niklaspferd	Rüsselsheim	107		

Zweites Register.

Orte.	Aemter.	Geist-liche.	Justiz-Rent.	Forst-diener.
Nidda	Nidda	157	222	
Niederbeerbach	Pfungstadt	101	126	57
Niederbetschdorf	Hatten	253	275	
Niederbreidenbach	Alsfeld	170	191	
Niederfalkenborn	Braubach	109	134	
Niederfischbach	Katzenellenbogen	109	137	
Niedergemünden	Burggemünden	171	206	
Niederhörle	Blankenstein	164	204	
Niederkainsbacherhof	Lichtenberg		125	
Niederkainspach	Umstadt	112	142	
Niederkutzenhausen	Kutzenhausen	253	276	
Niederlangensulzbach	Wörth	254	279	
Niedermodau	Lichtenberg	105	123	53
Niedermottern	Pfaffenhofen	276	276	260
Niederndieben	Blankenstein	164	204	
Niederneisenhausen	Blankenstein	165	205	
Niedernhausen	Lichtenberg	104	122	
Niederosteiden	Homberg	174	217	
Niederohmen	Grunberg	171	214	66
Niederorke	Vöhl	166	220	62
Niederramstadt	Pfungstadt	102	126	52, 57
Niederroßbach	Oberroßbach	155	229	
Niedersteinbach	Wörth	253	279	260
Niedersulzbach	Buchsweiler	251	273	
Niederweidbach	Königsberg	167	221	61
Nimptschenhof	Lichtenberg	105	124	
Nonnenhard	Wörth	254	279	260
Nonrod	Lichtenberg	104	122	
Nordenstadt	Wallau	111	140	
Nungessersmühle	Pfungstadt	101	126	
Oberaspe	Battenberg	162	197	62
Oberbeerbach	Seeheim	102	130	58
Oberbetschdorf	Hatten	253	275	
Oberbreidenbach	Alsfeld	169	191	65
Oberbrückenmühle	Pfungstadt	102	126	
Obercleen	Alsfeld	174	193	67
Obercleen	Cleeberg	156	209	
Oberdauernheim	Singenheim	156	200	
Oberdorf	Wörth	253	279	
Oberfalkenborn	Braubach	109	134	
Oberfischbach	Katzenellenbogen	110	137	
Obergrubenbach	Grunberg	171	214	
Oberheibertshausen	Giesen	154	182	
Oberhoffen	Offendorf	252	277	260
Oberkrappmühle	Pfungstadt	102	125	
Oberkutzenhausen	Kutzenhausen	253	276	260
Oberlais	Nidda	159	224	
Oberlemp	(Solms Lich.)	166	.	
Oberliederbach	Wallau	111	140	
Oberlinsbermühle	Pattenberg	161	195	
Obermodau	Lichtenberg	105	123	57
Obermottern	Pfaffenhofen	255	276	

Zweites Register.

Orte.	Aemter.	Geistliche.	Justiz/Rent.	Forstdiener.
Obernburg	Vöhl	166	220	
Oberndieten	Blankenstein	164	204	
Oberndorfermühle	Lichtenberg	105	123	
Oberndorf	Homberg	173	217	
Oberneisenhausen	Blankenstein	165	205	
Oberncumühle	Rüsselsheim	107	129	
Obernhausen	Lichtenberg	104	121	
Obernhörle	Blankenstein	165	205	
Obernwerba	Vöhl	166	220	
Oberossenden	Homberg	174	217	
Oberohmen	Grünberg	173	214	
Oberramstadt	Lichtenberg	106	123	
Oberrosbach	Oberrosbach	155	228	
Oberroth	Alsfeld	169	191	
Oberseibertenrod	Ullrichstein	170	234	
Oberschmitten	Nidda	157	224	
Obersorg	Alsfeld	169	191	
Oberstädten	Homberg v. d. Höh		215	
Obersteinbach	Lemberg	246	266	
Obersteinische Mühle	Huttenberg		218	
Obersulzbach	Jugenheim	254	276	
Obertraisa	Pfungstadt	102	126	
Oberweisbach	Königsberg	167	222	
Oberwiddersheim	Schotten	156	231	
Oberwiesenmühle	Pfungstadt	101	126	
Odelshofen	Willstett	248	271	
Odenhausen	Allendorf	161	185	
Odermühle	Alsfeld	174	193	
Offendorf	Offendorf	252	277	
Ofweiler	Pfaffenhofen	255	276	
Oell	Battenberg	161	196	
Oelsmühle	Pfungstadt	101	126	
Ouenrod	Giesen	154	185	
Ortmühle	Biedenkopf	162	199	
Osterfeld	Battenberg	161	195	
Ostheim	Busbach	155	208	
Otterbach	Burggemünden	171	206	
Ottiliemühle	Darmstadt	102	117	
Petersbächel	Lemberg	246	266	
Petershainerhof	Ullrichstein	170	233	
Pfaffenhofen	Pfaffenhofen	256	276	
Pfütze	Battenberg	161	196	
Pfungstadt	Pfungstadt	102	125	
Philippsburg	Lemberg	246	266	
Pirmasens	Lemberg	246	266	
Plattenhaus	Dorfberg	103	118	
Pletschmühle	Homberg		216	
Plisenrod	Ullrichstein	173	235	
Pöllnishof	Lichtenberg	106	123	
Pöllnismühle	Lichtenberg	106	123	
Pohlgöns	Huttenberg	153	218	
Preuschdorf	Wörth	258		

Zweites Register.

Orte.	Aemter.	Geist-liche.	Justiz-Rent.	Forst-diener.
Pulvermühle	Lemberg	245	265	
Queckborn	Grünberg	172	213	65
Querbach	Willstätt	248	271	
Quickmühle	Pfungstadt	102	126	
Quotshausen	Blankenstein	164	204	
Rabertshausen	Nidda	158	225	
Rachelshausen	Blankenstein	163	202	61
Rammelsmühle	Böhl		219	
Ransprönnerhof	Lemberg	245	266	
Ranstadt	(im Stolb.Geder.)	157		
Rappelmühle	Ullrichstein	170		
Rauelmühlen	Lichtenberg	106	123	
Raunheim	Rüsselsheim	107	129	
Rautenbuschische Ziegelhütte	Darmstadt	101	117	
Ravensberg	Kurnbach		144	
Raybach	Umstadt	111	143	
Rebgeshain	Ullrichstein	172	235	
Rebdighausen	Battenberg	161	197	59, 62
Recksmühle	Battenberg	161	196	
Regensburg	freie Reichsstadt		90	
Rehemühle	Lemberg	245	265	
Reibertenrod	Alsfeld	168	189	
Reimenrod	Grebenau	169	210	
Reimersweiler	Hatten	253	271	
Reinhardshain	Grünberg	172	213	65
Reinhardshof	Lemberg	246	266	
Reinhardsmünster	Westhofen	256	278	260
Reinheim	Lichtenberg	106	128	
Reinheimerteich	Lichtenberg		123	
Reinheimerteichmühle	Lichtenberg	106	123	
Reinrod	Schotten	159	230	64
Reinrod	Alsfeld	169	189	64
Reipersweiler	Ingweiler	255	276	
Reisel	Lemberg	246	266	
Reisenmühle	Pfungstadt	102	126	
Reiskirchen	Gießen	154	183	
Reitweiler	Buchsweiler	251	273	
Rencherlochhof	Lichtenau	247	270	
Rennertehausen	Battenberg	161	197	60
Rentendorf	Alsfeld	169	189	
Retschenhäuserhof	Alsfeld	173	193	
Reuters	Alsfeld		194	
Rheinfelden	Rüsselsheim	107	129	
Rhense	(im Kölnischen)		192	
Rhoda oder Rödgen	Battenberg	162	196	
Richen	Umstadt	111	143	
Riedelberg	Lemberg	245	265	261
		(246		
Riedhäuserhof	Datenberg	103	118	
Riedheim	Buchsweiler	250	273	
Rimlos	Alsfeld	170	194	
Ringelshäuserhof	Nidda	158		

Ringen=

Zweites Register.

Orte.	Aemter.	Geist-lich.	Justiz-Beamt.	Forst-diener.
Ringendorf	Buchsweiler	251	279	
Rittershofen	Hatten	254	285	
Rodau	Lichtenberg	104	122	53
Rodau (im Mainzischen)		108		
Rodheim	Giesen	153	183	61
Rodheim	Nidda	158	225	
Rödchen	Gleen	153	183	61
Rodersmühle	Lichtenberg	104	122	
Römershausen	Blankenstein	163	202	
Roffelsbronn	Lemberg	246	265	
Rohrbach	Lichtenberg	105	123	
		(106	(125	
Rohrweiler	Offendorf	252	277	260
Romrod	Alsfeld	169	189	64, 65
				(58
Roßbach	Blankenstein	164	203	
Roßbach	Königsberg	167	222	
Roßdorf	Lichtenberg	106	124	59
Rosenmühle	Pfungstadt	101	126	
Rosselhof	Lemberg	246		
Roth	Blankenstein	165	209	
Rothenbrunner Harzhütte	Lemberg	246	265	
Rothalberhof	Lemberg	245	265	
Rudlos	Alsfeld	170	194	
Rüchenbach	Blankenstein	164	202	
Rüdenmühle	Darmstadt	101	117	
Rüdingshain	Schotten	159	231	
Rüdingshausen	Allendorf	160	185	
Rülenrod	Homberg	173	217	
Rüsselsheim	Rüsselsheim	107	127	
Rubebankerhof	Lemberg	245	265	
Rumpelsburg	Nidda	158	227	
Runzhausen	Blankenstein	163	202	
Ruppachmühle	Katzenellenbogen	109	137	
Rupperterod	Grünberg	173	215	
Ruppertsweiler	Lemberg	245	265	
Ruppmühle	Rüsselsheim	107	129	
Ruttershausen	Giesen	154	182	
Saasen	Grünberg	172	213	
Salzhausen	Nidda	157		
Salzig (im Trierischen)			139	
Salzwoog	Lemberg	245	265	
Sand	Willstett	248	271	
Sasen	Alsfeld	170	194	
Schachenmühle	Pfungstadt	102	126	
Schachenmühle	Lichtenberg	106	123	
Schadenbach	Homberg	174	217	
Schälermühle	Lemberg	245	265	
Schafheim	Schafheim	249	267	
Schalkendorf	Pfaffenhofen	255	276	
Scharfeneck	Lemberg	246	266	
Schaufert	Katzenellenbogen	110		

Zweites Register. 309

Orte.	Aemter.	Geistliche.	JustizRent.	Forstdiener.
Schaumbergshof	Lichtenberg	195	123	
Schelbusch	Katzenellenbogen	109	138	
Scheelhansmühle	Lichtenberg	104	122	
Schellenhausen	Ulrichstein		234	66
Schellenhausen	Burggemünden	171	206	
Schellenhof	Schotten		231	
Scherzheim	Lichtenau	248	270	
Scheuermühle	Möbl		220	
Schiffenberg	Giesen	154		
Schillersdorf	Ingweiler	255	276	
Schlagmühle	Ullrichstein		234	
Schleifelden	Binginheim	156	200	63
Schleifmühle	Darmstadt	101	117	
Schleifmühle	Pfungstadt	102	126	
Schleifmühle	Umstadt		142	
Schlichermühle	Lemberg	246	265	
Schlierbach	Blankenstein	164	203	62
Schlierbach	Schafheim	249	269	
Schmalbeerbach	Seeheim	102	130	
Schmeinmühle	Pfungstadt	102	125	
Schmelzmühle	Biedenkopf	162	199	
Schmitten	Ullrichstein		232	
Schmitterhofsmühle	Giesen		189	
Schmitthof	Alsfeld	168	188	
Schmittlotheim	Möbl	166	220	62
Schmöttshof	Alsfeld		193	
Schmöttsmühle	Alsfeld		193	
Schneckenmühle	Pfungstadt	102	126	
Schneemühle	Umstadt	111	142	
Schneiders Ziegelhütte	Darmstadt	101	117	
Schneppenhausen	Darmstadt	101	117	
Schönau	Rüsselsheim	107	127	
Schönborn	Katzenellenbogen	110	197	
Schotten	Schotten	159	229	63, 64
Schröbelsmühle	Lichtenberg	104	124	
Schuchmannshof	Lichtenberg	104	124	
Schützenhof	Alsfeld	168	188	
Schützenrainerhof	Alsfeld	168	186	
Schwabenrod	Alsfeld	169	189	
Schwabweiler	Hatten	253	275	259
Schwalheimerhof	Schotten	158	231	
Schwalheimermühle	Bingenheim		200	
Schwanheim	Zwingenberg	108	133	
Schwarz	Alsfeld	270	189	
Schweinsberg	Königsberg		241	
Schweitz	Lemberg	245	265	
Schwickartshausen	Nidda	158	227	
Schwindratzheim	Pfaffenhofen	256	278	
Seeheim	Seeheim	109	130	
Seelhof	Ingweiler	254	275	
Seetrichsmühle	Oberrotbach		207	
Seibelsbach	Battenburg	161	195	

Orte	Aemter	Geistliche		Schul- diener
Seifenmühle	Burggemünden	171		
Seilberg	Homberg v. d. Höh			
Selgenhof	Ulrichstein	172		
Sellnrod	Ulrichstein	172	234	
Sembd	Lichtenberg			
Daſſelbe	Umſtadt	111		
Senckermühle	Nidda	160	226	
Sensfelden	Darmſtadt	102	117	
Sichenhauſen	Nidda	160	226	
Sickendorf	Ulrichſtein	173	235	
Sickenhofen	Schafheim	249	269	
Sigmundshäuſerhof	Ulrichſtein	172	232	
Silberg	Biedenkopf	162	188	
Simmershach	Blankenſtein	165		
Simmermühle	Lemberg	245	265	
Sinkershauſen	Blauſtein	164	202	
Sommermühlen	Grünberg		213	
Sorg	Burggemünden	171	205	
Spachbach	Wörth	258	278	
Spachbrücken	Umſtadt	106		
Speiermühle	Pöhl	165		
Spieſenmühle	Pfungſtadt	102		
Spizaltheim	Schafheim	248		
Spizenmühle	Alsfeld	173		
Staffel	Seeheim	108		
Stammelsmühle	Katzenellenbogen	110		
Stangenrod	Grunberg	170		
Stauſenberg	Gieſen	154		
Stauſteinerhof	Lemberg	245		
Steigerthäle	Seeheim	102		
Steinau	Lichtenberg	104	122	
Steinbach	Gieſen	154	182	
Steinberg	Gieſen	153	183	
Steinbrückerteich	Darmſtadt	99	117	
Steineshof	Alsfeld	168	188	
Steinesmühle	Alsfeld	168	192	
Steinheim	Nidda	158	225	
Steinhauſen	Nidda	158	224	
Steinpecz	Blankenſtein	165	206	
Stephansbrunn	Lemberg	245	265	
Stettbach	Seeheim	102	130	
Stiederbach	Lemberg	245		
Stiegmühle	Pöhl		219	
Stockhauſen	Grunberg	171		
Stockſtadt	Dornberg	103		
Stockſtadt	(im Mainziſchen)			
Stornsdorf	Schotten	169		
Stornfels	Schotten	158		
Storrwps	Lemberg	245	263	
Strasburg	(im Elſaß)		239	
Strasheim	Alsheim	107		
Strebendorf	Alsfeld	169		

Zweites Register.

Orte.	Aemter.	Geist= liche.	Justiz= Rent.	Forst= diener.
Streithain	Nidda	158	224	
Stephmühle	Pfungstadt	102	125	
Stumpertenrod	Ulrichstein	172	235	
Talheim	Kürnbach		144	
Tannenmühle	Umstadt	106	142	
Teichmühle	Alsfeld		193	
Thalitter	Vöhl	166	220	62
Traisa	Pfungstadt	102	126	
Trebur	Rüsselsheim	107	129	54, 58
Trenheim	Westhofen	256	278	
Trohe	Giesen	154	182	
Trulpen	Lemberg	245	266	
		(246		
Udenhausen	Grebenau	170	210	65
Ueberau	Lichtenberg	106	123	
Ulfa	Schotten	158	231	64
Ulrichstein	Ulrichstein	172	232	
Umstadt	Umstadt	111	140	
Unterbeibertshausen	Giesen	154	182	
Unterkrappmühle	Pfungstadt	102	125	
Unterliederbach	Wallau	111	140	
Unterlinsppermühl	Battenberg	161	193	
Unterneumühle	Rüsselsheim	107	129	
Unterschmitten	Nidda	157	225	
Unterseibettenrod	Grünberg	173	214	
Untersorg	Alsfeld	169	192	
Untersteinische Mühle	Hüttenberg		213	
Unterwiddersheim	Schotten	158		
Unterwiesenmühle	Pfungstadt	101	125	
Upperthausen	Homberg	173	216	
Utweiler	Buchsweiler	251	273	
Badenrod	Alsfeld	169	192	67
Veitsberg	Grünberg	172	213	
Viehhof	Alsfeld	168	188	
Vieremünde	(im Kasselischen)	166		
Vinningen	Lemberg	245	265	261
		(246		
Virthalerhof	Ingweiler	255	278	
Böckelsbergerhof	Ulrichstein		235	
Vöhl	Vöhl	166	219	62
Vollbardshof	Lichtenberg	105	123	
Waltershausen	Homberg	173	216	
Wahlen	Alsfeld	174	194	67
Waisenhausmühle	Pfungstadt	102	146	
Waldgirmes	Königsberg	167	222	
Waldhausen	Lichtenberg	104	124	
Waldmühle	Dornberg	102	115	
Wolfmühle	Pfungstadt	101	125	
Wallau	Wallau	111	139	
Wattau	Blankenstein	165	204	
Walldorf	Kesselrod	104		
Wallen	Alsfeld	170	193	

Zweites Register.

Orte.	Aemter.	Geist-liche.	Justiz-Rent.	Forst-diener.
Wallernhausen	Nidda	158	225	64
Wallersdorf	Grebenau	169	210	
Wallerstätten	Rüsselsheim	107	129	
Wallbronn	(in Lothringen)	246		
Walzenheim	Brumath	252	274	255
Waschenbach	Pfungstadt	102	126	
Wasserbiblos	Dornberg	102	118	
Wagentorn	Riesen	183	182	
Webern	Lichtenberg	105	123	
Weidersbain	Grünberg	171	214	
Weidenhausen	Blankenstein	163	202	60
Weidmühle	Nidda	160	226	
Weisenbach	Blankenstein	165	204	
Weilerhof	Dornberg	103	119	
Weiperfelden	Bußbach	155	208	
Weismühle	Lichtenberg	106	124	
Weißmühle	Alsfeld	173	193	
Weitbruch	Brumath	252	274	
Weitershain	Ulrichstein	161	185	
Weiterstadt	Darmstadt	102	117	
Weizenhof	Alsfeld	169	187	
Wellerode	Stift Kauffungen	282		
Welschmühle	Alsfeld	173	193	
Wembach	Lichtenberg	106	123	
			125	
Wembacher Teichmühle	Lichtenberg	106	123	
			(125)	
Wengelspach	Wörth	253	273	
Wernersmühle	Alsfeld	174	193	
Werfau	Lichtenberg	106	122	
Werth	Alsfeld	170	194	
Westhofen	Westhofen	256	278	
Wetter	Stift Wetter		281	
Wetterodsmühle	Lichtenberg	104	122	
Wettsassen	Grünberg	172	214	
Wezlar	Reichsstadt		90	
Wichersheim	Buchsweiler	251	273	
Wickenrode	Stift Kauffungen	282		
Wien	(in Oesterreich)		90	
Wieseck	Giesen	154	182	
Wiesenbach	Blankenstein	165	204	60
Wiesenmühl	Nidda	158		
Wiesenthal	Rüsselsheim		129	55
Wiesenjager	Lemberg	246	266	
Wildsachsen	Wallau	110	140	56
Wildungen	(im Waldeckisch.)		285	
Willgottshausen	Buchsweiler	251	272	
Willstett	Willstett	248	271	
Wilsbach	Königsberg			61
Wimmenau	Ingweiler	255	276	259
Windhain	Grünberg	171	214	
Windhausen	Blankenstein	171	228	

Zweites Register.

Orte.	Aemter.	Geist= liche.	Justiz= Rent.	Forst= diener.
Wingershausen	Nidda	160	226	64
Winnerod	Grünberg	154	213	
Windsiegerhof	Ingweiler	255	276	
Winterkasten	(im Erbachischen)	105		
Winzeln	Lemberg	245	265	261
Winzenheim	Buchsweiler	251	273	
Wirberg	Grünberg	172	213	
Witschdorf	Hatten	253		
Wixhausen	Darmstadt	102	117	52
Wollenheim	Buchsweiler	251	273	260
Wörth	Wörth	254	279	
Wogsdamm	Rüsselsheim	107	127	54
Wohnfeld	Ullrichstein	171	234	
Wolfisheim	Wolfisheim	256	278	60
Wolfsgarten	Kelsterbach			54
Wolfsgruben	Biedenkopf	163	199	55
Wolfsteblen	Dornberg	103	119	53. 57
Wolschheim	Westhofen	254	278	
Wolzhausen	Blankenstein	164	204	
Wommelshausen	Blankenstein	164	203	
Worfelden	Rüsselsheim	107	129	
Wredenhof	Giesen		183	
Wurzelbach	Seeheim	105	130	
Zäbersdorf	Buchsweiler	251	273	
Zeilbach	Grünberg	173	215	
Zeilhard	Umstadt		143	
Zelle	Alsfeld	168	192	66
Zeller Sägmühle	Neuweiler	255	275	
Ziegenberg	Butzbach	155	208	
Zierolshofen	Lichtenau	247	270	
Zwiefalten	Nidda	160	226	64
Zwingenberg	Zwingenberg	108	131	

Ankunft und Abgang der Posten und Boten.

I. Darmstadt.

Die Kaiserl. Briefpost passirt täglich hier durch; und zwar von Frankfurt nach Heppenheim, ꝛc. nach Verhältniß der Witterung und Wege, Nachts zwischen 10 und 2 Uhr. Von Heppenheim nach Frankfurt, ꝛc. Morgens zwischen 3 und 9 Uhr. Hierauf nimmt man täglich alle Briefe mit und ohne Werth, jedoch ohne baar Geld, bis Abends Punkt 9 Uhr, zur bestimmten Spedition, nach Frankfurt, Heidelberg oder Mannheim an, wenn auch gleich solche nicht in die weit entlegene Orte und Gegenden jeden Tag von gedachten 3 Poststationen direkte weiter gesandt werden können; dann nur an folgenden Tagen gehen die Kaiserl. Briefposten geraden Wegs von hier aus; als: am Sonntag, Mondtag, Mittwoch, Donnerstag und Samstag in die Niederlande, nach Holland und England.

Mondtags und Freitags nach Ungarn, Böhmen, Oestreich, Schlesien, Schweiz, Italien und Tyrol. Mondtags und Donnerstags nach Sachsen, Thüringen, Hamburg, Braunschweig und ganz Norden. Dienstags und Samstags nach Zweibrücken, ins Elsaß, Lothringen und ganz Frankreich. Sonntags, Dienstags, Donnerstags und Samstags in ganz Schwaben, Baden, Augsburg und Baiern.

Die Kaiserl. fahrende Post passirt Sonntags, Mondtags und Donnerstags hier durch; und zwar: der Augsburger Wägen kommt alle Sonntag hier durch nach Frankfurt, und von da am Mondtag Abend zurück, nach Augsburg, womit Geld und grose Pakete ꝛc. nach Mannheim und die ganze

Unter=

Unterpfalz, Speier, Zweibrücken, Worms, Frankenthal, Saarbrücken, ganz Schwaben, Baden, Baiern, Frankreich, Schweiz und Oestreich verschickt werden können.

Der Baseler Wagen kommt Donnerstags hieher nach Frankfurt, und geht selbigen Abend von da ein anderer wieder hier durch nach Basel, worauf die Verschickungen nach Sinsheim, Fürrfeld, Heilbronn, Hohenloh, Kocherthal, Oehringen, Craich= und Zabergau und Ludwigsburg; sodann auch über Heidelberg ins Badische, Wirtembergische, nach Frankreich, Baiern, Oestreich und in die Schweiz anzubringen sind.

Die Aufgaben nach Frankfurt, Mainz, Trier, Köln, ꝛc. nach Nürnberg, Regensburg, in die Wetterau, in die Sächsisch= Preussisch und übrige Nordische Lande sind Mittwochs und Samstags; die aber in die Bergstrase ꝛc. gehörige und selbige passirende Stücke, sind Mondtags und Donnerstags längst Abends um 6 Uhr zur Spedition zu bringen.

Die Landpost geht jeden Dienstag und Samstag Morgens vor 9 Uhr von hier über Frankfurt, Oberrosbach, Butzbach, nach Giesen ab, womit auch Briefe und kleine Pakets in die Niedergrafschaft Katzenellenbogen, Herrschaft Epstein, nach Wetzlar, Marburg, Kassel und Hannover versendet werden; die Bestellungen sind des Abends zuvor, auch selbigen Morgen bis 8 Uhr zu thun. Diese Post kommt jeden Mondtag und Donnerstag Mittags 1 Uhr von Giesen, ꝛc. hieher. Von allen Aemtern der Obergrafschaft kommen die Boten jeden Mondtag und Donnerstag, und gehen nämlichen Tags wieder nach Haus. Von Umstadt
und

und Schafheim kommt alle Samstag, und von Kürnbach nur alle Quartal ein Amtsbote hieher.

II. Giesen.

Die Fürstl. Hessen-Darmstädtische reitende Post kommt von Darmstadt und Frankfurt Sonntags und Mittwochs früh um 6 Uhr an, und geht bald darauf nach Grünberg ab. Von Grünberg kommt sie zurück und geht nach Frankfurt und Darmstadt ab Sonntags und Mittwochs Abend.

Die Fürstl. Hessen-Kasselische reitende Post kommt von Kassel an und geht weiter nach Frankfurt Sonntags und Mittwochs Abends. Von Giesen geht sie Mondtags und Donnerstags früh nach Kassel ab.

Der Kasselische Postwagen kommt von Kassel und von Frankfurt Sommers Sonntags, Mittwochs und Freitags Abends, und Winters Mondtags und Donnerstags Mittags an, und geht bald nach der Ankunft weiter nach Frankfurt und Kassel.

Die Herrschaftl. Boten kommen aus den Aemtern Itter, Battenberg, Biedenkopf, Blankenstein, Königsberg, Bingenheim, Nidda, Schotten, Alsfeld, Grünberg, Ullrichstein, Grebenau, Burggemünden, Busecker Thal, aus dem Londorfer Grund und von Wetzlar Sonntags und Mittwochs Morgens an und gehen Nachmittags wieder zurück. Aus dem Amte Allendorf kommt der Bote Mittwochs Morgens an und geht Nachmittags zurück.

Fremde Boten kommen von Wetzlar, Hohensolms und Lich Sonntags und Mittwochs Morgens an und gehen den Nachmittag zurück.

III. Zu

III. Zu Frankfurt.

Die Heſſen-Darmſtädtiſche Briefpoſt kommt von Gieſen Mondtags und Donnerſtags früh um 7 Uhr an und geht eine Stunde darnach nach Darmſtadt und die ganze Obergrafſchaft ab. Von Darmſtadt kommt ſie Dienſtags und Samſtags Nachmittags um 1 Uhr an und geht nach Gieſen, Ober- und Niederheſſen und die angrenzende Orte ab, Winters um 4, Sommers um 5 Uhr. Die Beſtellungen geſchehen im Fürſtl. Darmſtädtiſchen Hof auf der Zeil, wo die Briefe eine halbe Stunde vor Abgang der Poſt abgegeben werden müſſen.

Der Sachſen-Eiſenach- und Heſſen-Darmſtädtiſche Samt-Poſtwagen im Fürſtl. Darmſtädtiſchen Hof auf der Zeil, kommt Mondtags und Freitags Abends an und geht Mondtags und Freitags Morgens ab, Sommers um 6 und Winters um 8 Uhr; über Friedberg, Berſtadt, Grünberg, Alsfeld, Lauterbach, Hirſchfeld, Berka, nach Eiſenach, das ganze Eichsfeld, Thüringen und Vogtland, ganz Kur- und Oberſachſen, die Anhaltiſche Lande, den Harz, Kur- und Mark-Brandenburg, Ober- und Niederlauſitz, Ober- und Niederſchleſien, Meklenburg, Polen, Preuſſen; auch über Berlin, Memel, Riga, Reval, Kur- und Liefland, oder auch über Warſchau nach St. Petersburg.

Fortsezzung
des Katalogs der Leihbibliothek.

Alxingers Bliomberis, 1566. 1567.
—— Doolin von Mainz, 1565.
Anekdoten und Karakterzüge aus dem Leben Ludwigs des 16ten, 1570. 1602.
Anweisung (populäre) wie man sich bei den gewöhnlichsten Geschäften des bürgerlichen Lebens zu verhalten hat, 1599.
Archenholz Annalen der brittischen Geschichte, 1191. 1246. 1353. 1354. 1454. 1455. 1593. 1605.
Beiträge zur Kenntniß von England, 1607. 1617.
Beschreibung und Abbildung des Telegraphen, 1608.
Bibliothek der Romane, 317—328. 1359—1364. 1420. 1518. 1595.
Brack (Friedrich) oder Geschichte eines Unglücklichen, 1550. 1598. 1616.
Campe Reisebeschreibungen, 143—147. 1152. 1195. 1259. 1342. 1416. 1524. 1588.
Christ's Obstbaumzucht, 1604.
Cointeraux Schule der Landbaukunst, 1603.
Constants curiöse Lebensgeschichte, 1329. 1483. 1601.
Francheville Geschichte Gustav Adolphs, 1613.
Franklins (Benjamin) kleine Schriften, 1591. 1592.
Geschichte eines dicken Manns, 1589.
Girtanners Schilderung des häuslichen Lebens, des Charakters und der Regierung Ludwigs des 16ten, 1572.
Göthe's Lustspiel: der Bürgergeneral, 1574.
Goeze's Naturgeschichte der europäischen Thiere, in angenehmen Geschichten und Erzählungen, 1529—1531, 1597.
Hohenacker (Gräfin Seraphine von) die Geisterseherin, 1621. 1628.

Iffland, alte Zeit und neue Zeit, ein Schauspiel, 1622.
— allzuscharf macht schartig, ein Schauspiel, 1623.
— Scheinverdienst, ein Schauspiel, 1624.
Kochs Reise einer französischen Emigrantin durch die Rheingegenden, in Briefen an einen teutschen Domherrn, 1577.
Kotzebue, jüngste Kinder meiner Laune, 1528. 1606.
Kreuz = und Querzüge des Ritters A — Z. 1511. 1594.
Küsters Lebensrettungen Friedrichs des 2ten, und besonders der Hochverrath des Baron von Warkotsch, 1573.
Leben (das) eines Farospielers, 1610.
Lindet's Bericht über die innere Lage der Republik Frankreich, 1625.
Magazin der neuesten und merkwürdigsten Kriegsbegebenheiten, 1609.
Martin (der Pächter) und sein Vater, 1495. 1600.
Memoiren des Marschalls Herzogs von Richelieu, 6ter u. 7ter Th. 1275. 1479 — 1482. 1568. 1569.
Nandchen, das blonde, 1615.
Neapel und Sicilien, 1332 — 1337. 1414. 1425. 1587. 1618.
Nicolay (von) Gedichte und prosaische Schriften, 1ter Theil: Fabeln und Erzählungen, 1583.
Derselben 2ter Theil: Briefe, Sinngedichte und Elegien, 1584.
Derselben 3ter Theil: das Schöne, eine Erzählung — Idäa, oder männliche und weibliche Tugend, eine historische Novelle — Entwurf des politischen Zustandes in Europa, vom Verfall der römischen Macht an bis auf das 16te Jahrhundert, 1585.
Derselben 4ter Theil: Galwine — Alcinens Insel — Griphon und Drille — neue Fabeln, 1586.
Palsavin, oder der Fürst der Finsterniß, und seine Geliebte, 1620.

Radcliff (Miß Anna) die nächtliche Erscheinung im Schlosse Mazzini, 1578. 1579.
Ebenderselben Adeline, oder das Abentheuer im Walde, 1580. 1582.
Remers Darstellung der Gestalt der historischen Welt, 1611.
Robert, der braune, 1614.
Schlichtegroßs Nekrolog, 1338. 1339. 1485. 1564. 1596.
Sneedorfs Briefe eines reisenden Dänen, geschrieben in den Jahren 1791 und 1792 während einer Reise durch einen Theil Teutschlands, der Schweiz und Frankreichs, 1576.
Starke Gemälde aus dem häuslichen Leben und Erzählungen, 1ste Sammlung, 1563.
Vorschlag zur Verbesserung der Reichskriegsverfassung, 1627.
Webers (Veit) Sagen der Vorzeit, 1314—1316. 1421. 1626.
Willibald italienisch-teutsche Historien, 1612.
Der Wittwer zweier Frauen, von Schulz, 1575.
Die Zauberflöte, 1590.

www.ingramcontent.com/pod-product-compliance
Lightning Source LLC
Chambersburg PA
CBHW021150230426
43667CB00006B/339